CHRISTIAN OTTERSBACH

STUTTGART –
Kulturdenkmale vom Römerkastell bis zum Fernsehturm

Herausgegeben vom Landesamt für Denkmalpflege im Regierungspräsidium Stuttgart

JAN THORBECKE VERLAG

Gefördert vom Ministerium für Landesentwicklung und Wohnen
Baden-Württemberg – Oberste Denkmalschutzbehörde

Für die Verlagsgruppe Patmos ist Nachhaltigkeit ein wichtiger Maßstab ihres Handelns. Wir achten daher auf den Einsatz umweltschonender Ressourcen und Materialien.

Bibliografische Information der Deutschen Nationalbibliothek
Die Deutsche Nationalbibliothek verzeichnet diese Publikation in der Deutschen Nationalbibliografie; detaillierte bibliografische Daten sind im Internet über http://dnb.d-nb.de abrufbar.

Verlagsgruppe Patmos in der Schwabenverlag AG, Ostfildern
www.thorbecke.de

Umschlagabbildungen: Vorderseite, oben: Fernsehturm, Foto: Iris Geiger-Messner (LAD); unten Grabungsfoto Altenburg, Foto: Andreas Thiel (LAD). – Rückseite: Neues Schloss mit Herkules-Statue, Foto: Christian Ottersbach. – Umschlag Innenseite vorn: Plan der herzoglich-württembergischen Haupt- und Residenzstadt Stuttgart zur Zeit Herzog Carl Eugens, 1784, kolorierter Stich von G. F. Abel nach Planaufnahme von Geometer Chr. Friedrich Roth, Foto: Stadtarchiv Stuttgart 9350 2218. – Innenseite hinten, Karte: Landesamt für Geoinformation und Landentwicklung Baden-Württemberg.

Umschlaggestaltung: Finken & Bumiller, Stuttgart
Gestaltung und Satz: DOPPELPUNKT, Stuttgart
Repro: Schwabenverlag AG, Ostfildern
Druck: Firmengruppe APPL, aprinta druck, Wemding
Hergestellt in Deutschland
ISBN 978-3-7995-1373-9

INHALTSVERZEICHNIS

EINLEITUNG

„Stuttgart gehört zu den schönsten Städten des Kontinents. Im Sommer ist's im Talkessel heiß wie im Süden. Die Vegetation gedeiht wie im Treibhaus. Der Schlossplatz erinnert an Paris, der Hasenberg an Florenz, die Weißenhofgegend an Algier, dank den Errungenschaften einer sowohl südlichen als radikal modernen Bauweise. Zwei Turmhäuser dienen zur Orientierung in der Stadt der prozentual meisten Autos Deutschlands." (Willi Baumeister in: Dichter sehen eine Stadt. Texte und Bilder aus 250 Jahren, hrsg. v. Horst Brandstetter und Jörg Holwein. Stuttgart 1989, S. 331)

Unmittelbar nach seiner Fertigstellung wurde das königliche Hoftheater zum beliebten Postkartenmotiv.

Eine bunte Vielfalt stadt- und architekturgeschichtlicher Werke beleuchtet aus unterschiedlichen Blickwinkeln die Stadt- und Baugeschichte der Landeshauptstadt von Baden-Württemberg. Die hier vorgelegte Publikation, die auf den Erfahrungen aus der denkmalpflegerischen Arbeit in der Landeshauptstadt Stuttgart beruht, richtet ergänzend den Fokus auf sichtbare sowie verborgene Bauten und Anlagen, die oftmals erst bei genauem Betrachten und sorgfältiger Analyse ihre Aussagekraft entfalten. Nach den Vorgaben des Denkmalschutzgesetzes Baden-Württemberg als Kulturdenkmale erfasst, erzählen die Generationen verbindenden, identitätsstiftenden Bauwerke und archäologischen Zeugnisse ihre Geschichte. Der tägliche Umgang mit den denkmalgeschützten Objekten dient einerseits ihrer Erforschung, Bewahrung, Pflege und Sicherung sowie andererseits ihrer Eingliederung in die wechselnden Anforderungen der gegenwärtigen und zukünftigen Stadtgesellschaft. Als Grundlage von angemessenen Nutzungs- und Restaurierungskonzepten sind detaillierte Kenntnisse über das Objekt unerlässlich. Im Rahmen von Bestandsanalysen tauchen daher die Beteiligten tief in die Baugeschichte des jeweiligen Kulturdenkmals ein, das mit dem Reichtum seiner spezifischen Überlieferung als einzelner Mosaikstein auch ein Schlaglicht auf die Stadtgeschichte wirft. Je nach Funktion erzählen die Baudokumente von Machtverhältnissen, von Kriegs- und Friedenszeiten, von Recht und Ordnung, sozialen Strukturen, von Wohn- und Lebensformen, von religiösen Riten und vom Kulturschaffen in der Stadt. Im Zusammenspiel wird dann der vielfältige Denkmalbestand insgesamt zum Spiegelbild der Stadtentwicklung, die von spezifischen politischen, militärischen, wirtschaftlichen, sozialen und kulturellen Faktoren sowie nicht zuletzt von der topographischen Lage der Stadt und den klimatischen Verhältnissen bestimmt ist. Durch die tägliche Auseinandersetzung mit den Kulturdenkmalen fügen sich die Mosaiksteine zu Bildern, die Einblicke in die spezifischen Bauaufgaben einer Stadt geben können und die Vergangenheit mit der Gegenwart verbinden.

In enger Beziehung zur Stadtgeschichte weist die Stuttgarter Kulturdenkmalliste Schwerpunkte einzelner Bauaufgaben und Architekturepochen auf. Die archäologischen Zeugnisse und die Baudenkmale begleiten den interessierten Betrachter von der Entstehungszeit der Stadt in ihrer Entwicklung zur königlichen Residenzstadt und zur Hauptstadt des 1952 gegründeten Landes Baden-Württemberg. Sie berichten über Kriegszerstörung und Wiederaufbau. Sie bezeugen die Industrialisierung in der Stadt mit all ihren politischen und sozialen Folgen und ebenso die Auslagerung der Fabriken aus der Kessellage in die Vororte. Die Kulturdenkmale streifen die im Stadtbild noch sichtbaren Wirtschaftsfaktoren Wald und Weinbau und dokumentieren die Auswirkungen der Mineralquellen auf die Entwicklung und Stadtgestaltung von Bad Cannstatt. Schulen und Hochschulbauten zeigen den hohen Standard, der dem Bildungsauftrag bereits im 19. Jahrhundert zugemessen wurde. Vom Siedlungshaus bis zum Villenbau bietet der Denkmalbestand reichhaltige Informationen zum Thema Wohnen durch alle sozialen Schichten und Architekturepochen in Stuttgart.

Den Erkenntnisgewinn archäologischer Dokumente belegen beispielsweise die Ergebnisse der 2016–18 durchgeführten Grabung an der Altenburger Steige: Entdeckt wurden dabei die Fundamente der lediglich noch im Flurnamen überlieferten Altenburg und Hinweise auf die ehemalige Martinskirche, eine der Urkirchen Stuttgarts. Diese aufgrund archivalischer Quellen anzunehmende Keimzelle der Stadt konnte damit erstmals präzise lokalisiert werden. Außerdem stieß man bei den Grabungen auf ein frühgeschichtliches Gräberfeld mit aufschlussreichen Gegenständen wie Waffen und Schmuck, das in die Zeit zurückreicht, als in Cannstatt ein alamannischer Herzogshof bestand.

Archäologische Kulturdenkmale berichten auch von der absolutistisch geprägten Festkultur der württembergischen Herzöge im 18. Jahrhundert: Anlässlich seines Geburtstags hatte Herzog Carl Eugen 1763 für ein Jagdfest ein Festambiente errichten lassen, das aus einer Jagdbahn, einem künstlich angelegten Rechtecksee und Pavillons bestand. Die Zeugnisse wie insbesondere der als Geländemarke deutlich erkennbare künstliche Damm für den Rechtecksee belegen eine diesbezügliche Beschreibung von Anlage und Feierlichkeiten des Schauspielers, Bibliothekars und Lehrers Joseph Uriot (1713–1788), der als Maître de Plaisir am württembergischen Hof für Planung und Ablauf des Festes verantwortlich war.

Bei Baudenkmalen werden nach langer Nutzungsdauer oft deren ehemals innovative Qualität und narrative Aussagekraft übersehen. Im Zusammenhang mit Archivalien eröffnen sie jedoch umfassende Einblicke in die Architektur und Gesellschaft ihrer Entstehungszeit. Obwohl in der Forschung durchaus gewürdigt, werden die Architekturdokumente Stuttgarts vielfach als provinziell eingestuft, große baukünstlerische Leistungen werden der Stadt mit wenigen Ausnahmen zu Unrecht abgesprochen: „Auch bauhistorisch macht die Stadt nicht viel von sich reden. Es fehlen die sogenannten ‚Sternstunden-Bauten', wobei das Alte Schloß, vor allem aber das ehemalige Neue Lusthaus die große Ausnahme, sozusagen den Glücksfall darstellen [...]", schreibt Frank R. Werner noch 1991 im Vorwort seines mit Gilbert Lupfer verfassten Architekturführers von Stuttgart. Die überregionale Bedeutung nicht nur der als Welterbe ausgewiesenen Le-Corbusier-Wohnhäuser oder des weltweit als Vorbild dienenden Fernsehturms wird unter zeitbedingtem Veränderungsdruck häufig nicht mehr wahrgenommen. Beispielsweise rief der Bau des württembergischen Staatstheaters durch den Theaterarchitekten Max Littmann (1862–1931) überregional Überraschung und Anerkennung hervor (s. Abb. S. 4). Mit dem Zitat des Humanisten Ulrich von Hutten „Es ist eine Lust zu leben" kommentierte der Berliner Börsen-Kurier euphorisch die Einweihung des neuen Hoftheaters in Stuttgart am 24.9.1912. Und weiter: „Die siegreiche Zivilisation unterwirft die entlegensten Gebiete ihrem segensbringenden Szepter" (zitiert nach Paul Sauer: Das Werden einer Großstadt. Stuttgart zwischen Reichsgründung und erstem Weltkrieg 1871 bis 1914. Stuttgart 1988).

Bereits kurz nach ihrer Fertigstellung um die Mitte des 19. Jahrhunderts fand die königliche Landhausanlage Wilhelma breite Anerkennung. Bemerkenswert ist die Begeisterung des Wiener Orientalisten Joseph Freiherr von Hammer-Purgstall: „[...] in Deutschland verdient keine Stadt mehr den Namen Bagdscheserai, [...] als Cannstatt bei Stuttgart, nicht nur wegen der schönen und sinnreichen Wasserkünste des Gartens, sondern auch wegen des maurischen Baues der Wilhelma, welcher die morgenländischen Wunder der Alhambra in das Zauberthal des Nekars versetzt und an Schönheit und Merkwürdigkeit gewiss den von allen Beschreibern der Krim so hoch gepriesenen Zauber des Harems von Bagdscheserai bei Weitem an Schönheit und Romantik übertrifft" (zitiert nach

Frank Scholze, M.A.: Karl Ludwig Wilhelm von Zanth und die Wilhelma – eine kurze Einführung zum 200. Geburtstag des Architekten. Stuttgart 1996, S. 2).

Als erste Wohnhochhäuser der Bundesrepublik dokumentieren Romeo und Julia in Zuffenhausen die Entwurfsleistung des überregional bedeutenden Architekten Hans Scharoun (1893–1972), der sie zusammen mit dem Stuttgarter Architekten Wilhelm Frank als Antwort auf die akute Wohnungsnot und als neue Wohnform in der Nachkriegszeit errichtete. Entwurfsprozess und Werkplanung können anschaulich anhand von Plänen und Schriftquellen im Scharounnachlass der Akademie der Künste in Berlin nachverfolgt werden.

Der Kulturdenkmalbestand besticht auch durch architekturgeschichtlich relevante Dokumente gebauter Entwurfslehre des 19. und 20. Jahrhunderts. Die Lehrer der Stuttgarter Architekturschulen – von der Baugewerkeschule bis zur Fachhochschule für Technik, von der polytechnischen Schule bis zur Universität und Staatlichen Akademie der Bildenden Künste – setzten in Bauwerken ihre Architekturauffassung um, die sie in ihren theoretischen Schriften und Vorträgen ausführten. Beispielsweise sind von Joseph Egle nicht nur Baudokumente wie die Marienkirche oder die Villa Knosp überliefert, sondern auch ein Kompendium aus dem Jahr 1879 zur Baustilkunde mit Vorträgen in der Stuttgarter Baugewerkeschule, deren

Die Hochhäuser Romeo und Julia von Hans Scharoun begründen neue Wohnformen in der Nachkriegszeit.

Die Kolleggebäude der Universität Stuttgart versinnbildlichen Stuttgart als Architektenstadt.

Leiter er war. Eng mit der wissenschaftlichen Hochschulforschung ist die Entstehung des Tagblattturms verbunden. Der Architekt Ernst Otto Oßwald (1880–1960) zog zur Entwicklung der Betonzusammensetzung den Professor Otto Graf von der Materialprüfanstalt Stuttgart hinzu. In innovativer Weise wurde die Betonzusammensetzung speziell für den Hochhaustypus auch bezüglich der Farbigkeit als Mischung aus Rheinsand, Rheinkies, Porphyrgrus und Schotter entwickelt.

Mit der erstmals 1932 erschienenen und mehrfach wiederaufgelegten Fibel „Das deutsche Wohnhaus" vermittelte Paul Schmitthenner an Studierende seine Architekturauffassung, die in seinen Stuttgarter Wohnbauten nachvollzogen werden kann. Der Berliner Landschaftsarchitekt Walter Rossow, der 1966–76 als Professor und Direktor des Instituts für Landschaftsplanung der Fakultät für Architektur und Stadtplanung an der Universität Stuttgart lehrte, dokumentierte mit der Planung im Schlossgarten anschaulich seine Entwurfsauffassung, die er in seinem Werk „Die Landschaft muss das Gesetz werden" (hrsg. v. Monika Daldrop-Weidman. Stuttgart 1991) darlegte. Als gebaute Lehre sind die Kolleggebäude der Universität Stuttgart von 1954–56 anzusehen, die durch die Lehrstuhlinhaber der Architekturfakultät – Rolf Gutbier, Professor für Stadtplanung und Entwerfen, Günter Wilhelm, Professor für Baukonstruktion und Entwerfen, sowie Curt Siegel, Professor für Tragwerkslehre – gemeinsam geplant und gebaut wurden.

Die bundesweit wegweisenden Ideen zum verdichteten Bauen in den 1970er-Jahren sind in den Wohnsiedlungen der Universitätsprofessoren Peter Faller und Hans Kammerer anschaulich ablesbar.

Eindrucksvoll überliefert sind die Baudokumente der Stuttgarter

Schule. Bauten wie beispielsweise die Heusteigschule oder das Gustav-Siegle-Haus veranschaulichen etwa die Auffassung von deren Begründer Theodor Fischer (1862–1938), dessen Lehre durch Offenheit und Unterstützung für eigenständige Ideen gekennzeichnet war. Während Martin Elsässer (1894–1957) die Ideen Fischers in seinen Bauten wie beispielsweise der Gaisburger Kirche oder der Markthalle aufnahm und weiterführte, verfolgten neben anderen Paul Bonatz (1877–1956) und Paul Schmitthenner (1884–1972) eigenständige, kontroverse Wege. Die Stuttgarter Schule führte in enger Verbindung zur politischen Entwicklung in den 1920er/30er-Jahren bis weit in die Nachkriegszeit hinein zur Auseinandersetzung zwischen Modernisten und Traditionalisten. Die überlieferten Baudokumente lauter und stiller Stararchitekten beider Lager vermitteln umfangreiche Kenntnisse über diesen Streit und seine Überwindung.

Zu einem tiefen Einschnitt in den Denkmalbestand führte der Nationalsozialismus. Er initiierte den II. Weltkrieg, in dessen Verlauf Stuttgart bombardiert und 1944/45 die Stadtmitte in Schutt und Asche gelegt wurde. An diesen Krieg und seine Folgen erinnern denkmalgeschützte Bunkeranlagen, welche die Schrecken des Luftkriegs noch erahnen lassen. Die Zerstörungen dokumentiert noch immer eindrucksvoll der inzwischen überwachsene Trümmerberg auf dem Birkenkopf, aus dem Architekturdetails zerstörter Gebäude ragen. Auf Initiative des Journalisten und Denkmalpflegers Gustav Wais richtete die Landeshauptstadt Stuttgart 1950 im Garten der 1905 durch Karl von Ostertag-Siegle erbauten Villa in der Mörikestraße 24 ein Lapidarium ein. Hier erinnern Skulpturen und Baudetails in ansprechender Gartenkulisse an die hohe gestalterische Qualität verlorener Architekturdokumente.

Der großflächige und schmerzliche Verlust wertvoller Bausubstanz im II. Weltkrieg führt bis heute zu der Auffassung, dass der Baubestand Stuttgarts wenig bewahrenswert und damit als stets überplanbar zu bewerten ist. Die vorwiegend in den Stadtteilen überlieferten Baudokumente, die in das 15./16. Jahrhundert zurückreichen, werden nicht nur im Vergleich mit der Bausubstanz der unzerstört gebliebenen Nachbarstadt Esslingen als nachrangig eingestuft. Aufgrund der hohen Wohnqualität zumeist geschätzt wird dagegen bis heute der in den innerstädtischen Stadtbezirken weitgehend unzerstört überlieferte, denkmalgeschützte Baubestand, der von der Stadtentwicklung sowie den Lebens- und Wohnformen des 19. und frühen 20. Jahrhunderts zeugt.

Aufgrund der Kriegseinwirkungen und der darauf folgenden Wie-

Der durch den Nationalsozialismus initiierte II. Weltkrieg führte 1944/45 zur Zerstörung von Stuttgarts Stadtmitte. Bewahrt blieben der Tagblattturm am linken oberen und die Markthalle am rechten Bildrand.

deraufbauaufgabe liegt ein deutlicher Schwerpunkt auf dem Denkmalbestand aus der 2. Hälfte des 20. Jahrhunderts. Zu diesen – in Bezug zur Stadtgeschichte – jungen Kulturdenkmalen zählen die Leistungen des Wiederaufbaus, die bis heute das Stadtbild prägen. Nur wenige Kulturdenkmale wie das Opernhaus, die Markthalle oder der Tagblattturm überstanden die Bombardierungen unversehrt. Der detailgetreue Wiederaufbau des identitätsstiftenden Baubestands war zunächst vorrangiges Ziel. Im Rahmen der Wiederherstellung eines funktionierenden Stadtorganismus bot sich jedoch nicht nur in den Augen vieler Planer und Politiker, sondern auch vieler Stadtbürger die Chance, durch Blockentkernung und Auflockerung der Bebauung sowie durch die Verbesserung der Verkehrsführung die Stadt neu zu gestalten.

Oberbürgermeister Arnulf Klett richtete 1945 die Zentrale für den Wiederaufbau der Stadt Stuttgart (ZAS) ein, mit deren Leitung er zunächst Richard Döcker, ab 1946 dessen Stellvertreter Walther Hoss betraute. Zusammen mit dem Leiter des Referats Wiederaufbau und Stadtplanung Eugen Mertz setzte sich dieses Architektenteam für eine Neuausrichtung der Stadt im Sinne der 1933 verabschiedeten Charta von Athen ein. Die Aufbauplanung folgte der Vision, in Zusammenhang mit der charakteristischen Topographie aus Stuttgart ein neues ästhetisches Gesamtkunstwerk zu erschaffen, das den Anforderungen der neuen demokratischen Stadt auch bezüglich der Aufgaben als Landeshauptstadt gerecht werden sollte. Diesen Gedanken stand und steht bis heute die Sehnsucht gegenüber, das charakteristische Stadtbild zurückzugewinnen. Viele Stuttgarter Baudenkmale wie z. B. die Kirchen- und Schlossbauten, der Kunstverein oder die Villa Berg mit eingebautem Sendesaal erzählen in ihrer überlieferten Wiederaufbauarchitektur die Geschichte des Ringens um Abbruch oder Rekonstruktion zwischen der Sehnsucht nach dem Verlorenen und dem Wunsch nach Aufbruch in eine neue Zeit. Der Rundfunkarchitekt Adolf Mössinger beschrieb die Wiederaufbaustimmung 1948 in der Diskussion um das Schicksal der 1845–53 von Christian Friedrich Leins erbauten, nun schwer beschädigten Villa Berg pointiert so: „Wir müssen ja auch mit der Volkspsychose rechnen, damit, daß wir, wenn wir das Werk von Leins fallen lassen, angegriffen werden“ (Ortsakten des Landesamts für Denkmalpflege). Im Rahmen der Bürgerbeteiligung zur Entwicklung eines Umnutzungskonzepts für das lange Zeit leerstehende Rundfunkgebäude wurde 2016/17 die Diskussion um eine Rekonstruktion der Leins'schen Villa erneut geführt.

Eindrucksvoll dokumentiert das Neue Schloss in Zusammenhang mit dem Landtagsgebäude und den Anlagen des Oberen Schloss- und Akademiegartens die intensiv und kontrovers geführte Wiederaufbaudebatte. Auf der einen Seite stand der damalige Professor für Städtebau an der Hochschule Stuttgart Richard Döcker (1894–1968), bundesweit unterstützt durch renommierte Architekten wie Hans Scharoun, Otto Bartning oder Ernst May, die mit dem Teilabbruch des Schlosses einen Bauplatz für den neu zu schaffenden Landtag gewinnen wollten. Auf der anderen Seite plädierte der 1954 aus der Türkei zurückgekehrte Paul Bonatz zusammen mit namhaften Kunsthistorikern und den Landesdenkmalpflegern Westdeutschlands für die Wiederherstellung des Schlossgebäudes in der Funktion eines demokratischen Regierungssitzes. Nach zwei Wettbewerben erhielt Stuttgart letztendlich 1959–61 einen neuen Landtagsbau im Akademiegarten, der mit seiner am Internationalen Stil Mies van der Rohes orientierten Architektur den Weg in die Demokratie aufzeigte. Die Wiederaufbaumaßnahmen am Neuen Schloss wurden 1957–64 durch die Architekten Rudolf Lempp, Hans Detlev Rösiger und Walther-Gerd Fleck umgesetzt. Das Konzept umfasste die weitgehende Wiederherstellung des Außenbaus. Die Rekonstruktion der Innengestaltung in den Räumen des Corps de Logis sollte zur Repräsentation der jungen Demokratie dienen; in den Seiten-

Für die junge Demokratie entstand 1959–61 der Landtagsbau.

flügeln wurden – nach Entkernung der Ruine und Einbringung einer Stahlskelettkonstruktion – hochwertige Büroräume für Ministerien in zeitgemäßer Architekturauffassung eingerichtet (s. Abb. S. 14/15). Die Bundesgartenschau bot 1961 die Chance, mit der Neugestaltung des Schlossgartens den Landtag in eine gestalterische Beziehung zum Neuen Schloss und zu den Staatstheatern zu bringen. Mit der bis heute im Akademie- und Oberen Schlossgarten authentisch überlieferten Gartenplanung, die der namhafte Landschaftsarchitekt Walter Rossow (1910–1992) konzipierte, wurde in Verbindung mit dem Staatstheater und dem Kunstmuseum eine identitätsstiftende Stadtmitte geschaffen.

Die qualitätvollen Bauten der Nachkriegsmoderne dokumentieren eine leichte und fröhliche Architektur, die den Aufbruch der noch jungen Bundesrepublik in Demokratie und Freiheit spürbar werden lässt. Innovative Bautechniken und neue Materialien wurden eingesetzt und mit neuen, leichten Konstruktionen statische Grundsätze scheinbar auf den Kopf gestellt. Die Kulturdenkmalliste weist aus der Nachkriegszeit erstmals eigenständige Bauwerke junger Architektinnen auf, wie das 1953/54 für die Gemeinschaft der Künstlerinnen und Kunstfreunde errichtete GEDOK-Haus von Grit Bauer-Revellio.

Am Werk des renommierten Architekten und Hochschullehrers Rolf Gutbrod wird die Vielschichtigkeit der Bauaufgaben innerhalb der zerstörten Stadt exemplarisch ersichtlich. Nach seinem Entwurf entstanden beispielsweise 1949/50 noch inmitten von Ruinen das LOBA-Haus am Olgaeck, 1950 die Milchbar im Grünen auf dem Killesberg, 1951–53

Das Wiederaufbaukonzept für das Neue Schloss zeigt 1964 die Rekonstruktion des Corps de Logis.

in den Feldern von Zuffenhausen die Automobilfabrik Porsche und 1957 der denkmalgeschützte Sendesaal des SDR im Park der Villa Berg. 1949 gewann Gutbrod mit Adolf Abel den Wettbewerb für die 1955/56 erbaute Liederhalle, die in Zusammenarbeit mit dem Maler und Bildhauer Blasius Spreng zum überregional richtungsweisenden Konzertbau wurde.

Einen heute eher vergessenen Architektenstreit löste der 1984 eröffnete Erweiterungsbau der Staatsgalerie von James Stirling aus, der die Überwindung der etablierten Architekturauffassung der Nachkriegsmoderne einleitete und als Meisterwerk der Postmoderne weltweit Beachtung findet. Den Kulturdenkmalbestand bereichern auch vergleichsweise junge Architekturdokumente. Beispielhaft für ihre hohe Qualität und überregionale Bedeutung stehen die Bauwerke im Stil des Neuen Brutalismus wie das von Ernst Gisel 1964–66 erbaute Gemeindezentrum in Sonnenberg oder der Neubau für die Mensa und die Architekturfakultät der Kunstakademie Stuttgart, den die Architekten Manfred Aichele und Peter Schenk 1964–68 erstellten.

Im Gegensatz zu archivalischen Quellen ist die Erhaltung baulicher Dokumente bei weitem weniger selbstverständlich. Mit jedem gesellschaftlichen und politischen Wandel werden die Bauzeugnisse der vorhergehenden Generationen in Frage gestellt, da sie nur schwer mit der geltenden Architektursprache kompatibel sind und die ursprüngliche Wertschätzung zunehmend schwindet. Im Rahmen einer gewünschten Anpassung an je aktuelle Anforderungen gelten sie häufig als Störfaktor. Innovative und unkonventionelle Lösungen sind daher im Rahmen von Sanierungsmaßnahmen gefragt. Jede zielführende Konzeptentwicklung setzt das keinesfalls selbstverständliche Begreifen der Bau- und Archäologiedokumente voraus.

Der Kunsthistoriker und Denkmalpfleger Tilmann Breuer hat in seiner Baudenkmalkunde 1981 darauf hingewiesen, „daß ein Denkmal jeweils aus der Vergangenheit in die Gegenwart hereinragt; seine oft er-

Die Büroräume und die Eingänge in den Seitenrisaliten des Neuen Schlosses präsentieren sich 1964 in zeitgemäßer Architekturauffassung.

schreckende Fremdheit kann somit kaum verwunderlich sein. […] Zwischen der Fremdheit der Vergangenheit und dem Selbstverständnis einer Gegenwart muß eine Vermittlung oder noch wenigstens eine Vermittelbarkeit, ein Verstehen möglich sein." Die vorliegende Publikation hat diese Vermittlung als Ziel. In den einzelnen Kapiteln werden aussagekräftige archäologische Zeugnisse sowie Bau- und Kunstdenkmale einzelnen Funktionsbereichen sowie den daraus resultierenden Bauaufgaben der Stadt zugeordnet. In Zusammenhang mit ihrer zeitlichen und typologischen Einordnung zeigen sie den Wandel gesellschaftlicher und politischer Anforderungen und die damit verbundenen Auswirkungen auf die spezifische Stadtentwicklung und Stadtgestaltung Stuttgarts. Die umgesetzten Umbau- und Umnutzungslösungen belegen dabei das Ringen um die Bewahrung des aussagekräftigen Kulturdenkmalbestands in der Anpassung an zeitgemäße Anforderungen.

Dem Konzept des Kulturdenkmalführers ist geschuldet, dass einzelne hochrangige Objekte unerwähnt bleiben. Die exemplarisch vorgestellten Baudokumente sollen die Neugier wecken, den individuellen Geschichten aller Stuttgarter Kulturdenkmale nachzuspüren, denen man – auf welche Weise auch immer – begegnet. Vielleicht gelingt es, Freude daran zu vermitteln, die identitätsstiftenden Dokumente in einem spannungsvollen Miteinander mit neuen Architektur- und Stadtplanungskonzepten zu bewahren.

Claus Wolf und Angelika Reiff

1

MANIFESTATIONEN DER MACHT –
Bauten der Herrschaft und Regierung

Wer heute durch Stuttgart schlendert, wird zwar einen ausgesprochen weiten Schlossplatz antreffen, an dem sich zwei Schlösser erheben und daran erinnern, dass Stuttgart über Jahrhunderte Herrschaftsmittelpunkt und Residenzstadt war. Doch insgesamt ist der Charakter der Residenz nur noch sehr rudimentär erfahrbar.

Neues Schloss: Den Residenzpalast zieren Götter, Helden und Tugenden, die auf die gerechte Herrschaft des Landesherrn verweisen, so auch der Halbgott Herkules als Sinnbild des Fürsten.

Nach dem II. Weltkrieg gingen in Stuttgart weite Teile des herrschaftlichen Erbes verloren: Im Rahmen der kontrovers geführten Wiederaufbaudiskussion über Wiederherstellung oder Abbruch der teilzerstörten Bauten der Residenz fielen Gebäude wie der ausgedehnte Marstallkomplex, die berühmte Hohe Karlsschule und nicht zuletzt das Kronprinzenpalais der Konzeption zum Opfer, eine neue demokratische, vor allem aber autogerechte Stadt zu schaffen – teilweise gegen enormen Protest. Für andere herrschaftliche Bauten wie den Königsbau (➲ Kap. 8), das Wilhelmspalais oder die Villa Berg (➲) wurde die Wiederherstellung mit neuer Funktion und neuem Innenausbau umgesetzt. Auch die Tatsache, dass schon unter König Friedrich († 1816) begonnen worden war, über einen lang gestreckten Park zum Neckar hin eine weiträumige Gestaltung des Residenzumfeldes vorzunehmen, ist nur noch ansatzweise ablesbar. Die höfischen Anlagen blieben als Grünzug bis zur Wilhelma (➲) erhalten. Sie wurden aber 1961 und 1977 im Rahmen der Bundesgartenschauplanungen umgestaltet und im Zuge der Internationalen Gartenschau 1993 erweitert. In den Rosensteinpark weitete sich nach dem Krieg die Wilhelma als Zoo aus. Zuletzt wurden Teile der Mittleren Anlagen für das Großprojekt S 21 geopfert.

Unter Wilhelm I., dem Nachfolger Friedrichs, hatte der Park in eine mit herrschaftlichen Bauten durchsetzte Kulturlandschaft ausgegriffen, die als eine Art Neckar-Arkadien im klimatisch begünstigten, mediterran angehauchten Tal zwischen Cannstatt und Esslingen inszeniert wurde – eine zeittypische Durchdringung der Kulturlandschaft durch die Landesherrschaft. Die Verbauung des Tals nach 1945 hat hiervon nur noch Relikte hinterlassen. Die Residenzlandschaft wird am ehesten evident, wenn man vom Rosenstein zur im Krieg unzerstörten Grabkapelle auf dem Rotenberg (➲ Kap. 5) blickt.

Stuttgart als königliche Residenzstadt 1852. Kolorierte Lithografie von Friedrich Wagner und Friedrich Federer.

Bis das königliche Stuttgart entstehen konnte, war es ein langer Weg. Herrschaft aber hat sich seit früher Zeit im heutigen Stadtgebiet manifestiert. Das wohl älteste Zeugnis hierfür ist das um 105 n. Chr. auf dem Hallschlag in Stein neu gebaute römische **Reiterkastell** (➲ Kap. 3). Es führte mit seiner Lage an einer Hangkante über dem Neckar die Herrschaft Roms mit den bis dato hierzulande völlig ungewöhnlichen, massiven Ringmauern und Türmen sinnfällig vor Augen.

Im Frühmittelalter bildete Cannstatt wegen seiner strategischen Lage einen der Zentralorte des Herzogtums Alamannien. Wann Stuttgart zum Herrschaftszentrum wurde, ist hingegen unklar. Der Name der Stadt deutet auf jenen Stutengarten hin, den – laut spätmittelalterlicher Überlieferung – Herzog Liudolf, Sohn Kaiser Ottos I., als Herzog von Schwaben im 10. Jh. gegründet haben soll. Lange hatte man vermutet, dass dieses Gestüt durch eine Turmburg am Nesenbach geschützt worden wäre, in der man die Vorläuferin des Alten Schlosses sah. Seit den jüngsten Grabungen im **Alten Schloss** (➲) ist klar, dass es diese Burg nicht gab. An Stelle des Schlosses erhob sich aber tatsächlich eine ältere Burg, die sehr wahrscheinlich erst mit dem Ausbau Stuttgarts zur

Stadt durch Markgraf Hermann V. von Baden Anfang des 13. Jh. errichtet worden war. Der Bau einer Burg für den Stadtherrn im Rahmen einer Stadtgründung ist typisch. Diese Burg stand um 45° gedreht zur heutigen Anlage und lag deutlich tiefer. Sie wurde Ende des 13. Jh. durch ein Hochwasser so schwer beschädigt, dass um 1300–25 ein kompletter Neubau in Großquadermauerwerk über achteckigem Grundriss erfolgte. Damit entstand ein eindrucksvoller Bau, der im Zusammenhang mit den Bestrebungen Graf Eberhards I. gesehen werden muss, nach der Zer-

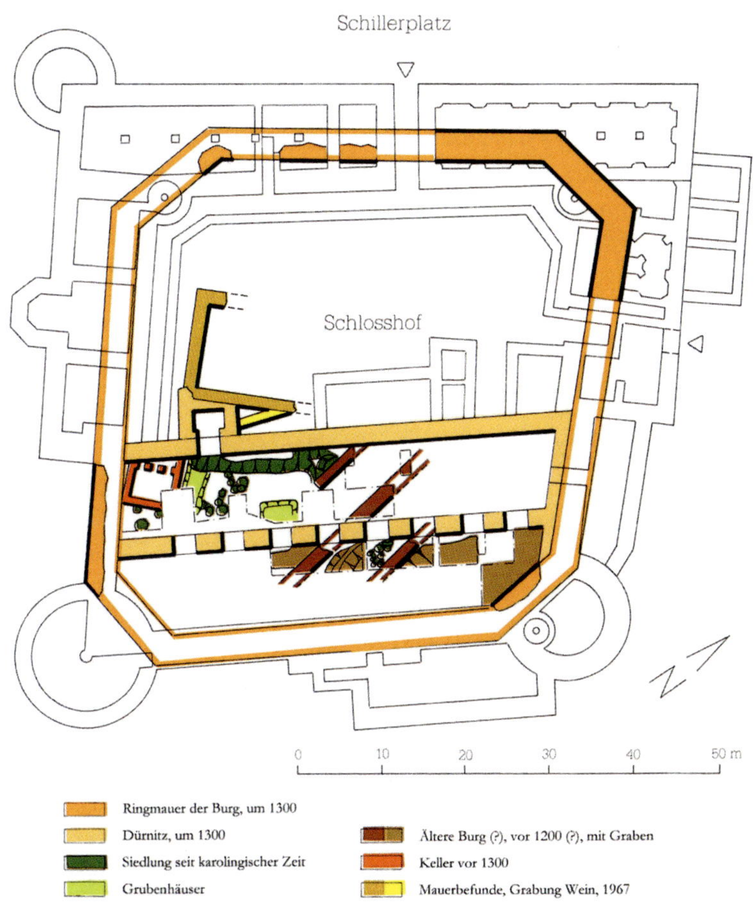

Grabungsplan des Alten Schlosses mit den Befunden der beiden Burgen des 12./13. und des frühen 14. Jahrhunderts.

störung der Stammburg Wirtemberg im Reichskrieg 1311 einen neuen Herrschaftsmittelpunkt zu etablieren – der Anfang Stuttgarts als Hauptstadt. Die ergrabenen und konservierten Reste dieser Vorgängerbauten sind zu besonderen Anlässen im Keller des Alten Schlosses zu besichtigen.

Das Alte Schloss war aber bei weitem nicht die einzige Burg in der Gegend. Bevor die Grafen von Württemberg Stuttgart als badische Mitgift erhielten und schließlich zur führenden Regionalmacht am Mittleren Neckar aufstiegen, stellte sich das Stadtgebiet als eine vielfältige Herrschaftslandschaft dar, die durchsetzt war mit *den* Zeichen adeliger Macht: Burgen. Sie dienten als Sitz eines Herrschaftsträgers und seines Haushalts, als Mittelpunkt einer Grundherrschaft, Verteidigungsbauwerk und manchmal auch als Rechtsort. Im heutigen Stadtgebiet ist natürlich zuerst die **Burg Wirtemberg** auf dem jetzigen Rotenberg zu nennen, seit der 2. Hälfte des 11. Jh. frühes Herrschaftszentrum der Grafen. Sie wurde 1819 für den Bau der Grabkapelle abgebrochen. Daneben existierten noch an die 38 weitere Burgen auf Stuttgarter Gemarkung. Die meisten sind spurlos verschwunden. Als Burgstellen bis heute gut sichtbar sind noch

Grabungsfoto von der Altenburg mit der hochmittelalterlichen Burgmauer, die einen römischen Keller schneidet.

der Standort der ev. Pfarrkirche Berg oder die Weißenburg, von der noch Gräben erkennbar blieben. Durch Ausgrabungen konnten zu mehreren Anlagen nähere Erkenntnisse gewonnen und diese Bauten teilweise wieder sichtbar gemacht werden. Erst jüngst wurde die **Altenburg** an der Altenburger Steige lokalisiert. Es wird vermutet, dass sich in diesem Areal seit dem 8. Jh. eine frühmittelalterliche Anlage, vielleicht sogar ein fränkischer Königshof befunden haben könnte. Ausgrabungen brachten eine 2 m dicke Mauer ans Licht, deren Verlauf über 30 m verfolgt werden konnte. Sie riegelte den Sporn von der Hochfläche ab, auf der sich einst das Römerkastell erhoben hatte, und beherrschte den Neckarübergang bei Cannstatt. Hinter der Mauer fanden sich Reste eines Kellers, der wohl zu einem Wohnturm gehörte. Die Anlage lässt sich aufgrund der Befunde ins 12./13. Jh. datieren und dürfte 1287 zerstört worden sein. Die aufgefundenen Mauern wurden für Neubauten komplett beseitigt.

Für Besucher sichtbar sind die **Dischinger Burgen** bei Botnang. Sie stellen ein schönes Beispiel für eine Burgverlagerung dar. Am Westrand des Höhenrückens zwischen dem Feuerbach- und dem Lindental findet sich im Wald die „Alte Burg", von der nur noch Wälle und Gräben zeugen. Grabungen ergaben, dass sie vermutlich um 1100 gegründet worden ist. Im 2. Drittel des 12. Jh. wurde sie durch Feuer zerstört. Das dürfte Anlass gewesen sein, die Burg um ca. 400 m zu verlegen. Nun entstand wohl zu Beginn des 13. Jh. ein Steinbau. Die polygonale Anlage besaß einen quadratischen Hauptturm, der im Verbund mit einer Schildmauer stand, an die sich hofseitig ein unterkellerter Wohnbau lehnte. Dieser war mit Kachelöfen ausgestattet und besaß verglaste Fenster – Zeugnisse des Wohnkomforts der adeligen Elite im Hochmittelalter.

Eine Überraschung bietet sich in Feuerbach: Mitten in einem Wohngebiet (An der Burg) liegen die 1970 freigelegten Grundmauern des Turms der Burg **Frauenberg**. Sie datiert wohl in die 1. Hälfte des 13. Jh. Nach dem Erwerb durch Württemberg 1481 verfiel die Anlage.

Letztlich setzte sich Württemberg durch, Stuttgart wurde im 16. Jh. endgültig sichtbar zur Residenzstadt des Herzogtums. Der politisch ambitionierte Friedrich I. erteilte Heinrich Schickhardt den Auftrag zur Entwicklung des Schlossumfeldes. Durch Abriss von Wohnhäusern gewann man 1596 die Freifläche vor dem Schloss, den heutigen Schillerplatz. Nun war auch der direkte Bezug von Schloss und Stiftskirche (➲ Kap. 4) als Grablege der Dynastie hergestellt. Die Fundamente der Häuser hat man bei der Anlage der Tiefgarage unter dem Platz 1972 gefunden, allerdings ohne das Areal genauer untersuchen zu dürfen. 1605 begann Schickhardt den **Prinzenbau**, der jedoch erst 1678–85 von Matthias Weiß fertig gestellt wurde. Die Westfassade gliedern kolossale Pilaster und machen den Bau zu einem der frühen Zeugnisse des Barock in Württemberg. Die Wiederherstellung nach der Kriegszerstörung hat die Einheit von Altem Schloss und Platz im Sinne einer Traditionsinsel bewahrt.

Der württembergische Hof beeinflusste auch den Adel der Umgebung. Viele ritteradlige Familien standen im Hofdienst. Folglich beauftragten sie württembergische Baumeister mit Um- und Neubauten. So baute Schickhardt für Hans Wolf von Stammheim dessen Stammsitz **Stammheim** (Kornwestheimer Str. 21) in den Jahren 1579–81 innerhalb der alten Gräben als Dreiflügelanlage neu – Schickhardts frühestes eigenständiges Werk. Gegen Osten schloss den Hof eine Mauer mit Scharten; die Anlage blieb bei aller Modernität wehrhaft – ein Charakteristikum des Schlossbaus der Renaissance.

Wie politisch stark zersplittert der Stuttgarter Raum noch im 18. Jh. war, belegen die Adelssitze zu **Hofen** (Wolfgangstr. 7), wo die Reichsfreiherren von Neuhausen 1722 als Ersatz für die zerstörte Burg (➲) das Neue Schloss errichteten, und **Mühlhausen** (➲), das seit 1728 im Besitz der Reichsfreiherren von Palm war.

Der Barock hat Stuttgart wenig geprägt, denn die Herzöge zogen es vor, im Angesicht steter Querelen mit den einflussreichen Landständen in dem ab 1704 neu geschaffenen Ludwigsburg zu residieren. Erst Carl Eugen ließ sich dazu bewegen, die Hofhaltung zeitweilig nach Stuttgart zurück zu verlegen. Dazu wurde ein neuer Palast benötigt, der Status und Anspruch des Landesherrn genügen konnte. Die Landstände stellten hierfür das Geld zur Verfügung. So entstand das Neue Schloss (➲). Was aber nicht entstand, war eine einheitliche barocke Stadtplanung, die den Palast eingebunden hätte. Jedoch wurde das Umfeld der Residenzstadt durch die Landesherrschaft massiv geprägt. Wer durch Stuttgarts Wälder streift, wird zahlreiche Zeugnisse der höfischen Jagdkultur finden. Dazu zählt der Schwarz- und Rotwildpark mit seinen Alleen als erweitertes Jagdrevier des Lustschlosses Solitude (➲). Hier erhebt sich am Bärensee das 1768 errichtete **Bärenschlössle**. In seiner heutigen Form – inzwischen der vierte Bau an dieser Stelle – ist es allerdings mit Ausnahme des Sockelgeschosses eine Neuschöpfung der Jahre 1994–97. Es war Mittelpunkt für aufwändige Prunkjagden, die der Herrschaftsinszenierung dienten. Nirgendwo manifestierte sich die Herrschaft über das Land so sehr wie in der raumgreifenden, das ganze Territorium ein-

Ein in den Dimensionen gesteigertes Landhaus für Herzog Carl Eugen: das Lustschloss Hohenheim

beziehenden Jagd, für die unter Carl Eugen u. a. 1763 bei Degerloch im Ramsbachtal (➲) aufwändige, nur kurzfristig bestehende Festarchitekturen errichtet wurden. Wenn auch unter König Wilhelm I. der Aufwand für die Jagd zurückgefahren wurde, so belegen gerade im Revier um das Bärenschlössle noch die Wildmeisterei von 1830 und diverse klassizistische Jagdpavillons, dass auch er die Jagd zu schätzen wusste.

Ins Umfeld der Residenz gehören auch die Landsitze Carl Eugens. Bezeichnender Weise nehmen diese nicht axialen Bezug auf die Hauptstadt, sondern sind von ihr abgekehrt. Der Herzog mied Stuttgart wegen des Streits mit den Landständen so oft er konnte. So ist die Solitude demonstrativ durch die Solitudeallee auf Ludwigsburg bezogen. Ab 1776 wandte sich der Herzog dem Ausbau **Hohenheims** (Schloss Hohenheim 1) zu. Hier widmete er sich mit seiner zweiten Frau Franziska von Hohenheim der Landwirtschaft. Wie immer, wenn Carl Eugen baute, wuchs das Projekt ins Große. Aus dem Landsitz wurde bis 1793 ein in seinen Ausmaßen veritabler Palast mit weitläufigen Ökonomiebauten und Kasernen. Der Hauptbau mit Ehrenhof atmet trotzdem in seiner schlichten Architektur den Geist des Landhauses, denn offiziell war Hohenheim lediglich ein Lustschloss. Es erhielt exquisite Innendekorationen nach englischen Vorbildern. Neben dem Schloss entstand einer der eigentümlichsten Landschaftsgärten: das Englische Dörfle, eine mit zahllosen Staffagebauten durchsetzte Anlage. Beim Tod des Herzogs 1793 war noch längst nicht alles fertig, 1799 begann der Verfall, nur wenige Reste zeugen noch von den Parkarchitekturen.

Erst nach der Erhebung Württembergs zum Königreich 1805 erfuhr die Residenzstadt ihre Ausgestaltung. Vor allem Wilhelm I. nahm ab 1816 direkten Einfluss auf die Baumaßnahmen, so dass die Handschrift königlichen Gestaltungswillens sichtbar wurde. Stuttgart erhielt ein klassizistisches Gesicht, geprägt u.a. von Hofbaumeister Giovanni Salucci. Es entstand eine Art Staatsklassizismus, in dem Hof- und Staatsbauten gestaltet waren – schlicht, diktiert von Sparsamkeit, aber nobel. Er prägte das Stadtbild bis zum II. Weltkrieg. Mit der Ausgestaltung des Schlossplatzes entstand einer der qualitätvollsten Plätze Europas. Hier inszenierte sich die Dynastie und suchte – durchaus erfolgreich – auch in städtebaulicher Form eine Landesidentität zu schaffen. Am Platz erhob sich neben dem bis heute erhaltenen Königsbau (➲ Kap. 8) das spätklassizistische **Kronprinzenpalais**, dessen Ruine nach dem Krieg dem Durchbruch der Planie als Autostraße weichen musste. Dieses Schicksal blieb dem **Wilhelmspalais** (Konrad-Adenauer-Str. 2) als östlichem Gegenstück erspart. Der klassizistische Kubus Saluccis, errichtet 1834–40 für die Töchter Wilhelms I., wurde zwar 1944 zerstört und für den Wiederaufbau als Stadtbibliothek durch Wilhelm Tiedje 1961–65 komplett entkernt, aber seine Außenmauern stehen noch. Seit 2018 beherbergt es nach erneutem Umbau als sog. Stadtpalais das Stadtmuseum.

Das sog. Dritte Reich hat in Stuttgart kaum Herrschaftsbauten hinterlassen. Wenn es einen Ort gibt, an dem sich NS-Herrschaft fassen lässt, dann ist es das **Hotel Silber** (Dorotheenstr. 10). 1937–45 war hier die Gestapo-Leitstelle untergebracht. In den Kellern wurde gefoltert und gemordet. Das stark überformte und daher nicht denkmalgeschützte Haus wurde jüngst nach langen Diskussionen dank bürgerschaftlichen Engagements vor dem Abbruch bewahrt. Seit 2018 dient es als zentraler Erinnerungsort an Stuttgarts dunkelste Jahre.

Gleichwohl gab es große Pläne des NS-Staates mit Achsen und Ringstraßen, die teilweise nach dem Krieg in der jungen Demokratie umgesetzt wurden, denn sie bargen die Grundlage für die autogerechte Stadt des sog. Wirtschaftswunders. Die Nachkriegszeit suchte sich in demokratischer Aufbruchstimmung

Das Hotel Silber mit Hakenkreuzfahnen, Aufnahme um 1935.

sehr bewusst von aller monarchischen Prachtentfaltung abzusetzen. Das spiegeln die heftig geführten Diskussionen um den Erhalt und Wiederaufbau des Neuen Schlosses wider, der schließlich mit nur knapper Mehrheit im Landtag 1956 beschlossen wurde.

Mühlhausen, Burgruine Hofen

(bei Wolfgangstr. 6)

Die Burg entstand wohl um 1250 als Sitz der Herren von Hofen und sicherte eine Neckarfurt. Für die Entstehungszeit sprechen die Rechteckanlage mit hoher Schildmauer, der schlanke Turm, der in Verbindung mit der Schildmauer steht, und schließlich die charakteristische Fassung der Außenkanten durch Buckelquader. Die bis in eine Höhe von 20 m erhaltene Schildmauer reagiert auf den Beschuss durch Bliden, mit denen nicht nur riesige Steinkugeln, sondern auch Brandsätze geschleudert werden konnten. Sie bildet damit ein typisches Zeugnis für die Entwicklungen im Wehrbau während des Hochmittelalters. Wie bei Schildmauerburgen üblich, lagen im Schutz der hohen Wand die Wohn- und Wirtschaftsgebäude, von denen noch Kellerreste vorhanden sind. Auf der Neckarseite bot der Steilhang Sicherheit. Die übrigen Seiten wurden durch einen breiten Graben geschützt, der sich teilweise noch markant abzeichnet.

Im Dreißigjährigen Krieg brannten die Schweden die Burg nieder.

Mächtig baut sich die Schildmauer der Burgruine Hofen auf.

1999 hat die Stadt die Ruine aus Privatbesitz erworben, restauriert und 2000 der Öffentlichkeit zugänglich gemacht.

Vaihingen, Burgstall Rohr

(Rohrer Park)

Mitten im Rohrer Park findet sich ein Hügel von ca. 12 m Durchmesser, der von einem Wassergraben umschlossen ist. Es handelt sich um den letzten Rest einer Turmhügelburg, die um die Mitte des 13. Jh. für die Herren von Rohr errichtet worden sein soll. Sie wurde wahrscheinlich 1287 oder 1311/12 zerstört und nicht wieder aufgebaut.

Turmhügelburgen waren typisch für die Sitze von Rittern und adeligen Dienstmannen. Die überwiegende Mehrzahl der Herrensitze auf den Dörfern bestand aus solchen Bauten, zu denen ein Wirtschaftshof gehörte. Je nach Vermögen der Herrschaft waren die Türme aus Stein oder nur in Fachwerk errichtet. Sie boten eine sichere Wohnung. Als hohe Bauten hoben sie sich deutlich gegenüber der umgebenden Bebauung der Hörigen ab und bildeten schlichtweg *den* Ausweis für den adeligen Status ihrer Besitzer.

Unscheinbar: der Turmhügel der Burg Rohr.

Mühlhausen, Palm'sches Schloss

(Mönchfeldstr. 35)

In Mühlhausen lässt sich die Kontinuität adeliger Präsenz vom Mittelalter bis ins frühe 20. Jh. hervorragend ablesen. Von den einst vier Burgen existieren heute noch die Grundmauern der Engelburg und Reste der Heidenburg. An die Zeit als reichsunmittelbare Herrschaft erinnert das Palm'sche Schloss. Es wurde für Jonathan Freiherr von Palm 1813/14 an Stelle eines festen Hauses des 16. Jh. in klassizistischen Formen errichtet. Das ägyptisierende Portal verweist auf Hofbaumeister Nikolaus Friedrich von Thouret. Der Bau wurde 1896 um einen neuromanischen Flügel mit Verbindungstrakt erweitert, der Altbau in Sichtfachwerk aufgestockt und durch eine Reihe von historistischen Details pittoresk umgestaltet. So suggerieren zwei Ecktürme einen weitaus älteren Baubestand und inszenieren in dieser Weise eine vermeintlich lange Tradition der Familie von Palm am Ort, obwohl sie nicht nur erst im 18. Jh. in den Adelsstand aufgestiegen war, sondern in Folge dessen auch die reichsfreie Herrschaft Mühlhausen erworben hatte. Beim Wiederaufbau nach Zer-

Ein Abglanz der Architektur am Königshof: das klassizistische Palm'sche Schloss.

störungen 1944 gingen diverse Details wie Türmchen und Erker verloren. Doch noch immer vermittelt der Bau mit dem umgebenden Park das Bild eines Landadelssitzes. Heute beherbergt er das Bezirksrathaus.

Mitte, Altes Schloss

(Landesmuseum Württemberg, Schillerplatz 6)

Genau genommen ist das Alte Schloss eine Neuinterpretation des Altbestandes durch den Wiederaufbau nach dem II. Weltkrieg. Paul Schmitthenner betonte das Alter bewusst durch die Steinsichtigkeit, gerade in der Erdgeschosshalle, der Dürnitz. Schon nach deren Brand 1931 hatte er mit der Freilegung der gotischen Saalfenster diesen Bau als ältesten Bestand hervorgehoben. Tatsächlich entstand die Dürnitz im 14. Jh. als repräsentativer Wohnbau der Stuttgarter Wasserburg. Diese Burg wurde 1553–65 unter Herzog Christoph durch Aberlin Tretsch und Blasius Berwart um- und neu gebaut. Dabei entstand ein für die württembergische Renaissance einflussreicher Bau: Die im Äußeren strengen, fast schmucklosen Flügel erhielten alle Dachaufbauten, die als in den Baukörper integrierte Türme wirken und für den Schlossbau der Herzöge charakteristisch sind. Prunkstück ist der Arkadenhof: Die Säulen, die auf allen Geschossen in Kompositkapitelle übergehen, verbinden sich auf eigenwillige Weise mit den flachen Kreuzrippengewölben: Man kannte zwar – vermittelt durch Vorlagenblätter – viele Einzelformen der italienischen Renaissance, doch das Wissen um wesentliche Regeln des neuen Stils hat noch keine zentrale Rolle gespielt. Vielmehr ging es darum, Tradition und Innovation in das richtige Maß zueinander zu setzen.

Den Südwestflügel nimmt die 1558–62 eingebaute, erste protestantische Kirche in Württemberg ein. 1865 wurde sie durch Alexander von Tritschler in neugotischen Formen umgestaltet. Im Krieg blieb sie unzerstört und ist damit der einzige authentisch überlieferte Raum im Schloss.

Mitte, Ruine des Neuen Lusthauses

(Mittlerer Schlossgarten, Willy-Brandt-Str.)

Von einem der Höhepunkte der Renaissance in Deutschland, dem unter Herzog Ludwig errichteten Neuen Lusthaus, zeugt heute nur noch ein Architekturfragment. Es stand ursprünglich dort, wo sich heute das Kunstgebäude (➲ Kap. 13) erhebt, und wurde 1583–93 durch Georg Beer als Festsaal erbaut. Berühmt war es vor allem für seine riesige Holztonne, die den Saal überspannte. Davon ist nicht viel geblieben, denn das Lusthaus erfuhr seit dem 18. Jh. ständige Umbauten

Rekonstruierter Glanz der Frührenaissance: der Arkadenhof des Alten Schlosses.

Einst berühmt in ganz Europa: das Neue Lusthaus Herzog Ludwigs. Ansicht des Festsaals von Friedrich Brentel 1619.

als Hoftheater. Nachdem das Theater 1902 abgebrannt war, wurden die bei den Abbrucharbeiten frei gelegten Reste 1904 als Ruinenstaffage in den Schlossgarten versetzt. Dort zeugen noch Teile der umlaufenden gewölbten Arkadengänge, eine der Freitreppen, eine Loggia und die Feinheit der Steinmetzarbeiten von der einstigen Pracht. Die Ruine wurde 2010–13 auf Grund bürgerschaftlichen Engagements gesichert.

Mitte, Neues Schloss

(Finanz- und Kultusministerium, Schlossplatz 4)

Das Neue Schloss zählt zu den bedeutendsten Palastbauten des Spätbarocks in Deutschland. Es entstand ab 1746 nach Plänen von Leopoldo Matteo Retti als neue Residenz für Carl Eugen, die Arbeiten zogen sich aber mit Unterbrechungen noch bis 1791 hin.

Rettis Architektur ist an den aktuellen französischen Strömungen orientiert. Dezent sind die einzelnen Bauglieder und Fassaden der großzügigen Ehrenhofanlage hierarchisiert. Die Fassaden folgen dem Schema der Superposition. Doch zeigt das Äußere nur noch in Teilen die alte Gliederung. Der 1944 zerbombte Bau wurde 1957–64 unter Leitung von Horst Linde durch Rudolf Lempp, Hans Detlev Rösiger und Walther Gerd Fleck als Finanz- und Kultusministerium wiederher-

Herrschaftliche Geste: der Ehrenhof des Neuen Schlosses.

gestellt. In der langen Diskussion um den Wiederaufbau suchte man letztendlich eine Synthese aus Tradition und Moderne. Die Rückfront wurde dabei vereinfacht, leicht abgeändert und erhielt eine Freitreppe. An Stelle der Königskrone entstand über dem Mittelpavillon eine kleine Laterne mit Belvedere und Fahnenstange. So wurde die Residenz quasi demokratisiert. Der reiche Skulpturenschmuck Domenico Ferettis mit Göttern und Tugenden besteht weitgehend in Kopien.

Im Inneren erfuhr der Komplex eine Neustrukturierung, die teilweise auch das Äußere bestimmt. Die Repräsentationsräume des Corps de Logis, so Treppenhaus, Marmorsaal und die berühmte, einst von Matthäus Günther ausgemalte Äneasgalerie, wurden rekonstruiert. Die Flügelbauten, in denen Büroräume von Ministerien untergebracht sind, wurden hingegen nach Entwürfen Herta-Maria Witzemanns neu gestaltet. Dabei entstanden qualitätvolle neue Raumschöpfungen, so das Vestibül im Gartenflügel.

West, Lustschloss Solitude

(Solitude 1)

Die Solitude, Paradebeispiel für ein fürstliches Lustschloss, zählt zu den herausragenden Schöpfungen Carl Eugens, der sich hier als Architekt versuchte. Seine eigenen Entwürfe für das Corps de Logis wurden von

Die eigenwillige Schöpfung Herzog Carl Eugens: das Lustschloss Solitude.

Philipp de la Guêpière, dem die Bauleitung oblag, überarbeitet. Insgesamt entstand 1764–69 ein eigentümlicher Spätbarockbau, der in seiner Aufsockelung der Beletage an italienische Villen erinnert. Auf den Längsseiten rahmen geschwungene Freitreppen die Durchfahrt und führen auf eine umlaufende Terrasse. Das Zentrum bildet ein ovaler Kuppelsaal, von dem Seitenflügel zu den Kopfbauten führen. Den erlesenen Interieurs kommt angesichts der Zerstörung des Neuen Schlosses höchste Bedeutung zu. Sie zeigen den Stilwandel zwischen Rokoko und dem schon von klassizistischer Strenge angehauchten *Goût grec*.

Das Corps de Logis wird von Zirkelbauten gefasst, in denen Hofkirche und Theater Platz fanden. Im Osten und Westen schließen sich in Verlängerung der Zirkelbauten die eingeschossigen Kavaliershäuschen an. Dahinter entstand bis 1775 ein weitläufiger Park mit einer Vielzahl von Elementen spätbarocker Gartenkunst. Darin eingebettet lagen diverse Bauten. Wegeachsen zerschneiden den Glemswald, von wo sie sich mit Jagdschneisen bis zum Bärensee fortsetzen. Vom Corps de Logis führt eine über 14 km lange, schnurgerade Allee bis Ludwigsburg. Die politische Konzeption dahinter ist offensichtlich: Das Wollen und Wirken des Herzogs erfasst das gesamte Territorium.

Nach Carl Eugens Tod wurde die Solitude aufgegeben, die Bauten des Parks abgebrochen oder nach Stuttgart versetzt.

Bad Cannstatt, Landhaus Rosenstein

(Rosenstein 1)

Das klassizistische Landhaus Rosenstein wurde 1822–29 nach Entwürfen Giovanni Saluccis für Wilhelm I. errichtet. Es ist als Teil einer gestalterischen Aufwertung des Neckartals zu sehen und bildet den Endpunkt jener Allee, die vom Neuen Schloss ihren Ausgang nimmt. Das Landhaus wird umgeben von einem heute stark reduzierten Landschaftspark, der unter Verwendung von Ideen des Engländers John B. Papworth angelegt wurde.

Mit seinen Säulenportiken setzt der Bau einen auffälligen Akzent über dem Tal. Die Architektur lässt an venezianische Villen denken. Der eingeschossige, rechteckige Komplex legt sich mit fünf Flügeln um zwei Innenhöfe. Den Mittelflügel bildet die bis heute erhaltene, monumental wirkende Große Galerie mit Tonnengewölbe als dreischiffige, ionische Säulenhalle, letzter Rest der einst edlen klassizistischen Ausstattung.

Im Park liegt die 1833 nach Entwürfen Saluccis errichtete Meierei. Auch das Löwentor am Nordende

Inspiriert von den Villen Andrea Palladios: das Landhaus Rosenstein.

geht auf ihn zurück. Die beiden Wachthäuser wurden 1858 von Johann Michael Knapp durch den Torbogen mit Löwenaufsatz aus Zink verbunden.

1944 brannte das Schloss aus und beherbergt seit dem Wiederaufbau 1950–54 die Zoologische Abteilung des Naturkundemuseums. 1994 erfolgte im Zuge einer Umgestaltung die Überdachung der Innenhöfe.

Bad Cannstatt, Lustschloss Wilhelma

(Neckartalstr.)

Die Wilhelma wurde durch Ludwig von Zanth 1842–53 für Wilhelm I. in unmittelbarer Nachbarschaft zum Rosenstein als Lustschloss in maurischem Stil verwirklicht und stellt eine Anlage um einen großen, von Laubengängen gefassten Gartenhof dar. Wie prachtvoll einst die Räume ausgestattet waren, vermittelt die 1863–65 durch Wilhelm Baeumer erbaute Damaszenerhalle. Vom Belvedere reicht der Blick über das Neckartal. Deutlich werden die inszenierten Sichtbeziehungen der Residenzlandschaft zum Rotenberg (➲ Kap. 5), zur Villa Berg und der Berger Kirche (➲ Kap. 4). Hochmodern waren die ausgedehnten Gewächshäuser zur Aufnahme exotischer Pflanzen mit ihren Eisen-Glas-Konstruktionen. Mit den Eisengusselementen aus Wasseralfingen bezeugten sie den industriellen Fortschritt im Königreich. In die Anlage einbezogen wurde das Wilhelmatheater (➲ Kap. 13).

Nach 1918 wandelte sich die Wilhelma zum öffentlichen botanischen Garten. Mit dem Wiederaufbau der 1944 zerstörten Gebäude kam es 1950 zur Umnutzung als Zoo. Trotzdem blieb der alte Charakter der Gärten weitgehend gewahrt. Seit den 1980er-Jahren erfolgten Restaurierungen und Ergänzungen.

Die Wilhelma war die großartigste europäische Palastanlage des Orientalismus. Mit diesem Monument hob sich Wilhelm I. von den Monarchen Europas ab, denn niemand verfügte über einen vergleichbaren Bau. In ihm verschmolzen Elemente islamischer Architektur mit der klaren Gliederung italienischer Terrassengärten. Er zeugt von den Träumen, Wünschen und Projektionen der Europäer und gehört auch in seinem reduzierten Bestand zu den bedeutendsten Schöpfungen dieser Art.

Ost, Villa Berg

(Villa Berg 1)

Die Villa Berg entstand 1843–53 für Kronprinz Karl und seine Gemahlin Olga nach Plänen von Christian Friedrich Leins und Friedrich Neuner. Beide verwirklichten ein Stück Italien, das sich in das arkadisch-mediterrane Landschaftskonzept der Residenz perfekt einfügte. Die Villa ist einer der frühesten und bedeutendsten Neurenaissancebauten

Die Damaszenerhalle gibt noch einen kleinen Eindruck von der einst prachtvollen Innenausstattung der Wilhelmabauten.

Deutschlands und rezipiert römische Villen und Gärten. Der elegant gegliederte Bau erhebt sich wirkungsvoll in hellem Sandstein über einem Sockel aus rötlichem Sandstein. Die Fassaden zeugen mit der Feinheit der Steinmetzarbeiten noch von Anspruch und Qualität dieses Lustschlosses, das am Anfang jener Villenarchitektur steht, welche die Halbhöhenlage Stuttgarts prägen sollte. Prunkstück ist der elegante

Ansicht der Villa Berg mit Garten vor der Kriegszerstörung

Schalenbrunnen aus Bronze auf der östlichen Terrasse. Vom technischen Fortschritt zeugen die kunstvollen gusseisernen Kandelaber an den Freitreppen, in deren Glaskugeln Gas brannte.

Nach Zerstörung 1944 wurden nach langem Ringen um das Wiederaufbaukonzept nur die Fassaden erhalten. Im Innern bauten Adolf Mössinger und Egon Eiermann die Villa 1947–53 zum Sendesaal des Süddeutschen Rundfunks mit einem der größten und modernsten Orgelwerke von Eberhard Friedrich Walcker & Cie aus. Die Villa stellt insofern heute auch ein wichtiges Dokument für den demokratischen Neubeginn und die Rundfunkgeschichte dar.

Seit 2015 ist die Villa mit Park wieder in Besitz der Landeshauptstadt. Unter reger Bürgerbeteiligung wird ein neues Nutzungskonzept als Haus der Musik erarbeitet, das die Parkanlage einbezieht. Jüngst wurde der historische Rosengarten instand gesetzt.

Degerloch, Jagdfestplatz im Ramsbachtal

(Eugen-Kucher-Weg)

In der Jagd fand die fürstliche Herrschaft über Land, Mensch und Tier ihren sinnfälligen Ausdruck. Auch die Herzöge von Württemberg hielten aufwändige Prunkjagden ab, so Herzog Carl Eugen anlässlich seiner Geburtstagsfeiern 1763 und 1764 bei Degerloch im Ramsbachtal, wo eigens eine Jagdanlage mit einem 200 m langen und 86 m breiten See, Pavillons und einer Jagdbahn angelegt wurde. Für die Arbeiten wurden nicht nur Bauern zu Fronarbeiten verpflichtet, sondern auch Soldaten und Armeehandwerker eingesetzt. Die Spuren dieser vier Monate andauernden Vorbereitungen für das nur vier Stunden dauernde Vergnügen sind bis heute im Gelände anhand der erhaltenen Staudämme ablesbar und bilden ein wichtiges archäologisches Zeugnis für die Fest- und Jagdkultur am württembergischen Hof.

Vaihingen, HJ-Heim Rohr

(Thingstr. 50)

Das ehem. HJ-Heim zeugt von der alle Lebensbereiche durchdringenden, totalitären NS-Herrschaft und ihrem Willen, sich die Menschen von der Wiege an zu unterwerfen. Ein Mittel hierzu bildeten die Jugendorganisationen der Partei, so die Hitlerjugend (HJ). Für diese wurde 1937/38 von Erwin Rohrberg und Eberhard Holstein der mächtige Natursteinbau unter breitem Giebeldach in beherrschender Lage über dem Rohrer Tal errichtet – einer der wenigen NS-Bauten, die in Stuttgart fast unverändert überliefert sind. Wie so oft griff man auf bewährte Muster zurück: So ist das Haus ganz der Tradition des konservativen Bauens verpflichtet. Das trutzige, strenge Äußere in heimischem Sand-

Der Geländescan macht den einstigen Jagdfestplatz im Ramsbachtal bei Degerloch deutlich sichtbar.

Zeugnis der alle Lebensbereiche durchdringenden nationalsozialistischen Herrschaft: das ehem. HJ-Heim in Rohr.

stein verwies dabei durchaus auf den paramilitärischen Charakter der Institution. Hier sollten zukünftige Krieger und treue Anhänger des Regimes herangezogen werden. Dem Geist der arischen Volksgemeinschaft entsprach die dreigeschossige Mittelhalle als zentraler Versammlungsort mit umlaufender Empore, breitem Treppenaufgang und einem großen Radleuchter. Heute beherbergt der Bau die Stiftung Jugendhilfe.

Mitte, Landtag

(Konrad-Adenauer-Str. 3)

Den größtmöglichen Kontrast zum Neuen Schloss bildet der Landtag. Hier schuf sich die junge Demokratie ihr Haus mit ganz anderen Formen politischer Inszenierung – übrigens der erste Parlamentsneubau im Nachkriegseuropa.

Nachdem 1952 das Bundesland Baden-Württemberg gebildet worden war, wurde ein neues Parlamentshaus nötig, um das Provisorium im Eduard-Pfeiffer-Haus (➲ Kap. 14) abzulösen. 1959–61 entstand ein dreigeschossiger Kubus nach Entwürfen von Kurt Viertel und Horst Linde von der Staatlichen Hochbauverwaltung. Den beiden Obergeschossen wurde eine vorgefertigte Fassade aus Tombakpaneelen und einer großflächigen Verglasung vorgehängt, die sich über der regelmäßigen Pfeilerstellung des

Erdgeschosses erhebt. Das verleiht dem strengen Bau Leichtigkeit und Eleganz. Die Innenausstattung wurde Herta-Maria Witzemann übertragen, die Plastiken und Wandteppiche zeitgenössischer Künstler in die Gestaltung einbezog.

Entlang der Außenwände fanden Büro- und Besprechungszimmer ihren Platz. Gerade in der Vollverglasung dieser Räume sollte die Transparenz demokratischer Entscheidungsprozesse nach außen demonstriert werden. Der Plenarsaal liegt im Zentrum des Obergeschosses und wird durch ein großzügiges Foyer erschlossen. Er bildete mit seinen holzverkleideten Wänden eine quasi in sich abgeschlossene Herzkammer der Demokratie, welche die Konzentration der Abgeordneten auf die Diskussion fördern sollte. 2013–16 erfolgten nach der Konzeption des Berliner Büros Staab Architekten umfassende Sanierungsarbeiten. Durch bündig in die Dachflächen eingebaute Oberlichter erhielt der Plenarsaal den gewünschten Tageslichtbezug. Seine Geschlossenheit zum Foyer wurde auf der Parkseite durch eine große Öffnung aufgelöst.

Weit und licht: das obere Foyer des Landtags mit Reiterfigur von Marino Marini.

RECHT UND ORDNUNG –

Bauten für Verwaltung und Justiz

Die Zeugnisse der Staats- und Kommunalverwaltung wie auch der Justiz hinterließen durch die Jahrhunderte oft imposante bauliche Marken. Während Herzöge und Könige repräsentative Verwaltungsbauten errichteten, gelangt bürgerliches Selbstbewusstsein in den Rathäusern zum Ausdruck.

Das Vaihinger Rathaus ist charakteristischer Vertreter der durch Stilelemente lokaler Architekturtradition geprägten Reformarchitektur.

Mit der Schaffung einer festen Residenz durch die Grafen von Württemberg ging die Zentralisierung der Verwaltung in Form einer Kanzlei einher. Diese wird erstmals um 1397 im längst abgegangenen „Steinhus" erwähnt. Für die im Spätmittelalter gewachsene Verwaltung musste schließlich mehr Raum geschaffen werden. Das führte im 16. Jh. unter Herzog Ulrich zum Bau der Alten Kanzlei (➲). Der unter Christoph nochmals erweiterte Bau genügte lange Zeit den landesherrlichen Behörden als Sitz.

Letzter erhaltener barockzeitlicher Verwaltungsbau der Residenzstadt ist die **Amtsoberamtei** (Rotebühlplatz 29), 1778 als verputztes Fachwerkhaus errichtet. Es ist ein zwar großer, aber – für Württemberg typisch – unprätentiöser Bau, nur ausgezeichnet durch einen Mittelrisalit und das hohe Mansarddach. Hier befand sich die Verwaltungsstelle für die Landgemeinden im Oberamt Stuttgart. Heute beherbergt das Haus u. a. ein Restaurant.

Mit der Erhebung Württembergs zum Königreich 1805 erforderte der neue Status auch höhere Repräsentationsformen, zumal die Staatsverwaltung deutlich wuchs. Die Ministerien waren in meist bereits bestehenden Häusern über die Stadt verteilt, die Minister wohnten in der Regel in ihrem Dienstsitz. Erst mit dem monumentalen Bau der Neuen Kanzlei (➲) an der Königstraße wurde das Problem gelöst.

Auch das junge Bundesland Baden-Württemberg nutzte nach seiner Gründung 1952 vorwiegend bestehende Substanz. So wurde das kriegszerstörte Neue Schloss (➲ Kap. 1) zum Sitz von Finanz- und Kultusministerium. Staatliche Einrichtungen belegten auch die Rotebühlkaserne (➲ Kap. 3). Einen Neubau erhielt hingegen das Wirtschaftsministerium (➲), der ein charakteristisches und qualitätsvolles Zeugnis für die Architektur des Wiederaufbaus darstellt.

Herrschaftliche und staatliche Verwaltungsbauten stehen aber

Fast wie ein kleiner Schlossbau wirkt die Vogtei der Universität Tübingen in Weilimdorf.

nicht nur im Stadtzentrum. In den nach und nach eingemeindeten Orten finden sich zahlreiche **Amtshäuser** der lokalen Verwaltung, die von einstigen Herrschaftsverhältnissen zeugen. So besaß die Universität Tübingen seit 1477 die Oswaldkirche in Weilimdorf mit den zugehörigen Gütern und hatte bis 1914 das Recht, den Weilimdorfer Pfarrer zu ernennen. Zur Verwaltung der Güter erbaute der Vogt und Pfleger Markus Hellwag im Jahr 1716 die schlossartige *Vogtei* (Ditzinger Str. 19). 1813–15 entstand dann unter dem Universitätspfleger und Schultheißen Christoph Helfferich ein eigenes *Amtshaus* (Glemsgaustr. 42), ein zweigeschossiger, giebelständiger und zeitüblich verputzter Fachwerkbau mit klassizistischen Gliederungselementen.

Möhringen und Vaihingen standen 1295/97–1802 unter der Oberhoheit der Reichsstadt Esslingen bzw. des Esslinger Spitals St. Katharinen. Von dessen großem *Spitalhof* in Möhringen steht nur noch der 1589 neu errichtete Torbau mit Fachwerkgeschoss (Filderbahnstr. 27). Das Spital verfügte über großen Güterbesitz, darunter zahlreiche Weinberge und Wald. Der Katzenbacher Wald gehört bis heute der Stadt Esslingen.

Ein *Forsthaus* (Katzenbacher Hof 1) ist dort bereits für 1698 belegt, der heutige Ziegelbau mit Back- und Waschhaus sowie Stallscheuer wurde 1896 errichtet.

Wesentliches Hoheitsrecht spätmittelalterlicher und frühneuzeitlicher Staatlichkeit war die Hochgerichtsbarkeit, d. h. das Recht im Fall von Kapitalverbrechen über Leben und Tod zu urteilen. Der Erwerb von Gerichtsrechten spielte daher schon im Mittelalter eine zentrale Rolle bei der Ausbildung der landesherrlichen Territorien. Im 19. Jh. verlangte die wachsende und zunehmend spezialisierte Justiz nach eigenständigen Gebäuden. Gerade im Kaiserreich kam es zum Bau oftmals repräsentativer **Justizpaläste**, in denen sich der obrigkeitliche Rechtsstaat präsentierte. Davon zeugt das Alte Amtsgericht (➲) als Rest eines weitaus größeren Komplexes, der einst das gesamte Geviert zwischen Archiv-, Olga-, Ulrich- und Urbanstraße einnahm. Bis heute liegt hier Stuttgarts Gerichtsviertel.

In Mittelalter und Früher Neuzeit wurde in der Regel an Leib oder gar Leben gestraft, Gefängnisstrafen in unserem Sinne gab es fast nicht. Der Stuttgarter Hinrichtungsplatz lebt im Namen der Hauptstätter Straße fort, lag doch vor den Toren der Stadt die Enthauptungsstätte. Erst mit der Aufklärung setzte sich eine andere Auffassung durch. Strafe sollte den Verbrecher läutern, der Freiheitsentzug wurde zur wichtigsten Strafform. Hatte man zuvor Gefangene in einzelnen Zellen und Turmgelassen nur so lange verwahrt, bis ihre Prozesse abgeschlossen und sie ihrer Exekution zugeführt worden waren, wurden im 19. Jh. zur Unterbringung der Missetäter spezielle Gebäude benötigt. Stuttgarts erster eigenständiger **Gefängnisbau** ist die *Pönitentiaranstalt* (Senefelderstr. 45B; s. Abb. S. 44). Von der ursprünglichen Planung einer für Gefängnisse im 19. Jh. typisch kreuzförmigen Anlage nach dem in Amerika entwickelten pennsylvanischen System wurden 1844–81 nur drei Flügel umgesetzt, von denen zwei – u. a. der Zellenflügel – schon 1925 abgebrochen wurden. Erhalten blieben nur der Verwaltungstrakt mit fünfgeschossigem Kopfbau und der oktogonale Zentralbau mit Ansätzen der übrigen Flügel in unverputztem Sandstein, entworfen von Theodor Wilhelm Landauer. Er war 1850 fertig gestellt. Der wuchtige, streng gegliederte Kopfbau im Rundbogenstil, angelehnt an die Florentiner Architektur der Frührenaissance, wirkt mit seinem abschließenden Kranzgesims aus Konsolen wie der Turm eines italienischen Kastells. Heute beherbergt er Wohnungen.

Gefängnisfunktionen fanden sich auch in manchen Rathäusern der Gemeinden um Stuttgart. Sie dienten allerdings nur kurzfristigem Arrest. So verfügen sowohl das Alte

Der turmhafte Kopfbau der ehem. Pönitentiaranstalt.

Rathaus in Weilimdorf wie das Rathaus in Feuerbach über entsprechende Einrichtungen. In Feuerbach wurden sie gar erst in der Nachkriegszeit eingebaut.

Die Kommunalverwaltung spiegelt sich in einer Vielzahl historischer **Rathäuser** im Stuttgarter Stadtgebiet, von denen die meisten noch heute als Bezirksrathäuser genutzt werden. Sie bilden wertvolle Zeugnisse für die Stadtgeschichte. Das *Stuttgarter Rathaus* war ursprünglich offenbar ein gräfliches Gebäude, womit deutlich wurde, wer in der Stadt das Sagen hatte. Auch der Neubau des sog. Herrenhauses 1455 auf dem Markt, das als Kaufhaus diente, war ein landesherrliches Projekt. Die Bürgerschaft erhielt allerdings das Recht, ein eigenes Haus anzubauen. Dieses spätmittelalterliche Rathaus wurde 1898–1905 durch einen monumentalen neugotischen Bau mit hohem Turm nach Entwurf von Heinrich Jassoy und Johannes Vollmer in der Art flandrischer Stadtpaläste ersetzt – deutlicher Ausweis des Selbstbewusstseins der Stuttgarter Bürgerschaft wie auch für den massiven Ausbau der kommunalen Verwaltung in einer Zeit enormen Wachstums und der damit verbundenen infrastrukturellen Herausforderungen. 1944 zerstört, erfuhr der Vorderbau unter Einbeziehung der erhaltenen Teile und Überformung des Turms 1953–56 einen völligen Neubau nach dem Entwurf von Paul Schmohl und Paul Stohrer (Marktplatz 1). Es entstand ein rasterförmig gegliederter, nüchterner, gleichwohl stadtbildprägender Bau in modernen Formen, aber in der Kubatur und mit dem Turm sehr bewusst an den Vorgängerbau angelehnt. Dies muss im Zusammenhang mit dem Wiederaufbau der Häuser um den Markt gesehen werden, der zwar in modernen Formen erfolgte, aber die alten Parzellen mit ihrer kleinteiligen Struktur berücksichtigte und so eine Erinnerung an das alte bürgerliche Zentrum Stuttgarts bewahrt – ein hervorragendes Gesamtensemble der 1950er-Jahre. Der Umbau des Ratssaals führte 2003 zum Verlust der Kulturdenkmaleigenschaft; das Rathaus zählt dennoch zu den erhaltenswerten Zeugnissen des Wiederaufbaus. Immerhin blieb dank bürgerschaftlicher Proteste der legendäre Paternoster erhalten.

Ein mittelalterliches Rathaus findet sich noch in *Bad Cannstatt* (➲). Es ist ein stattlicher Bau, der sich durch seine Größe deutlich von dörflichen Rathausbauten unterscheidet, wie es u.a. in *Uhlbach* (Uhlbacher Platz 2; s. Abb. S. 46) zu Anfang des 17. Jh. errichtet wurde. Wie die großen städtischen Rathäuser wies der dörfliche Bau im Erdgeschoss eine Markthalle auf, die für mittelalterliche und frühneuzeitliche Rathäuser charakteristisch ist. Sie ist hier allerdings deutlich kleiner ausgefallen und dient heute als Lager. Das Renaissancefachwerk mit den für Württemberg typisch gebogenen Fußstreben ist durchaus repräsentativ gestaltet.

Ein Beispiel für die sparsam-schlichte, aber zugleich noble Architektur des württembergischen Klassizismus bietet das *Neue Rathaus* in *Möhringen* (Maierstr. 1), das 1836/37

Verwaltungssitz einer Weinbaugemeinde: das Rathaus von Uhlbach.

nach Entwurf des Stuttgarter Baumeisters Friedrich Bernhard Adam Groß errichtet und in der Oberamtsbeschreibung von 1851 als das schönste im ganzen Bezirk bezeichnet wurde. Ein Mittelrisalit mit hohen Rundbogenfenstern akzentuiert den palaisartigen Bau, seine Mittelachse wird durch einen Balkon über hohem Rundbogenportal betont – eine Übernahme eines Motivs aus dem herrschaftlichen Palastbau in die kommunale Sphäre. Wie in Cannstatt und Uhlbach gibt es ein Glockentürmchen auf dem Dach. In typischer Weise befand sich im Erdgeschoss das Spritzenhaus.

Mit der Industrialisierung wuchsen die Dörfer um Stuttgart; Feuerbach (Rathaus, ➲) und Zuffenhausen wurden sogar Stadt. Das erforderte neue Rathausbauten. Zu Anfang des 20. Jh. entstand eine ganze Reihe von Neubauten, die sich als Vertreter der Reformarchitektur in ihren Formen an Rathäuser der württembergischen Renaissance anlehnen und damit Identifikation stiften sollten. Der stattliche Bau in *Vaihingen* (Rathausplatz 1) mit Arkadenhalle im Erdgeschoss und dem breiten, durch Horizontalsimse untergliederten Giebel sowie den zu Gruppen zusammengefassten Fenstern bildet hierfür ein gutes Beispiel. Er wurde 1906/07 von dem renommierten Stuttgarter Architekten Ludwig Eisenlohr entworfen. Sehr ähnlich, wenn auch etwas schlichter ausgefallen, ist das Rathaus in *Hedelfingen* (Heumadener Str. 1), 1910 von Stadtbaumeister Adolf Hornung geplant.

Sehr viel monumentaler stellt sich das *Obertürkheimer Rathaus* (Augsburger Str. 659) dar, das 1913–15 für die damals noch selbstständige Gemeinde nach Entwurf von Wilhelm Pfeiffer errichtet wurde. Es geriert sich mit Seitenrisaliten und den hohen Fenstern im Mitteltrakt geradezu als Kommunalpalast und dokumentiert eindrucksvoll das Selbstbewusstsein des zum Industriedorf herangewachsenen einstigen Weinbauortes.

Von den kommunalen Institutionen zeugt auch noch ein **Städtisches Amtshaus** in Heslach (Böblinger Str. 211), errichtet 1897–98 nach Entwürfen des Städtischen Hochbauamts. Der zweigeschossige Ziegelbau in Formen der Neurenaissance ist straßenseitig durch eine rundbogige Loggia und große Rundbogenfenster im Erdgeschoss ausgezeichnet. Neben der Steuerstelle beherbergte er einen Polizeiarrest und die Pflastergeldstelle mit Bodenwaage, denn zur Bauzeit markierte das Haus den Stadteingang. Hier wurden die damals üblichen Straßennutzungsgebühren festgesetzt und eingezogen.

Mitte, Alte Kanzlei

(Schillerplatz 5A)

Die wachsende landesherrliche Verwaltung verlangte nach eigenständigen Bauten. Herzog Ulrich ließ daher direkt neben dem Alten Schloss an der Stadtmauer 1542–44 die Alte Kanzlei errichten, die unter Christoph 1566/67 durch Silvester Berwart nach Entwurf von Aberlin Tretsch um ein zweites Obergeschoss erhöht und bis an die Stadtmauer nach Westen erweitert wurde, wie die von einem Treppengiebel bekrönte Brandmauer verrät. Sehr typisch für die württembergische Renaissance sind die schlichte, strenge Gliederung und die zwei innenliegenden, über die Traufe emporragenden Treppentürme. Ihnen sind die beiden wappengezierten Portale zugeordnet. Das ältere mit reichem Schmuck in Frührenaissanceformen und dem Wappen Herzog Ulrichs datiert von 1543. Das zweite Portal entstand 1683 und wurde erst 1879 in Renaissanceformen ergänzt. Das Innere der Alten Kanzlei ist seit der Kriegszerstörung 1944 und dem anschließenden Wiederaufbau völlig neu strukturiert und beherbergt heute neben Behörden u. a. ein Restaurant.

Mitte, Neue Kanzlei

(Königstr. 44, Kronprinzenstr. 5)

Als Sitz für verschiedene Verwaltungen wurde nach Plänen von Gottlob Barth und Friedrich Bernhard Adam Groß 1833–38 als repräsentativer Bau an der Königstraße die Neue Kanzlei errichtet. Zur Kronprinzenstraße entstand als Ergänzung noch 1834 das Finanzarchiv. Es ist der einzige große Regierungsbau der Zeit König Wilhelms I. in Stuttgart.

Früher landesherrlicher Verwaltungsbau: die Alte Kanzlei am Schillerplatz.

Strenger württembergischer Klassizismus: der Portikus der Neuen Kanzlei.

In das nördliche Gebäudedrittel wurde ein bereits 1576–78 erbauter Kornspeicher einbezogen. Der neue „Kanzleipalast" ist typisch für die betont klar und sparsam gegliederten Bauten des württembergischen Staatsklassizismus. Der breit gelagerte, an der 62 m langen Straßenfront 15 Achsen umfassende Bau mit einem Mezzanin auf umlaufendem Gesimsband ist an italienische Stadtpaläste angelehnt. Einen Akzent in der wuchtig-strengen Fassade setzt der zentrale, dreiachsige Portikus mit dorischen Säulen. Nach Kriegszerstörung wurde das Gebäude 1947–50 als Geschäftshaus wiederaufgebaut. Vom Vorgängerbau des 16. Jh. blieb das imposante, seit 1985 als Verkaufsraum zugängliche Kellergewölbe.

Mitte, Wirtschaftsministerium

(Theodor-Heuss-Str. 4)

Das Wirtschaftsministerium zählt zu den bedeutendsten staatlichen Verwaltungsbauten der Nachkriegszeit. Es wurde 1954–57 an der für den Verkehr deutlich verbreiterten Theodor-Heuss-Straße nach Entwurf von Rudolf Hanke errichtet. Der Bau scheint aus drei sich gegenseitig durchdringenden Körpern zu bestehen, von denen der innere die anderen beiden pavillonartig unter zeittypischem Flugdach überragt. Er sollte in seiner Leichtigkeit und Eleganz den demokratischen Aufbruch versinnbildlichen und als Schaufenster für die heimische Wirtschaft dienen. Daher wurden die Pfeiler der Fußgängerpassage mit Vitrinen bestückt. Für Bau und Gestaltung kamen nur hochwertige Materialien zum Einsatz. Die Stahlskelettkonstruktion, die mit ihren lamellenartigen Fassadentragstützen wesentlich ist für die stark vertikale Gliederung der Längsfassaden, wurde eigens von der Maschinenfabrik Esslingen in Form miteinander verschweißter Walzprofile entwickelt. Sie ermöglichten dank Vorfertigung die Errichtung innerhalb von sechs Monaten. Die Fassadenstützen wurden mit glasierten Spaltklinkerplatten verkleidet, die in Schlackenbetonstein ausgemauerten Fassadenflächen mit Glasmosaiken der bayerischen Immenhütte überzogen. Das Innere wurde teilweise künstlerisch aufwändig gestaltet. Ausgesprochen repräsentativ wirkt das Treppenhaus mit den filigranen, am Ansatz leicht ausschwingenden Messinggeländern und der Verwendung von schwarzem Marmor mit Goldaderung.

Modern und Symbol für den demokratischen Aufbruch des Südweststaates: das Wirtschaftsministerium.

Mitte, Generalkonsulat der USA

(Urbanstr. 7)

Nach dem II. Weltkrieg richteten die USA in der Bundesrepublik als Frontstaat im Kalten Krieg fünf neue Generalkonsulate ein. Im Auftrag des US State Department entwarf der Frankfurter Architekt Otto Apel zusammen mit dem New Yorker Architekturbüro Skidmore, Owings & Merril das Stuttgarter Konsulat, das 1954/55 verwirklicht wurde. Das amerikanische Büro zählte zu den Hauptvertretern des Internationalen Stils und übte mit seinen Entwürfen großen Einfluss auf Verwaltungsbauten in aller Welt aus. Der Stuttgarter Bau ist ein langer, schlichter Kubus, geradezu idealtypisch für die Entwürfe des New Yorker Büros. Er verrät deutlich in seiner Pavillon- bzw. Würfelform den Einfluss der amerikanischen Bauten Mies van der Rohes und sollte für die Stuttgarter Nachkriegsarchitektur wie den Landtag vorbildhaft sein. Charakteristisch für die Zeit ist die gerasterte Vorhangfassade der

Vorbild „demokratischer" Architektur für die junge Bonner Republik: das ehem. US-Generalkonsulat.

beiden Obergeschosse aus ausstellbaren Glasfenstern und Brüstungsfeldern in dunklem Aluminium. Das zurückgesetzte Erdgeschoss, gegliedert durch die Pfeiler der Konstruktion, verleiht dem Bau eine gewisse Leichtigkeit. Hinter der Pfeilerreihe öffnet sich die verglaste Eingangshalle mit den an drei Seiten umliegenden Räumen für den Publikumsverkehr und dem Treppenhaus. In den Obergeschossen sind die Verwaltungsräume untergebracht. Seit einem Umbau 1998 durch FAI Architekten Stuttgart beherbergt das Haus eine Anwaltskanzlei.

Mitte, Altes Amtsgericht

(Archivstr. 15A)

Das Alte Amtsgericht ist Teil des einst viel größeren Justizkomplexes aus dem Kaiserreich, der 1944 zerstört wurde. Erhalten ist ein in zwei Etappen 1904 (Westteil) und 1913/14 (Ostteil) vom Königlichen Bezirksbauamt Stuttgart durch Friedrich Gekeler errichtetes Gebäude. Beide Baukörper sind typisch für die Staatsbauten vor dem I. Weltkrieg, für die vorzugsweise in freier Abwandlung schwere neubarocke und neuklassizistische Formen verwendet wurden. Die groß dimensionierten Fassadengliederungen werden noch durch die Verblendung in hellgelbem Sandstein betont. Der zurückgesetzte Trakt mit die Obergeschosse übergreifenden Fenstern und Dreiecksgiebel wird in der Art einer Tempelfront durch ionische Kolossalpilaster gegliedert. Er hat weitgehend sein historisches Erscheinungsbild gewahrt, während der westlich anstoßende Baukörper seine prägenden Ecklaufbauten verloren hat, mit Rustikafassungen und

Das Alte Amtsgericht Stuttgart, einst Teil eines großen Justizpalastes.

Portal aber immer noch einen Eindruck vom Anspruch der Bauaufgabe vermittelt.

Stammheim, Justizvollzugsanstalt

(Asperger Str. 49, 60)

Beim Namen Stammheim denkt man bis heute an den „Deutschen Herbst“ 1977, als der Terror der RAF seinen Höhepunkt erlebte, denn in Stammheim fand 1975 der Prozess gegen die führenden Mitglieder der linksextremen Gruppe statt. Für die Geschichte der Bundesrepublik ist Stammheim daher ein zentraler Geschichtsort.

Dabei ist die Haftanstalt auch für den Gefängnisbau Europas im 20. Jh. wegweisend gewesen. Den Kern bildet der 1959–63 durch das Staatliche Hochbauamt II geplante und errichtete Zellentrakt für Männer (Bau I), ein zweiteiliges Hochhaus mit einem kurzen und einem längeren Flügel zu beiden Seiten eines Treppenhauses. Charakteristisch ist die sägezahnartige Fassade, deren Ausbildung aus Sicherheitsgründen erfolgte: So sollte eine Kontaktaufnahme der Gefangenen untereinander und das Weiterreichen von Gegenständen von Fenster zu Fenster unterbunden werden. Schon darin zeigt sich, dass Stammheim unter modernsten Sicherheitsaspekten geplant wurde. Die Zellen liegen zu beiden Seiten großer Mittelflure, die teilweise über zwei Geschosse reichen. Wie diese Inneneinteilung stammt auch der Typus des Gefängnishochhauses aus den USA, wo er erstmals 1949 verwirklicht wurde. Bau I ist ein früher Nachfolger. Zum Zeitpunkt der Einweihung galt Stammheim als die modernste Haftanstalt der Bundesrepublik, auch wegen der vergleichsweise komfortablen Zellen.

Mit der Inhaftierung von Mitgliedern der RAF wurden im 7. Obergeschoss Umbauten vorgenommen. Die Gefangenen lebten wie in einer WG und wurden nur abends in ihre Zellen gesperrt. Grundlegend ist dieser Umbau bisher nicht verändert worden, doch erinnert sonst nichts mehr an die Haft der Terroristen. Hingegen ist der 1974 eigens für den Prozess erstellte Gerichtssaal mit Nebenräumen u. a. für die Presse bis heute samt der damaligen Sicherheitstechnik als authentischer Ort überliefert. Sein Erhalt als Erinnerungsort ist denkmalpflegerisches Ziel, da er funktional durch den 2015–19 erstellten neuen Gerichtssaal ersetzt wurde.

Bad Cannstatt, Rathaus

Wie man sich in etwa Stuttgarts spätmittelalterliches Rathaus vorstellen darf, vermittelt der erhaltene Bau in Cannstatt. Das hohe dreigeschossige Haus neben der Pfarrkirche am Markt wird an der Giebelseite von einem Glockentürmchen unter gestaffelter Welscher Haube aus der 2. Hälfte des 17. Jh. bekrönt. Das Rathaus ist ein 1838 verputzter Fachwerkbau, der um 1490/91 als Ständerbau mit geschossübergreifenden Pfosten und einem frühen verzapften Gefüge errichtet wurde; das Dachwerk wurde bis 1494 stockwerksweise aufgesetzt. Im Erdgeschoss befand sich ursprünglich eine offene Markthalle. Bauuntersuchun-

Denkmal bundesdeutscher Zeitgeschichte: die Justizvollzugsanstalt Stammheim.

Zeugnis spätmittelalterlichen Bürgerstolzes: das Rathaus in Bad Cannstatt.

gen im Rahmen der jüngsten Instandsetzung ergaben zahlreiche Veränderungen seit dem 16. Jh. So kam es 1875–81 zu durchgreifenden Umbauten, bei denen die Laube verschwand. Bei den 2010–13 erfolgten Instandsetzungs- und Umbauarbeiten stellte die Umsetzung nutzungsbedingter Belange im Einklang mit dem Kulturdenkmal eine große Herausforderung dar. Mit behutsamen Konzepten ist jedoch die Verbindung zwischen Alt und Neu gelungen.

Feuerbachs Rathaus belegt mit bodenständig-heimatlichen Formen das Selbstbewusstsein der einst eigenständigen Industriestadt.

Feuerbach, Rathaus

(Wilhelm-Geiger-Platz 10)

Seit den 1860er-Jahren entwickelte sich der alte Weinbauort Feuerbach zu einem bedeutenden Industriestandort, der 1907 zur Stadt erhoben wurde. Dies manifestierte sich sogleich im Bau eines repräsentativen, zweiflügeligen Rathauses, mit dessen Planung Ludwig Eisenlohr beauftragt wurde. Er schuf bis 1909 ein Gebäude, das mit den Rathäusern von Hedelfingen und Vaihingen eine Gruppe vergleichbarer Bauten bildet. Es wurde so angeordnet, dass es mit beiden Flügeln einen Platz rahmt. Akzente in den Putzfassaden setzen qualitätvolle Werksteinelemente. Der Ostflügel ist durch seinen Schmuck besonders hervorgehoben und erinnert mit den kleinen Voluten am Giebel an Renaissancebauten wie den Stuttgarter Fruchtkasten (➲ Kap. 9), während der Nordflügel mit seinem Uhrtürmchen eher die schlichte Architektur der Zeit um 1800 rezipiert. Eine große Freitreppe unter den Arkaden des Ostflügels führt ins erste Obergeschoss, die Giebelfront ist durch eine Stellung von dorischen Halbsäulen ausgezeichnet. So entsteht ein malerischer, scheinbar gewachsener Eindruck. Vervollständigt wird das Bild durch den Biberbrunnen, der auf dem zentralen Brunnenstock den Biber als Feuerbacher Wappentier präsentiert.

3

DIE ANGST VOR DEM FEIND –

Bauten für Militär und Krieg

Stuttgart hat 1944 leidvoll erfahren, was Krieg bedeutet. Damals wurde die Stadt durch die alliierten Luftangriffe schwer zerstört. Doch war Stuttgart über Jahrhunderte immer wieder feindlichen Bedrohungen ausgesetzt. Befestigungen und Kasernen zeugen von einer oft turbulenten Vergangenheit.

Eiserne Maske eines römischen Gesichtshelms aus Bad Cannstatt, wie sie von den Reitern bei Kampfspielen getragen wurde, 2./3. Jahrhundert (Altes Schloss, Landesmuseum Württemberg).

Stuttgarts militärische Vergangenheit beginnt mit den mehrphasigen hallstattzeitlichen Befestigungen auf dem Lemberg (➲).

Seit 15 v. Chr. griffen die Römer in das Alpenvorland aus. Kontinuierlich wurde die Grenze des Reiches bis Mitte des 2. Jh. n. Chr. nach Norden vorgeschoben. Als Teil dieser Expansion entstand nach 90 n. Chr. oberhalb des Neckars ein **römisches Militärlager**, das einer *ala*, einer Reitereinheit, als Stützpunkt diente. Ein typisches Zeugnis hierfür ist die in Bad Cannstatt aufgefundene Bronzemaske eines Gesichtshelms, wie sie von den Reitern im Rahmen von Paraden und Kampfspielen getragen wurde. Das Kastell war Teil einer Reihe von Lagern, die im Rahmen einer größeren strategischen Planung zur Grenzverteidigung entlang des Neckars errichtet wurden. Damit sollte eine Lücke zwischen dem neu gezogenen Taunus-Wetterau- und dem Alb-Limes geschlossen werden. Mit einer letzten Grenzkorrektur um 155 n. Chr. wurde der Limes um 30 km nach Osten vorgeschoben. Das Cannstatter Kastell wurde überflüssig, die Truppe nach Welzheim verlegt.

Neuere Untersuchungen haben ergeben, dass es zwei Vorgängerkastelle in Holz-Erde-Bauweise gab, welche den Neckarübergang bei Cannstatt bis zum Bau der steinernen Anlage sicherten. Die typischen Spitzgräben, die als Annäherungshindernis dienten, wurden dabei in den anstehenden Travertin geschlagen. Um 105/15 n. Chr. wurde das Steinkastell errichtet (s. Abb. S. 58). Es beherbergte eine Truppe von etwa 500 Reitern. Die Ringmauer war an die 1,2 m dick, an den abgerundeten Ecken und im Mauerverlauf standen Türme. In der üblichen Weise gab es an allen vier Seiten Tore. Von diesen führten die beiden Hauptachsen zum Stabsgebäude im Zentrum. Weniger bekannt ist über die übrigen Gebäude, von denen nur zwei Massivbauten, eventuell Mannschaftsbaracken, untersucht werden konnten.

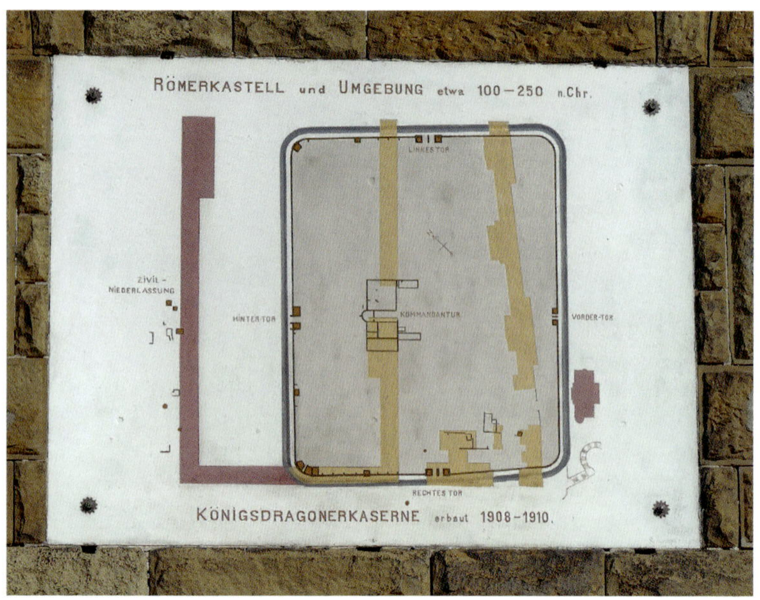

Grundriss des römischen Reiterkastells Bad Cannstatt, eingelassen in die Außenwand der später an seiner Stelle erbauten Dragonerkaserne.

Im Mittelalter dienten **Eigenbefestigungen** der Sicherung von Macht und Territorialansprüchen. Sie boten Schutz im Falle von Fehden und kriegerischen Auseinandersetzungen. So entstand im 12/13. Jh. eine ganze Reihe von Burgen in der Region. Viele von ihnen wurden als Sitze von Vasallen der Grafen von Württemberg während der Kämpfe der Könige Rudolf I. und Heinrich VII. mit Eberhard I. in den Jahren 1287 und 1311/12 zerstört.

Auch die im 13. Jh. zu Städten erhobenen Siedlungen Cannstatt und Stuttgart wurden befestigt. Die Befestigung diente nicht nur ihrer Sicherheit, sie war auch deutlicher Ausweis der stadtrechtlichen Qualitäten, denn das Stadtrecht erlaubte den Mauerbau. Die Mauer schied den Rechtsbezirk Stadt sichtbar vom umliegenden Land. Zugleich bildete jede befestigte Stadt für ihren Herrn eine Art Großburg. Da verwundert es nicht, dass König Rudolf I. im Sühnevertrag von 1287 Eberhard I. zur Schleifung der Stuttgarter Mauer verpflichtete. Bis heute erinnert der Name „Wagenburg" an das königliche Heerlager auf den Höhen östlich über dem Talkessel und damit an die Belagerung Stuttgarts durch den König.

Errichtet wurde die innere **Stadtmauer** vermutlich um 1238 unter

Markgraf Hermann V. von Baden, der Stuttgart zur Stadt erhob und einen bestimmten Kernbereich befestigen ließ, in den über große Tortürme Einlass möglich war. In charakteristischer Weise nahm die Burg des Stadtherrn eine Ecke der Anlage ein, wobei nicht ganz geklärt ist, ob der Vorgängerbau des Alten Schlosses (➲ Kap. 1) mit der Stadtmauer in Verbindung stand. Aufgrund der – oberflächlichen – Untersuchungen auf dem Schillerplatz 1975 scheint es so, als wäre zumindest die zweite Burg direkt vor der Stadtmauer errichtet worden – ein eher ungewöhnlicher Befund. Tatsächlich verfügt noch das Alte Schloss in den Flügeln des 16. Jh. über zwei Tore – eines zur Stadt, eines zur Feldseite, was dem Herzog ermöglichte, seine Stadtburg auch im Falle von Zwistigkeiten mit der Bürgerschaft jederzeit zu betreten und zu verlassen. Hier ist auch das Renaissanceschloss noch ganz Wehrbau.

Die Stuttgarter Stadtbefestigung wurde im Spätmittelalter erweitert und modernisiert. Im Osten und Westen entstanden neue Vorstädte: die Leonhardsvorstadt und die Obere Vorstadt. Doch ihre Einbeziehung in die Befestigung begann erst um 1448. Bis ins 16. Jh. waren Teile Stuttgarts gar nur mit Planken eingefriedet. Erst Herzog Christoph ließ die Mauern um 1563–67 vollenden. Heute zeugen noch der Schellenturm (➲) und wenige Partien auf der Rückseite des Alten Schauspielhauses in der Krummen Straße 2 von dieser Befestigung. Sie war noch ganz spätmittelalterlich gedacht. Doch hätte es wenig Sinn gehabt, Stuttgart zu einer modernen Festung auszubauen, die einer Belagerung mit Artillerie standhalten konnte. Zu ungünstig war die Lage zwischen alles überhöhenden Hängen. Man beschränkte sich darauf, die Stadt gegen Überfälle zu sichern. Dafür genügten bis ins 18. Jh. Ringmauern mit Türmen, wie die erbitterten Kämpfe um die Brücke und das Neckartor in Bad Cannstatt während der Revolutionskriege 1796 zeigen, als zwischen französischen und österreichischen Truppen eine Schlacht um den strategisch wichtigen Flussübergang tobte. Die in der 1. Hälfte des 14. Jh. angelegte Cannstatter Stadtmauer wurde spätestens im 16. Jh. mit einem Zwinger und kleinen runden Flankierungstürmen verstärkt. Das Ganze wurde von einem rund 15 m breiten Graben umgeben. Wie die Stuttgarter Mauer fiel sie seit dem späten 18. bzw. frühen 19. Jh. der Erweiterung der Stadt zum Opfer und ist nur in wenigen Resten u. a. am Badgraben erhalten.

Heute fast vergessen ist die Funktion Stuttgarts als Garnison: Zu Beginn des 18. Jh. strebten die Herzöge wie alle Reichsfürsten danach, ein stehendes Heer aufzubauen, nicht nur, um ihr Land gegen Angriffe zu

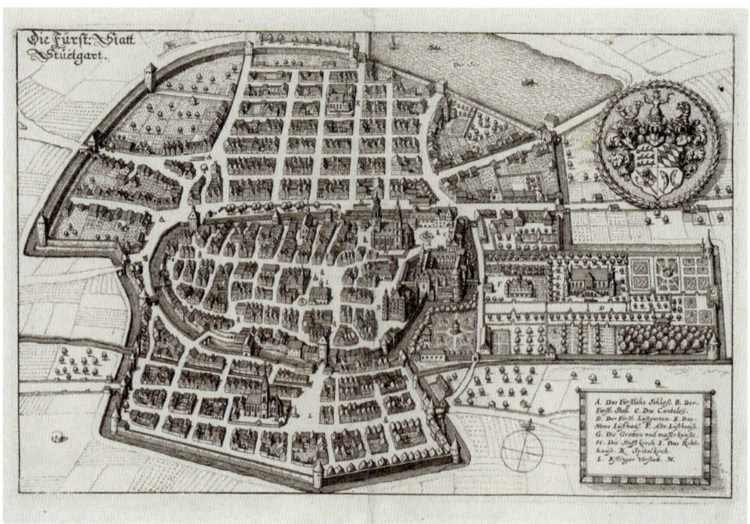

Stuttgart im Schutze seiner Stadtmauern, Kupferstich von Matthäus Merian 1638.

verteidigen, sondern weil sie als Landesherren auch die Militärhoheit besaßen. Und diese wurde durch uniformierte Soldaten in Szene gesetzt. Als früher **Kasernenbau** entstand damals das spätere Waisenhaus am Charlottenplatz (➲ Kap. 14), der größte militärische Baukomplex wurde allerdings 1740–45 erstellt und beeinflusste mit seiner Lage die Ausrichtung des Corps de Logis des Neuen Schlosses (➲ Kap. 1). Diese sog. Untere Kaserne stand an Stelle des Akademiegartens und beherbergte ab 1775 die berühmte Hohe Karlsschule. Ihre Kriegsruine verschwand beim Bau des Landtags, erhalten blieb nur der sog. Akademiebrunnen.

Im 19. Jh. entstanden neben weiteren, zum Teil monumentalen Kasernen (➲) auch militärische Einrichtungen wie Exerzierplätze und **Schießbahnen**, so in Degerloch (➲) oder auf dem Heukopf bei Feuerbach.

Stuttgart hat die Kriege des 17. und 18. Jh. leidlich überstanden, trotz Einquartierungen und Besetzung durch fremde Truppen und damit einhergehender Kontributionen, die zu leisten waren. Anders verhielt es sich im 20. Jh., bereits im I. Weltkrieg kam es zu vereinzelten Luftangriffen. Insgesamt hielten sich die Zerstörungen noch in Grenzen, doch die neuartige Bedrohung aus der Luft verbreitete Angst und Schrecken. Die faschistischen Staaten Italien und Deutschland erprobten in den 1930er-Jahren ihre weitaus verbesserte Luftwaffe u. a. im Spanischen Bürgerkrieg. Der Luftkrieg war zu einer Realität geworden, mit der im Fall des nächsten großen Waffengangs – den Hitler schon plante – gerechnet werden musste. Auch in Stuttgart wurde 1940/41 eine ganze Reihe von **Bunkern** gebaut, so das *Luftschutzhaus* in Neuwirtshaus bei Zuffenhausen (Föhrstr. 4). Es sieht von außen wie eine harmlose Remise mit Laubengang unter einem tiefgezogenen Satteldach mit Schleppgauben aus, passt sich also ganz unauffällig seiner Umgebung an. Pfeiler und Säulen sind mit Sandstein verblendet, aber an der Rück- und den Nebenseiten ist der Schalbeton sichtbar. Im und unter dem Haus befinden sich Luftschutzräume. Eine ähnliche Intention stand hinter dem Bau des *Wagenburgtunnels* 1941. Wenn er auch primär als eine bessere Verkehrsanbindung des Stuttgarter Ostens geplant worden war, so diente er doch bald als Sicherheitsstollen zur Einlagerung gefährdeter Kunstwerke und wurde später als Partykeller „Röhre" genutzt.

Insgesamt kam es im II. Weltkrieg zu 53 Luftangriffen, die schwersten erfolgten im Sommer 1944. Sie vernichteten nicht nur zahlreiche historische Bauten, sondern kosteten auch 4.562 Menschen das Leben.

Nach 1948 ängstigte die atomare Bedrohung des Kalten Krieges die Menschen. Wieder wurden Maßnahmen ergriffen, diesmal für den Fall eines Atomkrieges. Mit dem Ende des Kalten Krieges 1990 wurden die Bunker obsolet und zunehmend vermietet. Heute dienen sie unterschiedlichen Zwecken, u. a. als Probenräume für Musikgruppen, während der Pragbunker schon kurz nach dem II. Weltkrieg von der Industrie als gut sichtbare Werbefläche entdeckt wurde und im Bunker unter dem Marktplatz für lange Zeit ein Hotel eingerichtet war. Andere Bunker boten höchst ungemütliche Notunterkünfte für viele Ausgebombte und Flüchtlinge.

Um Stuttgarts Bunker kümmert sich heute u. a. der Verein Schutzbauten e. V. Stuttgart, der in dem 2006 aufgelassenen Atombunker in Feuerbach (➲) für eine anschauliche Vermittlung dieses in Stuttgart singulären Geschichtsortes sorgt.

Feuerbach, Lemberg

(Im Horn)

Im Norden Feuerbachs erhebt sich der Lemberg. Seinen Westteil nehmen die Reste einer hallstattzeitlichen Befestigung ein, die durch Mergelabbau in neuerer Zeit beschädigt wurde. Drei Abschnittswälle verlaufen von Nord nach Süd quer über den Berg, der westlichste ist am besten überliefert. Grabungen haben ergeben, dass es sich bei diesem Wall um eine zweiphasig aus Stein und Holzbalken errichtete Mauer handelte.

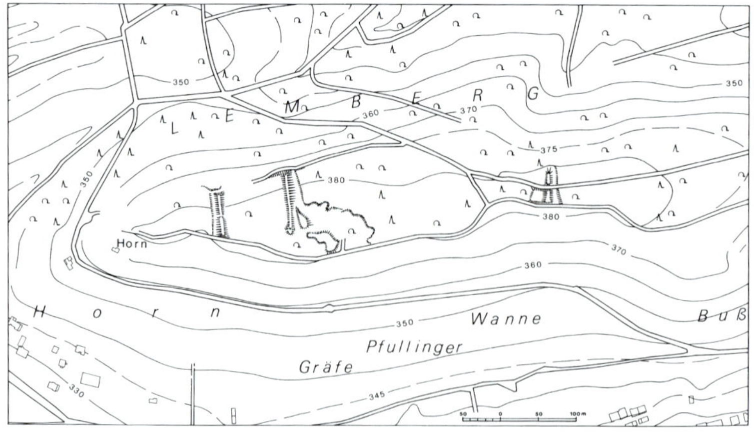

Plan der Befestigungen auf dem Lemberg nach Bittel.

Der Berg war wohl schon um 1000 v. Chr. besiedelt, die Befestigung wurde jedoch erst um ca. 800 v. Chr. errichtet. Die Siedlung lag zwischen den beiden äußeren Wällen, von denen der östliche noch etwa 1 m hoch erhalten ist. Beiden Wällen ist ein Graben vorgelegt.

Etwas später kam es zu einer Verkleinerung des Komplexes, der sich durch Anlage eines dritten Walles nun auf die Westseite konzentrierte. Dies dürfte in der spätkeltischen Latènezeit um 400 v. Chr. geschehen sein. Im jüngeren Wall fanden sich zumindest einige Scherben aus dieser Epoche.

Mitte, Schellenturm

(Weberstr. 71)

Der Schellenturm markierte die östlichste Ecke der historischen Leonhardsvorstadt. Er ist der eindrucksvollste Überrest der Stuttgarter Befestigung und wurde 1564 von Werkmeister Hans Flach errichtet, wie eine Inschrift ausweist. Der kleine Rundturm brannte 1944 aus. Er wurde erst 1980 wieder hergestellt, dabei wurden der Fachwerkaufsatz und das angesetzte Fachwerkhäuschen anhand alter Fotos rekonstruiert. An seine einstige Funktion erinnert noch das Mauerwerk mit den rundum sitzenden Scharten. Der Turm zeigt, dass noch im fortgeschrittenen 16. Jh. spätmittelalterliche Bauformen wie kleine Flankierungstürme zum Standard von Stadtbefestigungen zählten. Im 19. Jh. diente er als Gefängnis für verurteilte Zwangsarbeiter, die Schellenwerker; heute beherbergt er eine Gastwirtschaft.

Der Schellenturm war im 19. Jahrhundert Verwahrungsort für Strafarbeiter.

Mitte, Neue Infanteriekaserne

(Rotebühlplatz 30)

Der monumentale Komplex wurde 1827 nach Entwürfen von Baurat Johann Kaspar Vogel begonnen und durch Hofbaumeister Ludwig Gaab bis 1843 als Neue Infanteriekaserne vollendet. Sie ist Nachfolgerin der hier seit 1836 befindlichen Oberen Kaserne, deren Reste unter dem Hofareal liegen. Es handelt sich um einen der größten Kasernenbauten des Klassizismus in Deutschland, der mit seinen drei jeweils 150 m langen Flügeln einen weiten Exerzierplatz umgibt. Er war für drei Regimenter mit insgesamt 1.800 Mann ausgelegt. Der Mitteltrakt wurde 1944 schwer beschädigt und 1948–59 wieder aufgebaut. Dabei wurde er um drei Geschosse erhöht. Der Mittelrisalit erhielt eine zeittypische Rastergliederung über Pfeilern. In seiner zurückhaltenden Gestaltung bezieht er sich auf die nüchterne Strenge des württembergischen Staatsklassizismus im erhalten gebliebenen Nord- und Südflügel. Das

Strenge und Kargheit: die klassizistische Architektur der Rotebühlkaserne.

Erdgeschoss nehmen zu Fenstern umgebaute Arkaden ein, darüber reihen sich die einfachen Rechteckfenster, die auf durchlaufenden Gesimsbändern ruhen, die Traufe wird abgeschlossen durch einen kräftigen Konsolfries. Belebung bringen nur die schwach vortretenden Mittelteile. Heute beherbergt der Komplex die Oberfinanzdirektion sowie zwei Finanzämter.

Bad Cannstatt, Dragonerkaserne

(Rommelstr. 1)

Auf der Altenburger Höhe wurde 1908–14 ein ausgedehnter Komplex für das 2. Württembergische Dragonerregiment und eine Maschinengewehr-Kompanie errichtet, und zwar genau über dem einstigen römischen Kastell. Daran wurde mit einem Grundriss am Eckbau zur Altenburger Steige erinnert.

Die Kaserne umgibt zwei Höfe; der kleinere diente als Stallhof, der größere als ausgedehnte Exerzierfläche. Sie umfasst neben den Quartieren für Mannschaften und Offiziere auch Stall- und Scheunengebäude, Waaghaus, Munitionsdepot und Waffenmeisterei. Es handelt sich um ein- bis dreigeschossige Putzbauten über Sandsteinsockel, bekrönt von Walm- und Krüppelwalmdächern. Die Front zum Neckar weist große Giebel auf und nimmt so Bezug auf die regionaltypische Architektur.

Bis 1990 militärisch genutzt, wurden nach Abzug der US-Armee neue Nutzungskonzepte gesucht. Nach einem Wettbewerb erfolgten ab 2003 sukzessive Umbau und Umnutzung zum Medien- und Kreativzentrum „Römerkastell". Die damit verbundenen Umbauarbeiten haben in verschiedener Weise insbesondere mit dem städtebaulich gewünschten Durchbruch an der Südwestseite zu Bestandseingriffen geführt.

Direkt unterhalb wurde mit Blick auf Cannstatt das *Offizierskasino* erstellt, das derzeit noch der Renovierung harrt. Es lässt mit einer Terrasse über Arkaden an das Corps de Logis der Solitude (➲ Kap. 1) denken, eine sicher im Sinne eines württembergischen Patriotismus gewünschte Assoziation. Nach mehrfach umfassenden Umbauten im Inneren rezipiert der pavillonartige Bau mit seinem von Lisenen gegliederten Mittelrisalit, dem großen Mansardwalmdach und den spitzbogigen Giebeln heute noch maßgeblich in seinem äußeren Erscheinungsbild Stilformen des späteren 18. Jh.

Degerloch, Militärschießplatz

(Auf der Dornhalde 1)

Wo sich seit 1974 der Dornhaldenfriedhof erstreckt, befand sich einer der 1869 angelegten Militärschießplätze der Stuttgarter Garnison. Er diente während der NS-Zeit als Hinrichtungsort von Regimegegnern

Die Dragonerkaserne zeigt deutlich den Einfluss des Reformstils auch auf den Kasernenbau kurz vor dem I. Weltkrieg.

und wurde bis in die Nachkriegszeit militärisch genutzt. Reste sind in Form zweier Längswälle auf dem Friedhof überliefert, welche die einzelnen Schießbahnen trennten. Am Rand des Schießplatzes blieben von den Nebengebäuden das *Garnisonsschützenhaus* und die Wache mit Aufseherwohnung erhalten. Die *Wache*, ein zweigeschossiger Bau mit massivem Erdgeschoss und verschindeltem Fachwerkgeschoss, wurde 1880 errichtet. Daneben steht der zweigeschossige Ziegel-Fachwerkbau des Garnisonsschützenhauses mit Kantine und einer Scheibenwerkstätte im Anbau, erstellt 1893/94. Beide Gebäude orientieren sich an dem für Landhäuser im 19. Jh. typischen Schweizerhausstil. So zieren das Wachhaus geschnitzte Fensterrahmen und Fenstergiebel, während das Schützenhaus nicht nur durch eine malerische Komposition aus Risaliten, Ecktürmchen und Dachreiter ausgezeichnet ist, sondern auch ein dekoratives Fachwerk zeigt. Beide Gebäude schlummerten lange im Dornröschenschlaf. Derzeit setzt sich der Verein „Garnisonschützenhaus – Raum der Stille“ für die Erhaltung und Nutzung der Kulturdenkmale ein.

Gestaltet im pittoresken Landhausstil: das Garnisonsschützenhaus des ehem. Schießplatzes auf der Dornhalde.

Martialischer Schmuck am ehem. Königlichen Kriegsministerium.

Mitte, Königliches Kriegsministerium

(Olgastr. 13)

Das ehem. Kriegsministerium, heute u. a. Eisenbahn-Bundesamt, wurde 1913/14 nach Entwürfen von Heinrich Graser errichtet und ist Stuttgarts letztes Ministerialgebäude aus wilhelminischer Zeit. Die schmale Front zur Olgastraße, verblendet mit hellgelbem Sandstein, ist als Schauseite ausgebildet. Typisch für die Entstehungszeit ist die klare Gestaltung im Sinne des Reformstils, der sich gerne auf barocke und frühklassizistische Vorbilder berief. Die Strenge der Fassade korrespondiert mit der Funktion als Militärgebäude, auf das der Fassadenschmuck verweist. Die Pfeiler des monumentalen Portals besetzen Trophäen, vor denen antikisierende Panzer und Helme aufgebaut sind. Faszienbündel, besetzt von Adlern, verweisen auf das alte Rom und die Tugenden römischer Krieger. In den Medaillons unter den Fenstern erscheinen folglich antike Helme. Auf die hoheitliche Funktion des Gebäudes deutet eine von Putten präsentierte Wappenkartusche über der sich leicht vorwölbenden Mittelachse hin.

Ost, Garnisonslazarett

(Teckstr. 52, 56–70/1)

Das Garnisonslazarett wurde 1901–04 durch die Kgl. Militärverwaltung errichtet. Den Kern bilden die beiden zweigeschossigen Krankentrakte, die durch gedeckte Gänge mit dem Küchen- und Backhaus verbunden waren. Dazu kamen mehrere Pavillonbauten, u. a. als Isolierstation. An der Teckstraße erheben sich die Kaserne für die Sanitätssoldaten und das Kesselhaus. Das Desinfektionshaus an der Ecke zur Parkstraße ist durch ein eigenes Tor erschlossen. Die Bauten sind sparsam gegliedert, aber sorgfältig im Detail gestaltet. Ihre Ziegelfassaden mit kontrastierenden Putz- und Hausteinelementen sind noch vom späten Historismus geprägt. Vor den beiden Krankentrakten ist je eine Laubenkonstruktion als Liegehalle erhalten geblieben. Das Ganze ist in eine Parkanlage eingebettet.

Der überlieferte Bestand bildet eines der wenigen erhaltenen Beispiele für den Pavillontyp, der mit Einzelpavillons in den 1860er-Jahren für Lazarette entwickelt worden war. In Stuttgart wurde er allerdings mit den lang gestreckten Korridorbauten der beiden Krankentrakte kombiniert. Er dokumentiert damit eindrucksvoll die Entwicklungen und Diskussionen im Krankenhausbau der 2. Hälfte des 19. Jh. Der Komplex stellt als Kulturpark Berg ein

Typisch für Krankenhausbauten des späten 19. Jahrhunderts sind die Freiluftloggien am Militärlazarett.

gelungenes Beispiel für eine denkmalgerechte Umnutzung durch die Merz Akademie für Gestaltung, Kunst und Medien dar.

Feuerbach, Hoch- und Tiefbunker

(Wiener Platz 3, 5)

Unmittelbar beim Feuerbacher Bahnhof erhebt sich ein eigentümlich konisch zulaufender Turmbau mit kegelförmigem Abschluss. Es handelt sich um einen *Hochbunker* in der Bauart Winkelturm, 1939/40 errichtet. Entwickelt wurde diese 1938 patentierte Bauart von der Duisburger Firma Winkel & Co, die sich auf Luftschutzbauten spezialisiert hatte. Sie vergab den Bau der Türme in Lizenz, der Feuerbacher wurde durch die Firma Wayss und Freytag in Eisenbeton errichtet. Der 21 m hohe Turm bot mit seinen 2,8 bis 1,5 m dicken Mauern im Falle eines Luftangriffs rund 300 Personen Schutz. Das spitze Dach sollte mögliche Bombentreffer abgleiten lassen. Direkt unter der Spitze befindet sich die Belüftungsanlage. Im Souterrain liegt der Sanitätsraum, der wie der Eingang über eine Gasschleuse mit splittersicheren Stahltüren verfügt.

Ein zweiter Bunker wurde in unmittelbarer Nachbarschaft 1940 geschaffen, denn wegen der hohen Einwohner- und Arbeitsplatzdichte zählte Feuerbach zu den Stadtteilen, in denen die Anlage eines *Tiefbunkers* für dringlich erachtet wurde. Er

Der Winkelturm am Feuerbacher Bahnhof.

ist ein einmaliges Zeugnis sowohl für die Geschichte des II. Weltkriegs wie des Kalten Krieges. Der innerhalb von sechs Monaten in Stahlbeton gebaute Tiefbunker mit 1,6 bis 1,8 m dicken Wänden und Decken bot Platz für rund 1.000 Menschen. 1971–74 wurde er zum Atombunker nachgerüstet. Allerdings hätten seine Wände wohl keiner Explosion standgehalten, allenfalls Schutz vor radioaktivem Fallout geboten. Der Bunker sollte nun maximal 1.172 Menschen aufnehmen. Überliefert sind zahlreiche technische Einrichtungen. Schlaf- und Sitzgelegenheiten wären im Ernstfall im Schichtbetrieb genutzt worden. 16 Tage lang hätten Menschen hier ausharren können.

Feuerbach, Gefallenendenkmal

(Feuerbacher-Tal-Str. 90)

Stuttgart ist reich an Denkmälern für die Gefallenen des I. Weltkriegs, die sich vorzugsweise auf den Friedhöfen befinden. Zu den pathetischsten Monumenten zählt das als Ehrenhalle gestaltete Monument auf dem 1898 angelegten Feuerbacher Friedhof. Es wurde nach Entwurf von Stadtbaurat Friedrich Holstein erstellt und 1929 eingeweiht. Die dreiflügelige Säulenhalle stellt sich von Theodor Fischers Kunstgebäude (➲ Kap. 13) am Schlossplatz beeinflusst dar. Die erhöhte, durch monumentale Pfeiler hervorgehobene Mittelhalle birgt die heroisch gestaltete bronzene Skulptur zweier nackter Krieger von Daniel Stocker, gerahmt von den Tafeln mit den Namen gefallener Feuerbacher.

Feierliche Ehrenhalle: das Denkmal für die Toten des I. Weltkriegs in Feuerbach.

Denkmal für die Schrecken des Bombenkrieges 1944/45: das Mahnmal auf dem Birkenkopf.

West, Mahnmal auf dem Birkenkopf

(Birkenkopf 1)

Die Erinnerung an den Wahnsinn des Krieges und die Schrecken der Bombennächte 1944 bewahrt das 1957/58 von Manfred Pahl geschaffene schlichte, aber äußerst eindrucksvolle Mahnmal auf dem Birkenkopf. Dieser wurde 1953–57 aus rund 1,5 Millionen Kubikmeter Trümmerschutt der insgesamt in 53 Luftangriffen zu 45 % zerstörten Stadt um gut 40 m erhöht. Pahl formte daraus ein Halbrund, das sich nach Norden und Osten öffnet und so den Blick auf die wiederaufgebaute Stadt ermöglicht. Sog. Trümmerberge aus wallartig aufgehäuften Fragmenten begrenzen die Anlage. Im Osten erhebt sich ein schlichtes Kreuz.

4

WEIHEGABEN, HEILIGTÜMER UND KIRCHEN –

Bauten für Religion und Kult

Vielfältig sind die materiellen Zeugnisse der Religion auf Stuttgarter Boden. Nicht nur die großen Sakralbauten des Mittelalters prägen das Bild der Stadt, sondern auch viele kleine alte Dorfkirchen. Seit dem 19. Jh. wurde Stuttgart gar zu einem wichtigen deutschen Zentrum für neue Ideen im evangelischen Kirchenbau.

Zeugnis jungsteinzeitlicher Kulte? Fragment eines Gefäßes mit stilisiertem Gesicht vom Seelberg, um 5300 v. Chr. (Altes Schloss, Landesmuseum Württemberg).

Sucht man nach Zeugnissen früher Kulte, so wird man in den Gräbern der Jungsteinzeit um 5300 v. Chr. fündig. Göttliches manifestierte sich für die frühen Bauern u. a. in Tieren. Darauf deuten Fragmente von Tierplastiken hin. Vielleicht lässt sich auch der eindrucksvolle Gefäßhals mit stilisierter Gesichtsdarstellung vom Cannstatter Seelberg (Landesmuseum Württemberg) der religiösen Sphäre zuordnen. Hinweise auf die Verehrung numinoser Gottheiten in der Bronzezeit stellen Metallfunde im Neckarschotter wie ein Vollgriffschwert aus Bad Cannstatt dar, die wohl von rituellen Niederlegungen zeugen.

Eindeutig sind die Zeugnisse der Religion aus römischer Zeit. In Cannstatt kamen immer wieder Reste von Statuen, kleine bronzene Götterfiguren, Altäre und Weihesteine zutage und auch die Trümmer einer *Jupitergigantensäule*. Solche Monumente standen innerhalb der Gutshöfe und waren typisch für die Region: Eine hohe Säule trug den obersten römischen Gott, der hoch zu Ross über einen Riesen hinwegsprengt. Die Darstellung Jupiters zu Pferd war allerdings nur hierzulande bekannt: In ihr verschmolzen römische und keltische Vorstellungen, wobei der Gott als gallischer Reiterkrieger in Erscheinung tritt. Den Unterbau der Säulen bildeten sog. Siebengöttersteine, welche die römischen Tagesgötter darstellen.

In Cannstatt existierten diverse *Heiligtümer*, so in der heutigen Brückenstraße an einer der Brücken für Merkur, den Gott des Handels und der Reisenden. Laufbrunnen versah man oft mit Weihereliefs von Quellnymphen (s. Abb. S. 74). Besonders beliebt bei den Legionären war der orientalische Gott Mithras. Ein Mithräum fand man im Areal des Gutshofes Zazenhausen, das nachweislich ausgemalt und mit Marmor ausgekleidet war. Genuin keltisch war der Kult um Epona, die Herrin der Pferde, von der sich diverse Reliefbilder gefunden haben – sicher kein Zufall angesichts der Anwesenheit einer Reitereinheit, in der wohl auch gallische Kelten Dienst taten.

Mit den Alamannen hielten die germanischen Götter Einzug, deren Verehrung aber keine Kultorte hinterlassen hat. In den Grabbeigaben wie Goldblattkreuzen wird im 6./7. Jh. der Einfluss des Christentums sichtbar. Als erste Kirche und Mutterkirche des Stuttgarter Raums ist **St. Martin** auf der Cannstatter Altenburg (➲ Kap. 1) anzusprechen. Das Patrozinium verweist auf eine fränkische Gründung. Für **St. Cosmas und Damian** in Bad Cannstatt (Marktplatz 1) wird angenommen, dass es einen Vorläuferbau im 9. Jh. gab. Deutlich jünger ist der Ursprung der **Stiftskirche** (➲). Ihre Vorgängerin entstand etwa im 10./11. Jh. auf einem alamannischen Friedhof. Es war eine romanische Saalkirche mit rund abschließender Apsis (s. Abb. S. 76). Etwa in das 11. Jh. datiert auch die Vorläuferin von **St. Germanus** in Untertürkheim (Trettachstr. 8), die auf dem Areal eines karolingisch-ottonischen Adelssitzes entstand.

Die meisten Dorfkirchen in Stuttgarts Vororten entstammen in ihrer

Reliefstein mit Quellnymphen aus Bad Cannstatt (Altes Schloss, Landesmuseum Württemberg).

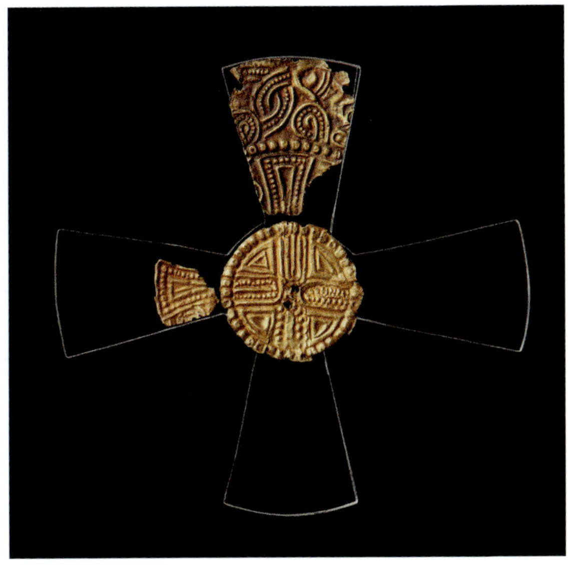

Ein Goldblattkreuz aus einem Grab in Untertürkheim belegt das Eindringen des Christentums in die Vorstellungswelt der Alamannen (Altes Schloss, Landesmuseum Württemberg).

überlieferten Form allerdings oft dem Spätmittelalter und sind bescheidene Saalbauten mit polygonalem Chor, manche auch mit einem Chorturm wie bei der **Michaelskirche Wangen** (Kirchweinberg 2). Wegen ihrer gut überlieferten Wandmalereien ragen die Veitskirche in Mühlhausen (➲) und die **Alte Kirche Hedelfingen** (Amstetter Str. 7) hervor, die eindrucksvoll belegen, dass Kirchenräume des Mittelalters grundsätzlich farbig gefasst waren.

Mit dem Wachstum Stuttgarts unter den Grafen von Württemberg kam es in der Stadt zum Bau neuer Gotteshäuser. Die **Leonhardskirche** (Leonhardsplatz 26), 1463–66 durch Aberlin Jörg weitgehend neu errichtet, bildete bis zur Kriegszerstörung eine spätgotische Hallenkirche mit Netzrippengewölbe unter einem mächtigen zusammenfassenden Dach. Dieser Typus war schon 1433 durch Hänslin Jörg mit dem Neubau des Schiffs der Stiftskirche in Stuttgart eingeführt worden. Aberlin Jörg baute 1460–71 die Cannstatter Stadtkirche neu und ebenso 1471–93 die **Hospitalkirche** (Hospitalstr. 20) für das 1473 von Graf Ulrich V. gestiftete Dominikanerkloster – das einzige Kloster Stuttgarts. Mit der Reformation wurde es 1536 an die Stadt übergeben und in ein Spital umgewandelt, die Kloster- zur Pfarrkirche, die 1944 schwer zerstört wurde.

Mit der Reformation wandelte sich die Liturgie. In Württemberg kam es zu einer Verschmelzung lutherischer und reformierter Vorstellungen, was zu relativ schmucklosen Räumen führte, in denen die Kanzel als Ort der Predigt Bezugspunkt war. Programmatisch geriet die 1562 geweihte Kapelle im Alten Schloss (➲ Kap. 1), die mit ihrer Querausrichtung, umlaufender Empore, Orgel und dem zentral davor angeordneten Altar ein architektonisches Bekenntnis zur neuen Konfession wurde. Sie blieb aber lange ohne direkte Nachfolge. In der Verwendung gotischen Fenstermaßwerks spiegelt sich das Bestreben, die neue Lehre in der Tradition zu verankern. Folglich wurde auch die kleine **Nazariuskirche** von Zazenhausen (Kirchäckerstr. 12) 1581/82 in gotischen Formen errichtet. Einen Kirchenbau an der Wende von der Renaissance zum Barock findet man mit **St. Germanus** in Untertürkheim, errichtet 1654–56 nach Zerstörung der alten Kirche im Dreißigjährigen Krieg. Das Innere wurde u. a. mit Bildnissen geistlicher wie weltlicher Tugenden ausgemalt.

Seit Carl Alexander waren die Herzöge katholisch. Mit der Rückverlegung der Residenz nach Stuttgart nach 1770 wurde für den katholischen Teil des Hofstaats in unmittelbarer Nähe eine Kirche benötigt. Der aus reichsritterlichem Besitz erworbene katholische Flecken Hofen bot sich hierzu an. 1783/84 wurde auf Befehl Carl Eugens die Pfarrkirche **St. Barbara** (Wolfgangstr. 2) neu gebaut, ein schlichter Saalbau. Nach Gründung des Königreiches wuchs die Zahl der Katholiken in Stuttgart, weshalb König Friedrich die Kirche auf der Solitude (➲ Kap. 1) abbrechen und an der Königstraße für die

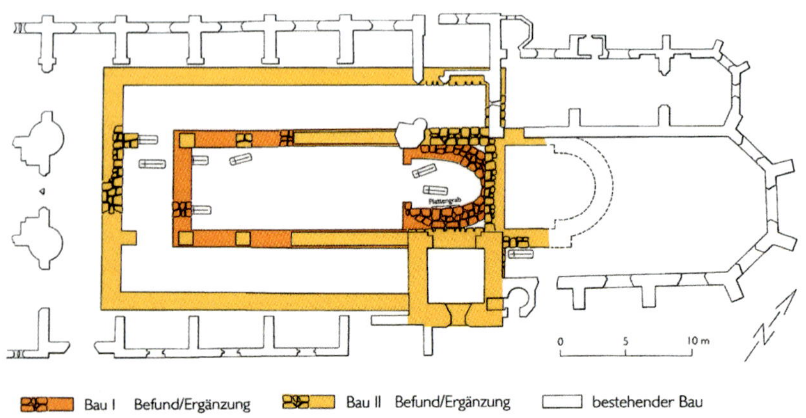

Stiftskirche, Plan der archäologisch fassbaren Bauphasen und Vorgängerkirchen seit dem 11./12. Jahrhundert.

Steinernes Dokument katholischen Behauptungswillens in streng protestantischer Umgebung: St. Maria.

Katholiken wiederaufbauen ließ. Sie wurde dem hl. Eberhard geweiht, womit im Namen ein Bezug zum Herrscherhaus hergestellt wurde. Der klassizistische Bau wurde 1944 zerstört. An seiner Stelle errichtete Hugo Schlösser 1953–55 einen Neubau, der 1990/91 umgestaltet wurde. Seit 1978 ist St. Eberhard Konkathedrale des Bistums Rottenburg-Stuttgart.

Die enorme Bevölkerungszunahme machte bald neue Kirchen nötig. In der 2. Hälfte des 19. Jh. setzte sich der Historismus durch. Einflussreich war das Eisenacher Regulativ, das 1861 den Protestanten die Gotik als kirchlichen Stil empfahl. Die Kanzel sollte am seitlichen Chorpfeiler angebracht werden und der Altar leicht erhöht vor dem Chor stehen, der in der Achse des Haupteingangs zu platzieren war. Der erste neugotische Kirchenbau Stuttgarts entstand aber schon 1853–55 in **Berg** (Klotzstr. 21). Den Entwurf lieferte Ludwig Gaab. Ihr folgte im Stuttgarter Westen die ev. Johanneskirche (➲). Gotische Formen wurden nun für beide Konfessionen verbindlich. Das zeigt die kath. **Kirche St. Maria** im Süden (Tübinger Str. 26), die 1871–79 nach Plänen Joseph von Egles entstand. Der monumentale Bau belegt das Selbstbewusstsein der Katholiken im mehrheitlich evangelischen Stuttgart. Er rezipiert Bauten der Hochgotik, insbesondere mit dem dreischiffigen Hallenraum und den beiden Fronttürmen die Marburger Elisabethkirche. Wie eigenständig das Mittelalter neu interpretiert wurde, verdeutlicht die 1881 fertig gestellte ev. **Matthäuskirche** in Heslach (Möhringer Str. 52) von Conrad Dollinger. Sie ist zwar in Formen der rheinischen Romanik errichtet, doch mit hohen, schlanken Proportionen neugotisch interpretiert.

Zu Beginn des 20. Jh. zeigte sich eine Abkehr vom Historismus zuerst im evangelischen Kirchenbau. Zwar knüpfte man gestalterisch an frühere Epochen an, entwickelte aber konsequent eigenständige Stilformen und Raumlösungen. Die Bauten des Reformstils setzten mit der Markuskirche im Süden (➲) ein, dem Spätwerk Heinrich Dolmetschs, der eigentlich durch Restaurierungen und Neubauten im Sinne der Neugotik bekannt geworden war. Parallel hierzu entstand 1907/08 die ev. **Erlöserkirche** im Norden (Birkenwaldstr. 24), entworfen von Theodor Fischer. Sie ist als Sichtsteinbau in Kalktuff ausgeführt und insgesamt sehr schlicht gehalten. Dazu passt das verputzte Pfarrhaus, das mit seinem Krüppelwalmdach die württembergischen Bauten der Barockzeit zitiert. In der Ornamentik zeigt sich deutlich der eigenständige Stil: Aus romanischen Motiven bildet Fischer ganz neue Formen. 1911–13 entwickelte Martin Elsässer Fischers Architekturauffassung mit der ev. **Pfarrkirche Gaisburg** (Faberstr. 17) weiter. Er integrierte seine Kirche mit neu interpretierten spätbarocken Formen im Sinne des Heimatstilgedankens in das Landschaftsbild. Ihm gelang ein eigenständiger Bau, ausgeführt in modernem Stahlbeton. In diesem spiegeln sich die Liturgiediskussionen, denn eine Kirche sollte nicht nur Predigtraum, sondern auch feierlicher Ort für die Gemeinde sein, in dem diese zum Gottesdienst zusammentritt. Elsässer schuf einen ovalen Saal, dessen flache Kuppel von Säulen getragen wird. Die Altarwand ist als ornamental gestaltete Bilderfläche aufgefasst, vor der auf einer runden Plattform der aus Suevit gearbeitete Altar steht, so dass sich die Gemeinde um ihn versammeln kann.

Der protestantische Kirchenbau suchte diese Gedanken nach 1918 noch konsequenter umzusetzen, und auch auf katholischer Seite entstanden jetzt Neubauten, die stärker von einer Liturgiereform geprägt waren. Äußerlich führten die Kirchen beider Konfessionen Ideen des Reform- und des Heimatstils fort, und dies bis in die NS-Zeit. Die 1929–

Der Innenraum von St. Michael in Sillenbuch.

32 von Clemens Hummel gebaute kath. **Herz-Jesu-Kirche** in Gaisburg (Schurwaldstr. 1) orientiert sich als dreischiffige Basilika mit freistehendem Glockenturm an frühchristlichen Bauten. Die bereits 1925 von Hummel geplante Kirche **St. Fidelis** im Westen (Seidenstr. 41) erhielt gar ein Atrium.

Angesichts solch traditionalistischer Architektur geriet die 1933 von Alfred Daiber vollendete ev. **Brenzkirche** (Am Kochenhof 7) zum Skandal. Sie war mit Flachdach, sprossenlosen Fensterbändern und abgerundeter Ecke eine konsequente Vertreterin des Neuen Bauens. Ihre Architektur wurde von konservativen Kreisen massiv attackiert. Den Nationalsozialisten war die von ihnen als undeutsch diffamierte Kirche ein Dorn im Auge, zumal sie in unmittelbarer Nähe der geplanten Reichsgartenschau stand. Auf Druck der Partei musste die Gemeinde sie 1939 durch Rudolf Lempp umbauen lassen: Die runde Ecke wurde beseitigt, der Glockenturm geschlossen und dem Komplex wurden flach geneigte Satteldächer verpasst. So wurde die Brenzkirche zum Dokument ideologischer Architekturzensur.

Nach dem Krieg waren die innerstädtischen Kirchen zerstört. Sie zeugen heute vom Wiederaufbau Stuttgarts, der in der Regel keine Rekonstruktion, sondern eine vereinfachte Annäherung an das Verlorene suchte. So stellte man die Netzgewölbe der Stifts- und der Leonhardskirche nicht wieder her. Die Hospitalkirche blieb ein Torso. Nur der Chor wurde durch Lempp in konservativen Stilformen wieder aufgebaut.

Die Suche der Protestanten nach *dem* idealen evangelischen Kirchenraum setzte sich nach 1945 fort. So spiegelt sich in den Nachkriegskirchen die fortwährende Debatte um den liturgischen Raum wie um den Gesellschaftswandel. Die katholische Kirche blieb davon nicht unberührt. Auch hier erhielt nun die Gemeinde ein größeres Gewicht. Zu den herausragenden Neubauten zählt **St. Michael** in Sillenbuch (Mendelssohnstr. 57; s. Abb. S. 79), 1952/53 nach Entwürfen von Hans Herkommer errichtet, einem der damals führenden Kirchenarchitekten. St. Michael ist ein weiter Saal mit niedrigem Seitenschiff. Der Chor ist als Querhaus ausgebildet, den nur zwei Pfeiler vom Schiff trennen. In ihm öffnet sich die schmale, hohe Apsis. Diese Tendenz, den Raum zu vereinheitlichen, entsprach der Zeit. Der flachgedeckte Innenraum ist geprägt vom Geist des Neuen Bauens und gibt sich betont karg, doch ist die Ausstattung äußerst hochwertig.

In den 1960er-Jahren verstärkte sich der Wunsch nach einer Zentralisierung, unterstützt durch mobile Ausstattungsstücke. Es entstanden Bauten, die den Béton Brut in Szene setzten, wuchtige, bunkerhafte Architekturen, für die u. a. das kath. Gemeindezentrum **St. Josef** in Heslach (Finkenstr. 34) ein Paradebeispiel ist. In typischer Weise ist der 1973–75 erstellte, von Rainer Zinsmeister und Giselher Scheffler entworfene Komplex als architektonische Großplastik aus kubischen Körpern gestaltet. Er umfasst nicht nur Kirche und Gemeinderäume, sondern auch Pfarrhaus, Bibliothek und Altenheim.

Jenseits der Sakralbauten gibt es noch andere Zeugnisse christlichen Glaubens. Dazu zählen die **Pfarrhäuser**, die seit der Reformation eine staatliche Bauaufgabe darstellten. Charakteristisch für die württembergischen Pfarrhäuser des 18. Jh. sind die großen abgewalmten Dächer, welche sie von den Bauernhäusern deutlich abheben. Gute Beispiele sind das Untertürkheimer Pfarrhaus von 1767 (Augsburger Str. 379) und das Plieninger Pfarrhaus von 1780 (Mönchhof 5).

Mit der Judenemanzipation im 19. Jh. wuchs in Stuttgart eine große jüdische Gemeinde heran, welche sich 1861 eine repräsentative **Synagoge** (Hospitalstr. 36) in maurisch-orientalischen Formen schuf. Sie wurde in der Reichspogromnacht 1938 zerstört. Über ihren Grundmauern entstand 1951/52 nach Plänen von Ernst Guggenheimer der erste Synagogenneubau der Nachkriegszeit in der jungen Bundesrepublik, der ausgesprochen schlicht und zurückhaltend ist und in jüngerer Zeit umgestaltet wurde.

West, gallorömisches Heiligtum

(Rotwildpark)

Im Rotwildpark finden sich auf einer Wiese die konservierten Grundmauern eines quadratischen Gebäudes von 26 × 26 m mit Zugang von Südosten. Es wurde 1921/22 ergraben und konnte anhand von Keramik in das späte 2./frühe 3. Jh. n. Chr. datiert werden. Im Inneren fanden sich in 6 m Abstand zur Mauer Sockel für Pfostenstellungen. Diese stützten entweder ein umlaufendes Pultdach oder trugen einen hoch aufragenden Fachwerkbau. Es handelte sich eventuell um ein kleines ländliches Heiligtum, das von einer Umfassungsmauer eingefriedet war.

Plieningen, ev. Martinskirche

(Mönchhof 3)

Zu den ältesten erhaltenen Kirchen Stuttgarts zählt St. Martin, die wohl an Stelle einer frühmittelalterlichen Vorgängerin steht. Sie war um 1182 im Bau und ist für eine einfache Dorfkirche recht aufwändig konzipiert: Der obere Teil der romanischen Langhauswände wird außen von zierlichen Halbsäulen gegliedert, die einen Rundbogenfries tragen. Einzelne Konsolen sind als Tier- und Menschenmasken gebildet. Das Traufgesims zieren zwölf Reliefs mit archaisch anmutenden Figuren, die u. a. alttestamentarischen und christologischen Inhalts sind. In einem Feld erscheint St. Martin mit dem

Ältestes bauliches Zeugnis religiöser Verehrung in Stuttgart: die Reste eines gallo-römischen Umgangstempels im Wildpark.

Bettler und einem Paar, in dem eine Darstellung der Stifter – Welfs VI. und seiner Frau Uta – vermutet werden darf. Ein Relief setzt den Baumeister mit Bossierhammer und Winkelmaß ins Bild. Der Turm wurde 1299 erhöht oder neu gebaut und erhielt 1443 einen Fachwerkaufsatz samt der charakteristischen polygonalen Haube. Er verfügt noch über den originalen Glockenstuhl. 1468 wurde über dem Langhaus ein neues Dach aufgeschlagen, 1492/93 entstand der Chor mit seinem kunstvollen Netzrippengewölbe, das von Figuren mit Wappenschilden getragen wird. Nach Umbauten im Barock prägen heute die Umgestaltungen von 1901/02 durch Theophil Frey und 1937 durch Hans Seytter den Bau. Er wurde zuletzt 2017 instand gesetzt.

Mitte, ev. Stiftskirche

(Stiftstr. 12)

Bis heute prägt die Stiftskirche mit ihren Türmen und dem hohen Dach das Stadtbild. Diesen vertrauten Umriss suchte der Wiederaufbau nach der Kriegszerstörung zu wahren.

Zwei ältere Kirchen gingen voraus (s. Abb. S. 76): eine Dorfkirche des 10./11. Jh. über einem Gräberfeld des 7./8. Jh. und eine spätromanische Basilika, errichtet 1240–60, von der noch die unteren Geschosse des Ostturmes mit Rundbogenfriesen zeugen. Reste der beiden älteren Kirchen sind seit den Ausgrabungen im Untergeschoss zu sehen.

Nach der Verlegung des Stifts und der württembergischen Grablege von Beutelsbach nach Stuttgart wurde 1327–47 für die Stiftsherren ein neuer gotischer Chor errichtet,

Relief mit Stifterehepaar und Kirchenpatron an der ev. Martinskirche Plieningen, um 1180.

Innenraum der Stiftskirche nach Osten.

die Stiftskirche nun ein wesentliches Element der sich ausbildenden gräflichen Residenz. Hänslin und Aberlin Jörg bauten 1433–95 das Schiff neu, der 1495 begonnene Südwestturm blieb allerdings bis 1531 unvollendet.

Der Wiederaufbau der 1944 schwer zerstörten Kirche erfolgte ab 1948 durch Hans Seytter. Nur das Chorgewölbe wurde historisierend rekonstruiert, das Langhaus 1955–58 vereinfacht wiederaufgebaut. Die Ostwand wurde neu hochgezogen, das spätgotische Apostelportal in einem Vorbau unter Verwendung der alten Figuren neu interpretiert. Seytter schuf einen einheitlichen Raum, den man als optimale Lösung für einen Zentralkirche wertete. Dies war programmatisch zu verstehen: Die Stiftskirche wurde zum Mahnmal, zu einer „Karfreitagskirche", welche die Zerstörung nicht leugnete und zur Buße aufrief. Auffallendes Gestaltungselement ist der Kanzelpfeiler mit ausladendem Schalldeckel, über dem der Gerichtsengel thront. Er bildet den Dreh- und Angelpunkt zwischen Chor und Langhaus. Der jüngste Umbau 1999–2003 hat das Langhaus allerdings verändert: Man tauschte die als zu dunkel empfundene Holztonne gegen eine leichter wirkende, hellere Lösung aus, die in ihrer Dreigliederung den Charakter der Hallenkirche evoziert, allerdings den intendierten Charakter des Wiederaufbaus negiert.

Mühlhausen, ev. Veitskirche

(Meierberg 16)

Die Veitskirche bildet ein Kleinod der Kunst, das in selten guter Überlieferung die Einrichtung eines spätmittelalterlichen Sakralraums zeigt. Gestiftet wurde der gotische Saalbau 1380 durch Reinhart von Mühlhausen, der am Hof Karls IV. in Prag gewirkt hatte. Daher wurde die Kirche *dem* böhmischen Heiligen geweiht. Im Rahmen einer umfassenden Instandsetzung 2010–12 wurde auch die vollständig erhaltene Ausmalung hervorragend restauriert. Verschiedene Bildzyklen schmücken Wände und Chorgewölbe. Sie sind in mehreren Phasen entstanden; die drei größten Zyklen wurden um 1385, 1428 und um 1440 geschaffen. Die ältesten Malereien mit Propheten, Christus und den Aposteln finden sich an der Ostwand um den Chorbogen. Sie verraten böhmischen Einfluss. Original ist auch noch die ornamentale Fassung der Holzdecke und der Empore, die ins 15. Jh. datiert. Abgerundet wird das Bild durch die Grabmäler der Ortsherren und zwei spätgotische Altarbaldachine, die im frühen 15. und 16. Jh. zu beiden Seiten des Chorbogens errichtet wurden. Sie überwölben zwei Flügelaltäre mit geschnitzten Figuren in den Mittelschreinen und Tafelbildern auf den Flügeln, die um 1510 in Ulmer Werkstätten entstanden. Der originale Hochaltar von 1385, eine Prager Arbeit, befindet sich heute in der Alten Staatsgalerie (➲ Kap. 13).

Ein Schatzkästchen spätmittelalterlicher Kirchenausstattung: die Veitskapelle in Mühlhausen.

Paradebeispiel eines frühneuzeitlichen Predigtraumes: die ev. Pfarrkirche Birkach.

Birkach, ev. Pfarrkirche

(Alte Dorfstr. 49)

Einen beispielhaften protestantischen Kirchenbau bietet Birkach. Er wurde 1779/80 nach Entwurf von Reinhard Ferdinand Heinrich Fischer auf Betreiben Franziskas von Hohenheim, der pietistisch geprägten zweiten Gemahlin Herzog Carl Eugens, erbaut. Er ist in unmittelbarem Zusammenhang zum nahen Sommersitz Hohenheim zu sehen, von dem aus Franziska hier den Gottesdienst besuchte. Das herzogliche Monogramm CE findet sich überall, sogar auf der Turmspitze! Kirche und Pfarrhaus stehen unter einem gemeinsamen Dach, so dass der Pfarrer direkt von seinem Arbeitszimmer im Obergeschoss die Kanzel betreten konnte. Das Innere ist ein schlichter, spätbarocker Saal mit hufeisenförmiger Empore auf toskanischen Säulen, an dessen Stirnseite sich die charakteristische Kombination aus Altar und darüber angeordneter Kanzel findet. Links davon, mit bestem Blick auf selbige, steht der Herrschaftsstand Franziskas.

West, ev. Johanneskirche

(Gutenbergstr. 11)

Als Mittelpunkt der westlichen Stadterweiterung wurde 1864–76 nach Entwurf von Christian Friedrich Leins die Johanneskirche errichtet. Sie wurde städtebaulich in Szene gesetzt und axial in der Stadtstruktur verortet. Der neugotische Bau ragt auf einer Halbinsel in den Feuersee hinein, so dass sich eine malerische Wirkung der Architektur über

Romantisch-historistische Inszenierung am Wasser: die neugotische Johanneskirche.

dem Wasser ergibt gerahmt von Bäumen – eine Szenerie, die ganz romantischem Denken entsprach und das Mittelalter als christliche Epoche idealisierte. Mit einem Kapellenumgangschor orientiert sich der Bau an französischen Kathedralen. Das Innere wurde von Leins als Predigtkirche konzipiert. Dabei gelang ihm eine großartige Verschmelzung von Längs- und Zentralraum, indem er die Emporen polygonal durch das Querhaus um die Vierung herumführte. Die vermeintlichen Chorkapellen nehmen die Sakristei auf. Der Altar wurde frei im Chor aufgestellt, die Kanzel findet sich am Pfeiler rechts davor und ruht quasi auf den Schultern eines steinernen Luthers. Die 1944 zerstörte Kirche erhielt beim Wiederaufbau eine flache Decke. Der Turm schließt seither an Stelle des Helms als Mahnmal mit einer Plattform ab.

Nord, Russische Kirche St. Nikolai

(Seidenstr. 69)

Eng waren die Beziehungen Württembergs zu Russland. Für die in Stuttgart ansässigen Russen wurde 1895, finanziert von Herzogin Wera und dem russischen Staat, auf beengtem Grund durch Ludwig Eisenlohr eine eigene Kirche errichtet. Sie gehört in eine Reihe ähnlicher russischer Sakralbauten in deutschen Residenz- und Kurstädten. Den Architekten gelang eine malerische Gruppierung der einzelnen Elemente. Der kleine Zentralbau orientiert sich ganz an der in der Renaissance ausgeprägten altrussischen Architektur, die für russisch-orthodoxe Kirchen im 19. Jh. als verbindlich galt. Typisch ist die Gestaltung mit Werksteinelementen, die sich effektvoll von den roten Ziegelflächen absetzen. Der Eingang erfolgt durch eine Vorhalle mit gebauchten, gedrungenen Säulen unter dem ins Achteck übergehenden Glockenturm. Den Kirchenraum bekrönt eine Kuppel unter Zwiebelhaube. Der Wiederaufbau der 1944 zerstörten Kirche begann 1948, fand aber erst 1989 mit der Neuausmalung durch russische Künstler seinen Abschluss.

Zeugnis württembergisch-russischer Verbindungen: die orthodoxe Kirche St. Nikolai.

Süd, ev. Markuskirche

(Filderstr. 22)

Der erste Stuttgarter Kirchenbau des Reformstils und ein herausragendes Gesamtkunstwerk ist die Markuskirche, errichtet 1906–08 von Heinrich Dolmetsch, der den Bau mit Pfarrhaus und Garten malerisch in das Umfeld hineinkomponierte. Die Architektur zeigt in sehr eigenständiger Interpretation romanischer und barocker Elemente die Lösung vom Historismus. Die Kirche ist einer der ersten in Eisenbeton errichteten Sakralbauten des 20. Jh. Das neuartige Material wurde für den Turm und die Tragkonstruktion des Gebäudes verwendet und ermöglichte einen großzügigen Innenraum, dessen Gestaltung ganz den liturgischen An-

Ein Gesamtkunstwerk des Jugendstils: der Innenraum der ev. Markuskirche.

forderungen der Zeit entsprach. Zwar gibt es einen Chor, doch nimmt dieser nicht den Altar, sondern eine halbhohe Sängerempore auf, über der sich im Angesicht der Gemeinde die Orgel erhebt. Davor steht auf einer Estrade der von einer Balustrade gefasste Altar, dahinter das Kreuz. Die Anordnung erscheint im ersten Moment traditionell, doch ging es der Reformbewegung um die Betonung der Musik und des Gemeindegesangs als zentralem Bestandteil der Liturgie. Großen Wert legte Dolmetsch daher auf eine gute Akustik des Raums, die er u. a. durch einen Überzug der Wände mit Korkschrot und die Anordnung der Kassetten im weitgespannten Korbbogengewölbe des Schiffs erzielte.

Die Markuskirche blieb im Krieg unzerstört und war deshalb Ort der sog. Stuttgarter Schulderklärung der evangelischen Kirche Deutschlands im Oktober 1945. Sie zeigt nach wie vor die komplette hochwertige Originalausstattung. Mit der Renovierung 1977/78 wurde die alte Farbigkeit wiedergewonnen, so dass der 1958 purifizierte Raum seine ursprüngliche Wirkung wieder entfaltet.

Nord, kath. Pfarrkirche St. Georg

(Heilbronner Str. 131–135)

St. Georg zählt zu den bedeutendsten Stuttgarter Sakralbauten der Zwischenkriegszeit. Hugo Schlösser hat 1929/30 die eindrucksvolle Baugruppe aus Kirche sowie Pfarr- und Gemeindehaus geschaffen, die von dem kräftigen, hohen Turm akzentuiert wird. Kubische Bauformen und dunkle Ziegel verleihen St. Georg einen strengen Charakter. Ausgesprochen monumental stellt sich der Eingang über eine Freitreppe und das dreiteilige Portal dar, über das ein riesiger hl. Georg wacht. Der weiß getünchte, feierlich wirkende Innenraum ist basilikal aufgebaut und weckt Assoziationen an frühchristliche Architektur, das Mittelschiff ist flach gedeckt. Quertonnen überwölben die Seitenschiffe, ein Tonnengewölbe hebt den Chor als Zentrum des liturgischen Geschehens hervor. Deutlich dem Expressionismus verpflichtet ist die ovale Taufkapelle mit ihrer in Stichkappen aufgelösten Kuppel, die durch ein Oberlicht beleuchtet wird, um einen fast mystischen Feierort zu schaffen. Der Innenraum wurde 2010 grundlegend renoviert und umgestaltet, um die Kirche den heutigen liturgischen Erfordernissen anzupassen.

Expressionistisch: die Taufkapelle von St. Georg.

Hedelfingen, ev. Kreuzkirche

(Amstetter Str. 25)

Die Kreuzkirche ist eine herausragende Vertreterin des Neuen Bauens. Sie wurde 1928/29 von Paul Trüdinger unter Mitarbeit seines Kompagnons Hans Volkart errichtet. Ihre Ausstattung ist von der Empore über Altar, Kanzel und Taufstein bis zu den Spendenbüchsen original erhalten. Von Seltenheitswert ist der 1980 restaurierte ockerfarbene Anstrich auf weißflächigem Untergrund. Trüdinger plante den Bau bis ins kleinste Detail und konzipierte ihn quasi von außen nach innen, wobei das Äußere in der Gruppierung der Baukörper klar das Innere spiegelt. Ursprünglich konservativer geplant, machten Kostengründe einen Stahlskelettbau nötig, der zur deutlich moderneren Form führte. Ein steil aufragender Turm setzt einen kräftigen Akzent gegenüber den ruhenden Kuben. Der Außenanstrich

Sakralraum des Neuen Bauens: die Kreuzkirche Hedelfingen.

in mattem Rot über dem gelb gefärbten rauen Putz wurde 2003 wiederhergestellt.

Das Innere greift das basilikale Schema auf, verknüpft es aber mit dem Zentralbaugedanken, so dass ein einheitlicher Raum entsteht. Eine durchgehende Flachdecke und das umlaufende Fensterband vereinigen Chor und Langhaus. Das farbige Fensterband ist eines der frühesten im Kirchenbau – eine Idee, die in der Nachkriegszeit breiter wirksam wurde. Es lässt die Decke gleichsam schweben. Wie in der Markuskirche erhielt die Orgel ihren Platz im Chor und zwar hinter der in ein Gitterwerk aus Kreuzen aufgelösten Rückwand, welche von einem monumentalen dunklen Holzkreuz unterteilt wird. Seitlich an das Schiff angesetzt ist der Gemeindesaal, der bei Bedarf durch eine Falttür zur Kirche geöffnet werden kann.

Möhringen, ev. Gemeindezentrum Sonnenberg

(Johannes-Krämer-Str. 2, 4)

Das Gemeindezentrum Sonnenberg ist ein idealtypischer Vertreter für den Brutalismus. Entworfen wurde der 1964–66 erbaute Komplex von dem Züricher Ernst Gisel. Er legte Gemeinderäume, Mesnerhaus, Kindergarten und Kirche um einen Innenhof, der nicht nur als Verteiler, sondern auch als Ruheraum vom Alltag dienen kann. Damit erhielt das Wohnviertel Sonnenberg einen Mittelpunkt. Der Komplex ist in seinen gestaffelten, zueinander abgestuften, teilweise ein- und ausschwingenden Baukörpern als architektonische Großskulptur aufgefasst, die von einem hohen, schlanken Turm dominiert wird. Zum Sichtbeton kontrastiert der in Weiß gehaltene Kirchenraum, der von einer doppelt gekrümmten Stahlleichtbetonschale überfangen ist. Wie ein Sonnensegel ist sie membranartig zwischen Deckenrand und das umlaufende Oberlichtband gespannt, konstruiert von Frei Otto und Fritz Leonhardt. Geschickt wird der Raum durch das von oben einfallende Licht inszeniert. Auf die Hervorhebung einer liturgischen Zone wurde verzichtet: Pfarrer und Gemeinde bilden eine Gemeinschaft. Der Boden ist leicht in Richtung Altar abgesenkt, was allen Besuchern eine gute Sicht- und Hörbarkeit des liturgischen Geschehens ermöglicht. Schweizerischer, reformierter Einfluss wird deutlich in dem Verzicht auf Bilder. Einziger farblicher Akzent sind die von Ferdinand Gehr entworfenen flächig-abstrakten Webteppiche, die im Wechsel hinter dem Altar aufgehängt werden können.

Der Innenraum der ev. Kirche in Sonnenberg ist von reformierter Konzentration auf das Wort bestimmt.

5

TOTENGEDENKEN UND SEPULKRALKULTUR –

Friedhöfe und Begräbnisorte

Stuttgart verfügt über eine Reihe historischer Begräbnisplätze mit eindrucksvollen Monumenten zum Andenken an die Verstorbenen. Die beiden ältesten, seit dem Frühmittelalter bis heute genutzten Friedhöfe sind der Steigfriedhof und der Uffkirchhof. Doch reicht die Geschichte der Bestattungen in Stuttgart noch viel weiter zurück.

Trauerfigur der WMF auf dem Waldfriedhof, frühes 20. Jahrhundert.

Es sind oft Notgrabungen, die unser Wissen über die Vor- und Frühgeschichte bedeutend erweitern. Vielerorts wurde in Stuttgart neues Bauland erschlossen, das dann zuvor von der archäologischen Denkmalpflege untersucht werden konnte. Und wo der Boden geöffnet wird, da finden sich unter den Spuren der Stuttgarter Siedlungsgeschichte auch zahlreiche Beisetzungen, die anhand der Beigaben viel über den sozialen Status der Verstorbenen und einstige Bestattungsriten erzählen. Dass schon die Menschen der Jungsteinzeit an ein Leben nach dem Tod glaubten, belegt das am Viesenhäuser Hof (Mühlhausen) entdeckte Gräberfeld, das rund 200 Beisetzungen umfasst. Seine Ursprünge reichen bis in die Zeit um 5500 v. Chr. zurück. Damit ist es die älteste bisher bekannte Nekropole in Südwestdeutschland. Sehr typisch für die damalige Bestattungsform sind **Hockergräber**. Die Menschen wurden in Embryonalstellung beigesetzt, wobei die Männer mit dem Kopf nach Westen, die Frauen nach Osten ausgerichtet wurden, aber immer mit Blickrichtung nach Süden. Beigaben in Form von Steinwerkzeugen und Keramik erhielten fast nur die Männer.

Während der Urnenfelderkultur der späten Bronzezeit (1200–800 v. Chr.) war die **Brandbestattung** verbreitet. Die Überreste der Toten wurden nebst den verbrannten Beigaben in irdenen Urnen beigesetzt, wie u. a. ein Gräberfeld belegt, das im Areal der Martin-Luther-Schule in Bad Cannstatt aufgefunden wurde.

Charakteristisch für die frühkeltische Hallstattkultur (um 800–450 v. Chr.) sind **Grabhügel**, in denen die Toten beigesetzt wurden. Über das Stadtgebiet verteilt sind mehrere solcher Hügel erhalten geblieben, wenn auch überwiegend in späterer Zeit beraubt. Selten gelingen so spektakuläre Funde wie beim Siedlungsbau in den 1930er-Jahren

Keltische Goldfunde aus zwei hallstattzeitlichen Hügelgräbern am Schmidener Feld, Ende 6. Jh. v. Chr. (Altes Schloss, Landesmuseum Württemberg).

auf dem Steinhaldenfeld (Naumann-Str., Kolping-Str.). Hier fanden sich in zwei Grabhügeln Tote, die in repräsentativer Weise als Ausweis ihres Status mit Bronzegürtelblechen sowie goldenen Hals- und Armringen geschmückt waren. Außerdem waren ihnen Schüsseln aus verziertem Goldblech beigegeben. Die Funde datieren in die späte Hallstattzeit um 500 v. Chr. und sind heute im Landesmuseum zu sehen. Bei den Verstorbenen handelte sich offenbar um Angehörige der keltischen Aristokratie.

Die Römer verbrannten ihre Toten und bestatteten sie bis ins 3. Jh. n. Chr. vorzugsweise in Urnen, über denen **Grabmale** und Denksteine errichtet wurden. Ihre Friedhöfe lagen entlang der Ausfallstraßen der Siedlungen, so auch in Cannstatt auf der Steig. Das dortige Gräberfeld wurde zwischen 90 n. Chr. und dem frühen 3. Jh. belegt. In den Inschriften auf den Grabsteinen wurden die Götter der Unterwelt angerufen, um ihnen die Toten anzuempfehlen. Oft ist der Verstorbene auch auf einer Liege beim Totenmahl dargestellt. Typisch für die Region sind Darstellungen der Unterweltsgöttin Herecura, die in einem der Grabgebäude eine eigene Kultstätte erhielt.

Weitere Gräber lagen auf dem rechten Neckarufer, die der dort aufblühenden Siedlung zuzuordnen sind. Hier fand man überwiegend Ganzkörperbestattungen.

Die Alamannen haben ihre Toten anfänglich oft verbrannt, doch lassen sich für das 3./4. Jh. auch Körperbestattungen nachweisen. Im Lauf des 5. Jh. gingen sie endgültig zu Körperbestattungen mit Beigaben über. Charakteristisch für diese Zeit sind die Reihengräberfriedhöfe. So wurden am Südwestrand des Feuerbacher Tals alamannische **Steinplattengräber** und gemauerte Grüfte gefunden. Dieser Friedhof wurde von 600 bis ins späte 7. Jh. belegt. Erst jüngst wurden auf der Altenburg 38 Bestattungen aus dem 6./7. Jh. aufgefunden, in denen offenbar Angehörige der Oberschicht

Römischer Grabstein des Ingenuus mit Darstellung des Totenmahls aus Bad Cannstatt (Altes Schloss, Landesmuseum Württemberg).

Fibel im Tierstil mit Almandineinlagen aus einem alamannischen Grab auf der Altenburg in Bad Cannstatt.

mit Waffen sowie Gold- und Almandinschmuck als Ausweis von Reichtum und Ansehen beigesetzt waren. Dass ein alamannischer Edler durchaus gefährlich lebte, belegt ein gespaltener Schädel. Vermutlich fiel der Mann im Kampf.

Auch der **Steigfriedhof** und der **Uffkirchhof** (➲) gehen auf alamannische Gräberfelder zurück. Hier entstanden die ersten Pfarrkirchen. Jüngste Funde von gemauerten Gräbern in Bad Cannstatt belegen einmal mehr, dass dieser Ort im Frühmittelalter ein Zentralort der Region war.

Grundsätzlich lagen um die mittelalterlichen Kirchen Friedhöfe. So gab es Begräbnisplätze um die Leonhardskirche und an der Hospitalkirche (➲ Kap. 4). Ältester bis heute erhaltener Innenstadtfriedhof ist der Hoppenlaufriedhof (➲), dessen Areal 1622 von Bürgermeister Johann Kercher gestiftet wurde. Eine besondere Anlage kannten diese Friedhöfe nicht. Sie waren mit Gras bewachsen, man pflanzte Rebstöcke und Gemüse und auf dem Hoppenlaufriedhof graste gar Kleinvieh!

Waren die Friedhöfe überbelegt, wurden Gebeine entnommen. Diese mussten aber in heiliger Erde verwahrt bleiben, wozu man entweder unter den Friedhofskapellen oder den Kirchen **Beinhäuser** einrichtete. Ein solcher Raum, der wohl ins 17. Jh. datiert, ist unter St. Germanus in Untertürkheim aufgefunden worden. Schädel sowie Bein- und Armknochen waren hier schichtenweise in abgelöschtem Kalk gebettet.

Kleriker, Vermögende und vor allem Adelige suchten möglichst im Gotteshaus nahe dem Hochaltar und damit in unmittelbarer Nachbarschaft zu den Reliquien der Heiligen bestattet zu werden. Sie erhielten aufwändige **Grabplatten** mit Figuren, Wappen und Inschriften. Adelige Herren wurden in der Regel bis ins 17. Jh. in vollem Harnisch porträtiert. An den Wänden wurden Totenschilde und seit der Renaissance reich verzierte **Epitaphien** angebracht. Sie zeigen die Familienangehörigen, fein säuberlich getrennt nach Frauen und Männern, oft in anbetender Haltung unter dem auferstandenen Christus. Solche Gedenktafeln sind bis heute in der Stifts-, der Hospital- und der Leonhardskirche zu bewundern. Sie erinnern an Adelige und Bürgerliche, die im Hofdienst standen. So fand in der Stiftskirche der Reformator Johannes Brenz († 1570) seine letzte Ruhestätte, an den seit 1584 ein auf Holz gemaltes Porträt erinnert.

Die Stiftskirche (➲ Kap. 4) war seit dem 14. Jh. mit Unterbrechungen Grablege des Hauses Württemberg. Davon zeugen mehrere Grabmäler aus Gotik und Renaissance, unter denen die Doppeltumba für Ulrich I. und Agnes von Liegnitz, entstanden kurz nach 1265, herausragt. Die beiden liegen nebeneinander, er mit seiner Linken am Schwert, sie mit einem Stiftermo-

Stiftskirche, Grabmal Graf Ulrichs I. und der Agnes von Liegnitz.

dell. Zu ihren Füßen ruhen ein Löwe und ein Hund als Zeichen der Stärke bzw. der Treue. Ein eindrucksvolles Zeugnis landesherrlicher Gedächtniskultur der Renaissancezeit stellt die 1579–84 von Sem Schlör geschaffene Reihe württembergischer Grafen dar, eines der Meisterwerke schwäbischer Renaissanceplastik.

1608 wurde unter der Stiftskirche eigens eine **Gruft** für die Herzöge angelegt, die bis 1860 belegt wurde. Hier stehen aufwändig gearbeitete Särge aus Zinn oder mit rotem Samt bespannte Holzsärge. Und auch unter der Schlosskirche ist eine Gruft zu finden. König Karl hat sie im Zuge der neugotischen Renovierung der Kirche 1864 anlegen lassen. Hier ruhen neben Karl seine Gemahlin Olga, Herzogin Wera, ihr Mann und deren früh verstorbene Tochter.

Im 19. Jh. wurde es üblich, dass sich der Adel **Erbbegräbnisse** auf den Friedhöfen schaffen ließ. So wurden die Freiherren von Palm auf dem Mühlhäuser Gottesacker beigesetzt, wo bis heute eine abgetrennte Grablege zu sehen ist.

Das 19. Jh. legte aus hygienischen Gründen neue Begräbnisplätze vor den Toren an: So entstanden der ab 1823 belegte Fangelsbachfriedhof (➲) und der Pragfriedhof (➲), eingeweiht 1873. Die Friedhöfe wurden nun auch gartenkünstlerisch gestaltet und Gräber mit Blumenpflanzungen geschmückt. Hingegen war es schon seit der Renaissance üblich, den Verstorbenen repräsentative **Grabmale** zu setzen. Die Stuttgarter Friedhöfe vermitteln einen umfassenden Überblick über die historische Grabmalkunst von der Frühen Neuzeit bis in die Nachkriegszeit. Zwar ist aus der Renaissance mit Ausnahme der Epitaphien auf dem Uffkirchhof nichts überliefert und auch die Barockzeit ist nur noch mit einigen wenigen Steinen auf dem Hoppenlaufriedhof vertreten, doch dafür zeigt dieser die ganze Bandbreite der Entwicklung zwischen Frühklassizismus und Historismus. In ihrer Gestaltung vermitteln die Grabsteine einen Eindruck von den sich wandelnden Vorstellungen. Wurden in der Renaissance und im Barock noch gerne Psalmen zitiert, so wurden die Inschriften im Lauf des späteren 18. Jh. deutlich empfindsamer. Vor dem Hintergrund des Sturm und Drang verlieh man Gefühlen persönlichen Ausdruck, wenn ganz im Zeichen des damaligen Freundschafts- und Familienkultes zärtlich-innige Worte die Inschriften auszeichnen.

Die Grabmäler des Klassizismus orientierten sich an antiken Monumenten, und obwohl für Christen die Verbrennung kategorisch ausgeschlossen war, so wurde die Urne zum Symbol für den Tod. Die Gräber von Militärs ziert antiker Trophäenschmuck, die von Dichtern und Musikern eine Lyra. Abgebrochene Säulen verweisen ebenso wie verloschene Fackeln auf die Vergänglichkeit. Zierten weinende Putten schon barocke Epitaphien, so erscheinen nun vereinzelt trauernde Frauengestalten, inspiriert durch die antike Totenklage – ein zukunftsweisendes Modell. Denn wer über den Pragfriedhof spaziert, findet zahlreiche Figuren in Form von Engeln und jungen Mädchen, mit denen insbesondere ca. 1900–30 zahlreiche Grabmäler geschmückt wurden. Oft sind es Mädchen, die an die Steine geschmiegt sinnend stehen und den Betrachter zum Nachdenken anregen. Es gab sie in Stein, aber auch in Metall, denn die Innovation der Galvanoplastik machte die günstige Massenproduktion solcher Statuen möglich – vorzugsweise geliefert von der WMF in Geislingen und oftmals von namhaften zeitgenössischen Bildhauern entworfen. So begegnet manche Mädchengestalt nicht nur auf Stuttgarts Friedhöfen gleich mehrfach.

Vereinzelt finden sich auch ganze Mausoleen. Sehr typisch sind Kriegergedächtnisstätten, die seit 1870/71 für die Gefallenen errichtet wurden. Oftmals handelt es sich um zentral aufgestellte Denkmäler wie auf dem Uffkirchhof (➲), mitunter aber auch um monumentale Ehrenhallen wie auf dem Feuerbacher Friedhof (➲ Kap. 3).

Die Stuttgarter Begräbnisplätze des 19. Jh. wurden über einem streng geometrischen Grundriss mit sich kreuzenden Wegeachsen angelegt, zwischen denen die Grabfelder liegen. Später als andernorts fand mit der Anlage des Waldfriedhofs (➲) ab 1913 die Idee des Landschaftsgartens Einzug in die Gestaltung. Die Wege schlängeln sich durch einen quasi heiligen Hain, in dem die Verstorbenen ihre letzte Ruhe im Frieden der Natur gefunden haben.

Auf Stuttgarts Friedhöfen wurden lange Zeit nur Protestanten beigesetzt. Katholiken, vorzugsweise Angehörige des Hofstaats, wurden auf dem katholischen Friedhof von St. Barbara in Hofen bestattet und Juden noch weiter abseits, nämlich in Hochberg und Esslingen. Erst 1834 wurde dank königlicher Unterstützung dem Hoppenlaufriedhof (➲) ein jüdischer Begräbnisplatz angegliedert, der bis heute existiert. Er wurde bis 1882 belegt, dann nutzte die stark angewachsene jüdische Gemeinde ebenfalls den neuen Pragfriedhof, dem 1876 auf der Ostseite ein jüdischer Begräbnisplatz angeschlossen wurde. Die jüdischen Grabsteine unterschieden sich stilistisch nicht von denen der Christen, allein der figürliche Schmuck fehlt aus religiösen Gründen. Viele Inschriften sind in Hebräisch, manche auch zweisprachig, andere nur auf Deutsch – ein Bekenntnis des aufgeklärten Judentums zur Assimilation.

Für Christen war seit dem Frühmittelalter die Körperbestattung üblich. Im späteren 19. Jh. aber wurden solche Verbindlichkeiten obsolet. Allerorten bildeten sich Vereine, die sich für Feuerbestattungen einsetzten. Auch in Stuttgart wurde 1890 ein „Verein für fakultative Feuerbestattung" gegründet, der schließlich den Bau eines Krematoriums auf dem Pragfriedhof (➲) erreichte.

Feuerbach/Zuffenhausen, Grabhügel

(Stadtwald Schelmenwasen, Stellenwiesen Allee)

Herausragende keltische Persönlichkeiten wurden in der Hallstattzeit in auffälligen, gut sichtbaren Grabhügeln beigesetzt. In Stuttgart finden sich frühkeltische Gräber an verschiedenen Stellen, so eine Gruppe von sieben Hügeln im Grenzgebiet zwischen Feuerbach und Zuffenhausen. Zwei davon wurden bereits 1865 und 1888 ausgegraben, in ihnen kamen Brandbestattungen, Bronzeschmuck und Gefäßscherben zum Vorschein. Ein besonders eindrucksvoller Grabhügel liegt an der Stellenwiesen Allee. Er wird in die späte Hallstattzeit datiert. Die Grabhügelgruppe könnte in Beziehung zur Siedlung auf dem Lemberg (➲ Kap. 3) stehen.

Hallstattzeitlicher Grabhügel im Stadtwald zwischen Feuerbach und Zuffenhausen.

Der Uffkirchhof, einer der ältesten Friedhöfe der Stadt.

Bad Cannstatt, Uffkirchhof

(Wildunger Str. 59)

Uffkirchhof und Uffkirche „zu unserer lieben Frau Maria“ spielten für Cannstatt eine zentrale Rolle. Hier ist eine *der* Keimzellen der bis 1905 eigenständigen Oberamtsstadt zu suchen, denn der Kirchhof reicht bis in die Zeit um 800 zurück. Die Uffkirche war bis 1506 offiziell Cannstatter Pfarrkirche. In der 1494–1500 neu errichteten Saalkirche mit dem markanten Chorturm steckt noch romanische Substanz. Von ihrer Funktion als Friedhofskirche künden Epitaphien des 17. und 18. Jh. Bemerkenswert ist das Spätrenaissanceepitaph für Bürgermeister Jakob Steidel († 1613) und seine beiden Gemahlinnen. Sie knien samt einem früh verstorbenen Wickelkind in anbetender Haltung vor dem Gekreuzigten. Das Ganze wird von den Wappen der Verstorbenen bekrönt. Der Friedhof dokumentiert mit seinen Gräbern eindrucksvoll den Aufstieg des Amtsstädtchens vom Badeort zur Industriestadt. Neben Medizinern, Künstlern und Dichtern fanden bedeutende Unternehmer und Tüftler wie Gottlieb Daimler und Wilhelm Maybach hier ihre letzte Ruhe. Unter den Gräbern ragt das für Ferdinand Freiligrath deutlich hervor. Es zeigt den 1876 in Cannstatt verstorbenen Dichter in einer eindrucksvollen Bronzebüste Adolf von Donndorfs.

Mitte, Hoppenlaufriedhof

(bei Rosenbergstr. 7)

Der Hoppenlaufriedhof wurde 1626 eröffnet und bis 1853 mehrfach erweitert. 1834 wurde ein Areal für die jüdischen Begräbnisse angefügt. Der Friedhof wurde bis 1880 bzw. 1882 genutzt. Heute wird er als Park gepflegt. Zahlreiche Berühmtheiten aus allen gesellschaftlichen und politischen Bereichen fanden hier ihre letzte Ruhe, so der Architekt Ludwig von Zanth, die Komponistin Emilie Zumsteeg, die Dichter Christian Friedrich Daniel Schubart und Wilhelm Hauff sowie der Bildhauer Johann Heinrich Dannecker. Mit seinen Grabmalen stellt der 1963 unter Schutz gestellte Friedhof daher ein aussagekräftiges Dokument der Stadt- und Landesgeschichte dar.

Hatte schon der II. Weltkrieg zu Schäden geführt, kam es in der Nachkriegszeit zu teilweise schweren Eingriffen. So wurde ein Stück des Friedhofs für den Bau des Max-Kade-Hauses abgetrennt. Im Zuge der Bundesgartenschau 1960/61 wurde das Areal als Schaufriedhof hergerichtet. In den frühen 1980er-Jahren begannen erste Restaurierungen an den Grabsteinen. Seit

Grabmal für den Rabbiner Maier mit siebenarmigem Leuchter auf dem jüdischen Teil des Hoppenlaufriedhofs, um 1873.

Fangelsbachfriedhof mit historischen Grabmälern des 19. und frühen 20. Jahrhunderts.

2016 laufen auf der Grundlage einer Schadensaufnahme und -analyse nach und nach unerlässliche Konservierungs- und Sicherungsarbeiten.

Der Friedhof zeigt eine enorme Bandbreite von Grabmalformen vom Frühklassizismus bis zum Historismus. Neben steinernen Monumenten, verziert mit Urnen, Schlafmohn und verlöschenden Fackeln, finden sich gusseiserne Grabkreuze. Weit verbreitet sind von Urnen bekrönte Stelen. Die klassizistischen Grabmäler zeichnet oftmals eine monumentale Form im Kleinen aus. Einige gerieten zu Denkmälern im römischen Stil, Zeugnisse der Antikenbegeisterung des 19. Jh. Andere Steine erinnern an adelige Offiziere, die 1870/71 im Kampf gegen Frankreich fielen. Dicht an dicht stehen die Grabmäler auf der beengten Fläche des jüdischen Teils. Sehr eindrucksvoll ist der Stein des 1873 verstorbenen Rabbiners Josef von Maier mit der Menora, dem siebenarmigen Leuchter.

Süd, Fangelsbachfriedhof

(Cottastr. 34)

Als Ersatz für den Leonhards- und den Lazarettfriedhof entstand 1823 der Fangelsbachfriedhof als sog. Neuer Friedhof, mehrfach erweitert bis 1880. In sehr typischer Weise für seine Entstehungszeit wurde er

Monument in antikischen Formen: Mausoleum der Verlegerfamilie Halberger auf dem Pragfriedhof.

streng geometrisch mit einer zentralen Mittel- und mehreren schmaleren Querachsen angelegt.

Auch auf dem Fangelsbachfriedhof finden sich Gräber zahlreicher Stuttgarter Persönlichkeiten des 19. Jh., darunter die Baumeister Nikolaus Friedrich von Thouret, Gottlob Georg von Barth und Carl Friedrich Beisbarth. Beigesetzt wurde neben seinem Vater Karl Eduard Paulus d. Ä. auch Eduard von Paulus d. J., Landeskonservator der vaterländischen Kunst- und Altertumsdenkmale sowie Vorstand der Staatssammlung der Kunst- und Altertumsdenkmäler in Stuttgart. Auffällig ist das Grabmal der Großindustriellenfamilie Gustav von Siegles mit rahmenden Greifen und Reliefbild.

Nord, Pragfriedhof

(Friedhofstr. 44 f.)

Der sog. Zentralfriedhof auf der Prag wurde 1873, die jüdische Abteilung 1876 eröffnet. Damals zählte die Stadt etwa 100.000 Einwohner. Der Friedhof wurde streng geometrisch angelegt, die Ränder der Grabfelder mit Bäumen bepflanzt, die Mittelachse auf die als Zentralbau ausgeführte **Kapelle** ausgerichtet. Zeittypisch wurden Kapelle und Verwaltungsgebäude 1873–76 durch den Ulmer Münsterbaumeister August Beyer in neugotischen Formen gestaltet. Sie waren einst durch Arkadengänge miteinander verbunden, die nach den schweren Zerstörungen 1944 nicht wieder hergestellt wurden.

Das Gegenstück zur Kapelle bildet das 1905–07 errichtete **Krematorium** am oberen Ende der Zentralachse, geplant schon 1894 von Wilhelm Scholter, eine gelungene Neuinterpretation antiker Baukunst. In seiner feierlichen, monumental aufgefassten Architektur mit dem riesigen Eingangsbogen und der Streifenrustizierung gelangt die Erhabenheit des Todes spürbar zum Ausdruck. Der zentrale Hauptbau wird ehrenhofartig von den bogenförmig geführten Kolonnaden der Kolumbarien gefasst. 1980–84 und 1987–92 wurde das Krematorium nach Entwurf von Max Bächer und Harry G. H. Lie erweitert.

Auf Grund seiner Entstehungszeit weist der Pragfriedhof eine Fülle an mitunter überbordenden Grabmälern auf. Zahlreich sind die steinernen und metallenen Engel und trauernden Frauenfiguren, oft von namhaften Bildhauern wie Adolf Fremd, Emil Kiemlen und Karl August Donndorf. In ihnen gelangt der Geltungsanspruch des Bürgertums zum Ausdruck. Seit dem späten 19. Jh. zeichnet sich mit zunehmenden Grabmalen von Unternehmern die Industrialisierung auch am Grabmalbestand ab. Davon zeugt u. a. das in spätklassizistischen Formen gestaltete Mausoleum für den Verleger Eduard von Hallberger, errichtet 1875/76. Deutlich bescheidener sind die Grabmäler vieler Architekten und Künstler, manche mit Porträtbüsten. Auf dem angegliederten jüdischen Friedhof fällt das Denkmal für die Gefallenen des I. Weltkriegs von Oscar Bloch und Ernst Guggenheimer auf. Hier fand auch 1947 ein Mahnmal für 2.498 im Dritten Reich ermordete württembergische Juden seine Aufstellung.

Degerloch, Waldfriedhof

(Waldfriedhof 1 f.)

In die naturnahe Anlage des 1913 eröffneten Waldfriedhofs wurden bestehende Waldwege aufgenommen, die neuen Wege an die Topografie angepasst. Auf der Rückseite der 1914 errichteten Aussegnungshalle steht die Brunnenplastik „Jungfrau mit den Tränenschalen“ von Josef Zeitler. Nach Kriegszerstörung 1943 wurde die Halle wieder aufgebaut.

Zum eindrucksvollen Mittelpunkt der Anlage geriet der 1923 nach Entwurf von Paul Bonatz angelegte Ehrenhain, der mit teilweise aufwändigen, heroisierenden Monumenten an die Toten des I. Weltkriegs erinnert. Um ihn ordnen sich die Gräber für rund 1.300 gefallene Stuttgarter. Bedrückend ist das Gräberfeld für die zivilen Opfer der Luftangriffe von 1944.

Auf dem Waldfriedhof ruhen zahlreiche bedeutende Persönlichkeiten der jüngeren Stuttgarter Geschichte. Bei einem Rundgang begegnen viele für die Stadtbau-, Architektur- und Kunstgeschichte bedeutende Namen wie Paul Bonatz und Fritz Leonhardt. Unter den Künstlern sind Oskar Schlemmer, Ida Kerkovius oder Adolf Hölzel zu nennen. Von nationaler Bedeutung ist das Grab für den ersten Bundespräsidenten Theodor Heuss und seine Frau Elly Heuss-Knapp.

Untertürkheim, Grabkapelle auf dem Rotenberg

(Württembergstr. 340)

Nach dem Tod von Königin Katharina ließ ihr Gemahl König Wilhelm I. den Stammsitz der Württemberger auf dem Rotenberg – trotz Protests gegen die Beseitigung eines zentralen Monuments der Landesgeschichte – 1819 schleifen und sich von namhaften Architekten wie Joseph Thürmer, Johann Michael Knapp und Johann Heinrich Dannecker Entwürfe für eine Grabkapelle vorlegen. Mit diesen konkurrierte der aus Florenz gebürtige Hofbaumeister Giovanni Salucci und setzte sich schließlich durch. 1820–24 erbaute er das Mausoleum für Kathari-

Ehrenhain für die Gefallenen des I. Weltkriegs auf dem Waldfriedhof.

Hoch über Stuttgart und dem Land: die Grabkapelle für die verehrte Königin Katharina und König Wilhelm I. auf dem Rotenberg.

na. Damit setzte Wilhelm der vom Volk verehrten Königin ein erhabenes Denkmal hoch über dem Neckar, das zu einem zentralen Teil der Landschaftsinszenierung im Residenzumfeld wurde. Zumal der Kult um die wegen ihres wohltätigen Engagements äußerst beliebte Zarentochter gefördert wurde – zur Stärkung von Monarchie und Landesidentität.

Saluccis Grabkapelle ist nach Kriegszerstörung anderer Bauten des Architekten mit den Nebengebäuden und Freianlagen ein eindrucksvolles Dokument seiner Stuttgarter Zeit. Er verschmolz in seinem Entwurf Palladios Villa Rotonda, das römische Pantheon und den byzantinischen Sakralbau miteinander, denn das Mausoleum war als orthodoxe Kirche gedacht. Eine breite Freitreppe führt zwischen Opferschalen und Dreifüßen empor. Vier Kreuzarme – drei davon als Säulenportiken, der vierte als Apsis gebildet – springen vor die kuppelgekrönte Rotunde. Das Innere wird nur durch ein verglastes Rundfester im Kuppelscheitel belichtet. Eine Reihe von Säulen und Pilastern trägt das kassettierte Gewölbe und strukturiert den Raum in Wandflächen und Seitenarme. Mystisch, nur belichtet durch eine Kreisöffnung zur Kapelle, erscheint die niedrig gewölbte

Gruft. In der Nische unter dem Altar ruhen in dem von Salucci entworfenen Marmorsarkophag Katharina und Wilhelm I. († 1864). Mit der Verwendung von Gusseisen für das Oberlicht, das Bodengitter sowie die Flügeltüren, allesamt hergestellt in der Königlichen Gießerei zu Wasseralfingen, erwies sich Salucci hier als Pionier der frühen Eisenarchitektur.

Unterhalb der Kapelle steht das 1821–24 nach Saluccis Entwurf errichtete Priesterhaus, das als Wohnung für die Priester und Sänger der orthodoxen Katharinenkirche diente. Es wurde 2011–17 zum Besucherzentrum unter Wiederherstellung des bauzeitlichen Altans umgestaltet.

Süd, Benckendorff-Mausoleum

(Benckendorffstr. 27)

Eines der schönsten Grabmonumente Stuttgarts ist das Benckendorff-Mausoleum auf dem Friedhof Heslach. Ähnlich wie die Grabkapelle auf dem Württemberg ist es ein Denkmal der Liebe, das Konstantin von Benckendorff, russischer Gesandter und General, seiner jung verstorbenen Gemahlin Natalie 1823 nach dem Entwurf von Giovanni Salucci errichten ließ. Die schmale, kuppelbekrönte Rotunde zeichnet ein Portikus mit ionischen Säulen und Tempelgiebel aus. Über dem Zugang ist zu lesen „Nur Sie“. Wie Königin Katharina hatte sich auch Natalie um die Armen gekümmert.

Die klare, nüchterne Architektursprache strahlt, trotz ihrer gegenüber der königlichen Grabkapelle verkleinerten Form, monumentale Erhabenheit aus. Das innere Rund gliedern Pilaster, überwölbt von der kassettierten Kuppel. Ähnlich einem römischen Grabmal stehen in einem altarartigen Schrein die Marmorbüsten des Bauherrn und seiner Gemahlin, entworfen von Johann Heinrich von Dannecker, ausgeführt von seinem Schüler Theodor Wagner.

Giovanni Saluccis Mausoleum für Graf und Gräfin Benckendorff auf dem Heslacher Friedhof.

6

INFRASTRUKTUREN –

Bauten für die Versorgung und Kommunikation

Keine Stadt kann ohne die notwendige Infrastruktur existieren. Früh schon wurden aufwändige Bauten zur Wasserversorgung angelegt. Die Grundlagen unserer modernen Versorgung mit Licht und Wärme entstanden im Zeitalter der Industrialisierung. Die Kommunikation trat im 20. Jh. mit dem Medium Fernsehen in ein neues Zeitalter ein.

Brände stellten eine Bedrohung für Stuttgart dar. Das sog. Kanonenhäusle hoch über der Stadt diente seit dem 18. Jahrhundert als Brandwache.

Bereits in römischer Zeit wurden im Gebiet Cannstatts Quellen gefasst sowie Zisternen und Ziehbrunnen angelegt, wie der Fund einer Seilwinde belegt (Landesmuseum Württemberg). Das mittelalterliche Stuttgart bezog sein **Wasser** vom Nesenbach und aus dessen Quellgebiet. Um den seit dem Spätmittelalter steigenden Wasserbedarf zu sichern, mussten immer neue Quellen und Leitungen sowie Brunnenstuben geschaffen werden. Seit 1451 existierte eine eigene herrschaftliche Leitung, die Wasser aus einer Quelle im Kaltental über Holzdeicheln in das Alte Schloss (➲ Kap. 1) und andere Hofgebäude beförderte. Stadt und Hof kamen sich allerdings in Fragen des Wasserverbrauchs oft in die Quere, denn der Nesenbach führte nur wenig Wasser. So saßen die am Bach gelegenen Mühlen immer wieder wegen Wasserumleitung durch Herrschaft oder Stadt sprichwörtlich auf dem Trockenen. Unter dem Militäringenieur Karl August Friedrich von Duttenhofer kam es 1825–33 zur Neufassung der Wasserleitungen in steinernen Rinnen, die man mit Steinplatten abdeckte. Sie nahmen das Wasser aller Quellen aus dem Nesenbachtal auf. Die Leitungen verlaufen an der nördlichen Hangseite des Heslacher Tals und führen bis heute an Hasenberg und Reinsburg in einem 200 m langen Stollen entlang. Den Einschnitt der Heidenklinge überbrückte Duttenhofer 1827 mit einem *Aquädukt* bei Vogelrain 27.

Mit dem Wachstum Stuttgarts im 19. Jh. wuchs auch der Wasserbedarf. Bereits 1861 entstand auf Initiative des Königs am Berger Mühlkanal ein staatliches Wasserwerk, geplant von dem englischen Ingenieur Moore, das u. a. die neuen Brunnen auf dem Schlossplatz und die aufsehenerregende Fontäne im Anlagensee des Schlossgartens (➲ Kap. 16) mit Neckarwasser versorgte. Mittels eingebauter neuartiger Langsamfilter sicherte das Wasserwerk auch die Trinkwasserversorgung. 1879–82 entstand das *Städtische Neckarwasser-*

werk (Poststr. 34, 43a, e, n), das ursprünglich nur der Brauchwasserversorgung diente, aber ab 1922 mit Filtern zur Trinkwassergewinnung nachgerüstet wurde. Es verlor mit Inbetriebnahme der Bodenseewasserversorgung 1962 an Bedeutung und wurde 1998 stillgelegt. Doch blieb eine Reihe von Gebäuden samt zugehörigen Hochbehältern erhalten, darunter das Pumpengebäude, das Maschinenhaus und das Filtergebäude sowie Filteranlagen in der Poststraße. Diese Filter zählen zu den frühen Anlagen ihrer Art.

Spuren des historischen Wasserbaus fanden sich in den letzten Jahren auf der Großbaustelle S 21. Der **Nesenbach** konnte sich bei Sturzregen in einen reißenden Strom verwandeln, der große Zerstörungen anrichtete. Um ihn einzuhegen, wurden verschiedene Maßnahmen ergriffen. So zweigte man schon im Mittelalter von ihm den Furtbach ab. Unter Herzog Ludwig wurde dem Nesenbach in den 1580er-Jahren ein neues Bett gegraben und der Lauf entlang der neuen Ostmauer des Lustgartens geführt. Der Herzog ließ auch unterhalb des Gartens umfassende Baumaßnahmen ausführen. Hier wurde ein Stauwehr angelegt, das wohl in Zusammenhang mit jenem Wasserturm zu sehen ist, der zur Versorgung der Wasserspie-

Bei den archäologischen Untersuchungen im Baugebiet von S 21 kamen frühneuzeitliche Kanäle und Regulierungen für den Nesenbach wie dieses hölzerne Wehr zum Vorschein.

le des Lustgartens errichtet wurde. 1659 hat man den Bachlauf in einem Kanal aus Sandsteinplatten gefasst, um dessen Mäandrieren abzustellen. Der Nesenbach beschäftigte die Ingenieure auch bei der Anlage des neuen Schlossgartens unter den Königen Friedrich und Wilhelm I. Darauf deuten Reste eines tonnengewölbten Kanals hin, der wohl um 1817/18 angelegt wurde, möglicherweise um den sumpfigen Grund, auf dem die Anlagen entstanden, zu entwässern.

Doch nicht nur Trink- und Brauchwasser wurden benötigt, sondern auch Löschwasser. Dazu diente die Anlage von Teichen wie dem **Feuersee** (Feuerseeplatz), der 1707 ausgegraben wurde. Seine heutige Anlage geht auf das Jahr 1866 zurück, als er schon nicht mehr der Löschwasserversorgung, sondern der Stadtverschönerung im Zusammenhang mit dem Bau der Johanneskirche (➲ K ap. 4) diente.

Noch bis ins 19. Jh. waren die Stuttgarter Straßen nur spärlich mit Öllampen erleuchtet. Gas wurde erstmals 1840 zur Beleuchtung des Hoftheaters eingesetzt, und nur fünf Jahre später erhielt Stuttgart eine Gasbeleuchtung, die in den folgenden Jahren stetig wuchs. In der Seidenstraße wurde ein Gaswerk errichtet. Es wurde 1874 vom **Gaswerk** in Gaisburg abgelöst, das 1899 in städtische Hand überging und noch heute existiert. 1882 ging in Stuttgart

Ein Bauer bringt sein Schaf zum Schlachthof. Kapitellrelief am ehem. städtischen Schlachthof in Gaisburg.

die erste deutsche Blockstation von Paul Reißer in Betrieb, die Strom für 30 Glühbirnen lieferte. Die **Elektrifizierung** spielte nicht nur für die Beleuchtung der Wohnungen, Fabriken und der Kulturbauten eine zentrale Rolle, sondern bald schon auch für den Verkehr. 1895 wurde das erste kommunale Elektrizitätswerk im Areal zwischen Marien-, Paulinen- und Sophienstraße fertig gestellt. Eigene Elektrizitätswerke entstanden schon 1888 in Cannstatt und 1899–1902 in Untertürkheim (➲). 1896 ersetzte man die bisherigen Pferdebahnen durch elektrische Straßenbahnen, um so v. a. die Steigungen in den neuen Stadtvierteln an den Hängen zu bewältigen.

Die wachsende Stadt erforderte immer neue Einrichtungen zur Versorgung und verlegte sie vorzugsweise aus dem Talkessel in den Arbeiterbezirk Gaisburg. So wurde hier durch das Städt. Hochbauamt der **Schlacht- und Viehhof** mit Fettschmelze und Tierhäuteverwertung angesiedelt (Schlachthofstr. 2) Von dem 1905–12 erstellten Komplex stehen heute noch Verwaltungsbau, Pförtnerhaus und Polizeigebäude. Es handelt sich um durchaus repräsentative Putzbauten unter Verwendung einzelner Renaissancemotive über einem Sockel aus Bossenquadern, entworfen von Albert Pantle. Die Wohnung des Direktors ist bis heute am polygonalen Erker ablesbar, die Räume für den Publikumsverkehr lagen hinter einer fünfbogigen Pfeilerarkade, deren Kapitelle von Reliefs mit Bauern und ihren Tieren geziert sind (s. Abb. S. 113). Seit der Instandsetzung 2010 beherbergt der Komplex eine Gastronomie und das Schweinemuseum, die einstigen Schlachthaushallen sind allerdings dem Abbruch zum Opfer gefallen.

Auch für die Straßenreinigung war die Stadt zuständig. Für diese entstand nach dem Entwurf von Stadtbaurat Emil Mayer in zwei Bauabschnitten 1891 und 1901 ein **Straßenreinigungsdepot** (Tübinger Str. 59, 61), dem eine Polizeiwache mit Wagnerhäuschen angegliedert wurde. Insgesamt zurückhaltend gestaltet, lebt die Architektur durch den Wechsel von hellen Ziegelflächen und dunkleren Gliederungselementen wie Lisenen und Fensterbögen.

Im späten 19. Jh. wurde auch die **Kommunikation** revolutioniert, neue technische Entwicklungen wie das Telefon machten dies möglich. Schon 1882 waren beispielsweise in Stuttgart 75 Fernsprecher in Betrieb. Im 20. Jh. kamen das Radio und schließlich das Fernsehen auf, das sich in der Nachkriegszeit flächendeckend verbreitete, u. a. mit Hilfe großer Sendermasten wie dem Stuttgarter Fernsehturm (➲).

West/Süd, Parkseen, Christophstollen und Heslacher Wasserfälle

Im Wildpark finden sich am Bärenschlössle mehrere Seen. Sie dienten der Wasserversorgung der Residenz. Da der Nesenbach zu wenig Wasser führte, um die Stadt und vor allem Schloss und Gärten zu versorgen, mussten neue Quellen erschlossen werden. Herzog Christoph ließ daher 1566 nach dem Vorschlag der Baumeister Aberlin Tretsch und Christoph Spindler sowie des Brunnenmeisters David Härtlin den Pfaffensee anlegen, um dort Wasser aus der Quelle der Oberen Glems zu sammeln. Der Markscheider Hans Sinsaus hatte dann die Idee, das Wasser von hier aus in einem Stollen bis zur felsigen Schlucht der Heidenklinge zu leiten, von wo aus das Wasser hinabstürzen und dem Ne-

Der Eingang zum Christophstollen am Bärensee.

senbach zufließen konnte, um diesen zu verstärken. Die Arbeiten am Christophstollen zogen sich allerdings noch bis 1575 hin.

Der See vergrößerte das Wassereinzugsgebiet des Nesenbachs zwar erheblich, doch klagten gerade die Müller immer wieder über Wassermangel. So wurde 1618 der vom kleinen Bärenbach gespeiste Bärensee angelegt. 1812 folgten der Katzenbach- und der Steinbachsee und schließlich 1833 der Neue See zwischen Bären- und Pfaffensee. Das brachte endlich vermehrten Zufluss zur Heidenklinge in Heslach, wo das Wasser aus dem Stollen über zahlreiche Felskaskaden hinabstürzte. Dieser Wasserfall war im 19. Jh. eine Stuttgarter Attraktion und kann bis heute erwandert werden.

Mitte, Marktbrunnen

(Marktplatz)

Ein Brunnen auf dem Markt wird erstmals 1350 erwähnt. Der heutige Markt- oder auch Thouret-Brunnen wurde 1806 auf dem Marktplatz errichtet, stand ab 1899 auf dem Wilhelmsplatz und befindet sich seit 1976 wieder auf dem Markt. Den Brunnen hatte Herzog Eberhard Ludwig für den Lustgarten am Schloss in Königsbronn in Auftrag gegeben, wo er 1714 nach Entwürfen von Johann Friedrich Nette und Johann Gottfried Enßlin gegossen worden war. Der Brunnentrog zählt zu den ersten großen in Königsbronn gefertigten Trögen des dortigen Hüttenwerks. Das Grundelement bilden die einzelnen geschmiedeten Platten, die mit typischen, ornamentierten Eckschienen verbunden sind. Zu sehen sind der Auftraggeber als triumphierender Feldherr, Jagdszenen als Ausweis landesherrlicher Hoheitsrechte, das württembergische Wappen mit Herzogsmonogramm, aber auch Tugenden als Anspielung auf eine gerechte und umsichtige Regierung. 1761 schenkte Herzog Carl Eugen den Brunnen der Stadt. Nikolaus Friedrich von Thouret entwarf 1804 die vasengekrönte Brunnensäule aus Gusseisen. Ein Relief spielt mit Stute und Fohlen auf Ursprung und Namen der Stadt an.

Mitte, Merkursäule und Kosakenbrünnele

(Schillerplatz 5)

Besonders viel Wasser benötigte der Hof, nicht nur in der Küche, sondern auch um die seinerzeit berühmten Wasserkünste des Lustgartens zu bespielen. Unter Herzog Ludwig wurde daher nördlich des Lustgartens ein Turm errichtet, um das Wasser zu sammeln und mit Druck in die Wasserspiele zu leiten. Während dieser Turm schon seit dem 18. Jh. nicht mehr steht, blieb die sog. Merkursäule an der Ecke der Alten Kanzlei (➲ Kap. 2) erhalten. Sie wurde 1598 nach dem Entwurf von Wendel Dietterlin als Wasserturm für die Brunnen im Lustgarten errichtet. Ursprünglich trug das korin-

Gusseisenreliefs aus der landesherrlichen Hütte in Königsbronn verherrlichen am Marktbrunnen Herzog Eberhard Ludwig als Regenten und Feldherrn.

Wendel Dietterlins Wasserturm an der Alten Kanzlei.

thische Kapitell einen Wasserkasten, der allerdings 1862 abgebaut und durch die feuervergoldete Figur des Gottes Merkur aus Zinkguss von Ludwig von Hofer, gegossen von der Gießerei Pelargus, ersetzt wurde. Als Vorbild diente der berühmte Flo-rentiner Merkur des Giovanni da Bologna. Die heutige Skulptur stellt eine vergoldete Bronzekopie von 1995 dar. Am Fuß der Säule steht seit 1862 das Kosakenbrünnele, ursprünglich im 18. Jh. neben dem Turm errichtet.

Süd, Wasserturm

(Jahnstr. 85)

Zur Versorgung Degerlochs, das sich nach Einrichtung der Zahnradbahn zum beliebten Villenvorort entwickelt hatte, wurde 1911 im Auftrag der Filderwasserversorgung nach Entwürfen des Städt. Hochbauamtes durch die Stuttgarter Eisenbetongesellschaft ein Wasserturm errichtet, in welchem das aus Neckartailfingen herangeführte Grundwasser gespeichert werden konnte. Der Turm, der älteste seiner Art in Stuttgart,

Das Betonskelett wird am Wasserturm zum Gliederungselement.

wurde als Stahlskelettbetonbau über achteckigem Grundriss errichtet und gliedert sich im Äußeren in drei Zonen. Auf den hohen Sockel folgt ein Schaft, der durch das mit Ziegeln ausgefachte Betonskelett vertikal gegliedert ist. Er trägt ein niedriges Obergeschoss unter einem Mansardzeltdach, das noch die originalen Ziegel mit der Prägung der Produktionsfirma „Tonwarenindustrie A.G. Wiesloch“ trägt. Der Turm birgt im Inneren neben der historischen Pumpenanlage einen für die Bauzeit fortschrittlichen, 8 m hohen Stahlbetonbehälter, der rund 400 m³ Wasser fasst.

Untertürkheim, Wasserkraftwerk

(Inselstr. 144)

Zu den technikgeschichtlich herausragenden Monumenten der Energieerzeugung zählt das Untertürkheimer Wasserkraftwerk, errichtet 1899–1902 durch Ortsbaumeister Lusser. Es wurde von der Maschinenfabrik Esslingen ausgestattet und stellte eines der ersten kommunalen Unternehmen zur Stromerzeugung im Königreich Württemberg dar. Seine Existenz trug dazu bei, dass sich die Daimler Benz AG 1903 in Untertürkheim ansiedelte. Damals belieferte das Werk auch Stuttgart mit Elektrizität. Mit dessen Bau wollte Lusser seinen Ort für die bereits in Vorbereitung befindliche Eingemeindung nach Stuttgart wertvoll machen. Teile der Originaleinrichtung sind bis heute überliefert. 1924 erfolgte parallel zur Verlegung des Flussbetts im Rahmen der Neckarkanalisierung eine Modernisierung durch die Installation einer neuen Turbine. Dabei handelt es sich um eine der ersten Kaplan-Turbinen der Fima Voith. Diese waren deutlich leistungsfähiger und sollten für die ab 1925 gebauten Neckarkraftwerke zum Standard werden. Die Untertürkheimer Anlage ist mitsamt zugehöriger Schalttafeln und Geräte erhalten und bis heute in Betrieb.

Ost, Gaskessel

(Talstr. 124)

Zu Beginn des 20. Jh. war der Gasbedarf in Stuttgart enorm gewachsen. Da man von einem noch weit höheren Verbrauch in der Zukunft ausging, wurde 1929 durch die MAN ein 104 m hoher Scheibengasbehälter errichtet, der 300.000 m³ Flüssiggas fassen kann. In seinem Inneren befindet sich eine Scheibe, welche mit dem Füllstand auf- und abgleitet. Die MAN hatte erst wenige Jahre zuvor das Patent auf den Bau solcher

Das Wasserkraftwerk in Untertürkheim versorgte einst auch Stuttgart mit Energie.

Behälter erlangt. In der Öffentlichkeit rief der Gaskessel zuerst Empörung hervor, man fürchtete auch Gefahren. Er bildet ein eindrucksvolles Monument der Technikgeschichte, die geschickte Proportionierung im Verhältnis von Höhe zu Durchmesser fügt ihn gut in das Stadtbild ein. Das damalige Städtische Gaswerk schuf damit ein weithin sichtbares Wahrzeichen für seine Modernität. Nach der Kriegszerstörung wurde der Behälter 1948/49 wieder hergestellt.

Feuerbach, Feuerwache

(Bregenzer Str. 45, 47, Wiener Str. 52)
Feuerbach war vor der Zwangseingemeindung 1933 eine eigenständige Industriestadt. Ihr Selbstbewusstsein manifestierte sich nicht nur in einem stattlichen Rathaus (➲ Kap. 2), sondern auch in einem Neubau für Feuerwehr und Gesundheitsamt. Dieser wurde verkehrsgünstig angelegt, so dass die Feuerwehr rasch ausrücken konnte. Die Wagenhalle befindet sich im Erdgeschoss. Darüber fand das Gesundheitsamt Platz.

Städtebauliche Dominante: der Gaskessel in Stuttgarts Osten.

Zwei Funktionen unter einem Dach: Feuerwache und Gesundheitsamt in Feuerbach.

Zur Bauzeit hochmodern, zeigt der drei- bis fünfgeschossige Dreiflügelkomplex mit den dunkelroten Klinkermauern und den dreieckigen Erkern deutliche Anleihen an die damalige norddeutsche Großstadtarchitektur, während mit Flachdächern und strengen Kuben der Bezug zum Neuen Bauen hergestellt ist. Betongesimse, über Eck gesetzte Fenster und Fensterbänder dynamisieren das Gebäude.

Ost, Funkstudio und Funkhaus des SWR

(Villa Berg 2, Neckarstr. 230)

Nach dem Krieg kam dem öffentlich-rechtlichen Rundfunk beim Aufbau eines demokratischen Staates eine zentrale Funktion zu. Der Süddeutsche Rundfunk erhielt das Areal der Villa Berg (➲ Kap. 1), neben die durch Rolf Gutbrod, Hellmut Weber und Herta-Maria Witzemann 1953–57 das **Funkstudio** gesetzt wurde. Das Bauwerk in Hanglage steigt ohne Sockel unmittelbar aus dem Rasen auf, in Farbe und Material nimmt es bei aller Modernität, die der Neurenaissancevilla entgegensteht, doch Bezug auf die historistische Architektur. An der Nordwestecke tritt der polygonale, große Sendesaal mit konkav geschwungenen Wänden hervor, während an der Südostecke im Obergeschoss der kleine Probensaal vorkragt. Er zeigt durch die sog. Klipp-Klapp-Schalung

Funkstudio des Süddeutschen Rundfunks im Park der Villa Berg.

der konkav geschwungenen Außenwände eine spannungsreiche Oberfläche aus Sichtbeton. Das ist ebenso typisch für Gutbrods kreativen Umgang mit den Baustoffen wie die Elemente der Fassadenverkleidung. Türen und Fenster sind mit Zierkacheln in Blautönen verkleidet. Aus Schmuckkacheln ist auch der Fries unter der weit vorgezogenen Traufe gebildet – die Nähe zur organischen Architektur der Liederhalle (➲ Kap. 13) ist evident. Das Innere zeigt mit Ausnahme der Studios noch weitgehend die bauzeitliche Gestaltung, insbesondere der Sendesaal.

Gutbrod plante auch das 1970–76 errichtete **Funkhaus des SDR** direkt unterhalb. Der stadtbildprägende Bau belegt, welche Wandlungen der Architekt vollzog. Der riesige Komplex setzt sich aus dem Studiobau in strukturiertem Sichtbeton und drei fächerförmig angelegten vier-, sieben- und elfgeschossigen Büro- und Redaktionstrakten zusammen. Wie beim Studiohaus suchte Gutbrod auch hier Wirkung aus dem Wechsel der Farbigkeit wie der Formen zu erzielen. Den als Sockelzone wirkenden Studiokomplex gestaltete er stark plastisch in einem Labyrinth aus Terrassen, denen die Form des Fünfecks zugrunde gelegt wurde. Der Bodenbelag erscheint als abstrakte Mosaikkomposition aus Klinker- und Granitpflaster, in das Grünflächen eingelassen sind. Darüber erheben sich die Vorhangfassaden der Hochhäuser mit Aluminiumbrüstungsplatten und Wartungsgängen aus natureloxierten Aluminiumprofilen. Sie kontrastieren zu dem gegen den Park der Villa Berg gesetzten, mit Kupfer verblendeten Studiosaal über sternförmigem Grundriss.

Degerloch, Fernsehturm

(Jahnstr. 120)

Eine der großen Ingenieurleistungen der Nachkriegszeit ist der Fernsehturm. Er wurde 1954–56 im Auftrag des Süddeutschen Rundfunks zu einer Zeit errichtet, als sich das Fernsehen in Europa verbreitete. Der Stuttgarter Hochschullehrer Professor Fritz Leonhardt regte an, anstelle des vorgesehenen, in seiner Höhenlage weithin sichtbaren Stahlgittermastes einen schlanken Spannbetonturm zu errichten, der in einem Turmkopf neben seiner Sendefunktion zusätzlich Aussichtsplattformen und eine Gastronomie umfassen konnte. Seine Planung setzte er in Zusammenarbeit mit dem Architekten Erwin Heinle und der Innenarchitektin Herta-Maria Witzemann um. Auf einer 161 m hohen Betonröhre, die sich nach oben verjüngt, ruht ein viergeschossiger, korbförmiger Kopf, der in den unteren drei Geschossen leicht kegelförmig zugeschnitten ist, während das vierte Geschoss als Zylinder ausgebildet ist. Das hatte nicht nur statische, sondern auch ästhetische Gründe. Um den Windwiderstand möglichst gering zu halten, erhielt

Abstrakt-ornamentales Spiel mit der Architektur: die Terrassen des Funkhauses von Gutbrod.

Stuttgarter Wahrzeichen und Meisterwerk des Ingenieurbaus: der Fernsehturm.

der Kopf eine glatte Aluminiumoberfläche, Ober- und Unterkante wurden weich gerundet. Während das unterste Geschoss technische Einrichtungen aufnahm, fand in den drei übrigen Geschossen ein Restaurant mit Nebenräumen Platz. Darüber befindet sich die begehbare Plattform. Aus der Mitte ragt als Nadel der 51 m hohe Gittermast der Antenne auf. Leonhardt gelang damit ein Bauwerk von enormer Eleganz, das zum weithin sichtbaren Wahrzeichen und als erster Bau dieser Art zum Vorbild für nachfolgende Fernsehtürme in aller Welt wurde. Angesichts der Höhe und Last, welche die Betonnadel trägt, ist das Fundament nur erstaunliche 8 m tief und 27 m breit. Doch Leonhardt entwarf mit einem Ringfundament aus vorgespanntem Stahlbeton mit radial angeordneten Spanngliedern eine innovative Lösung. Die Verbindung vom Fundament zum Turmschaft bildet eine Kegelschale. Sie wird durch eine zweite, umgekehrte Kegelschale ausgesteift.

Die hochfrequentierte Nutzung im Turmkopf führte immer wieder zu Veränderungen. Die erforderlichen Instandsetzungs- und Restaurierungsarbeiten stellten an Schaft und Korbbau eine Herausforderung dar. Die Schließung der Risse im Schaft gelang 1994–96. Dem authentischen Erhalt der Aluminiumhaut des Turmkopfes setzten u. a. Sicherheitsaspekte und baurechtliche Belange Grenzen. Sie wurde 2003–06 erneuert. 2013–16 wurden dann Maßnahmen zur Ertüchtigung des Brandschutzes umgesetzt.

7

RÖMERSTRASSEN UND EISENBAHNEN –

Bauten für den Verkehr

Straßen und Wege vernetzen nicht nur Punkte innerhalb der Stadt, sondern diese auch mit dem Umland und durch Fernverkehrswege mit entfernter gelegenen Regionen. Mit der Industrialisierung kam der Schienenverkehr hinzu, für den in Stuttgart mit dem sog. Gleisgebirge im frühen 20. Jh. eine Meisterleistung des Ingenieurbaus geschaffen wurde.

An einen alten Hohlweg als Verbindung von Stuttgart nach Esslingen über die Höhen im Osten erinnert noch der obere Abschnitt der Gaisburgstraße.

Handelswege führten sicher schon in vorgeschichtlicher Zeit durch das heutige Stadtgebiet, doch erst mit den Römern lassen sich überregionale Verbindungen tatsächlich auch im archäologischen Befund fassen. Mit dem Vordringen der Legionen wurden Straßen gebaut. Sie erschlossen das eroberte Gebiet systematisch und vernetzten die einzelnen römischen Stützpunkte und Siedlungen. Das Kastell Cannstatt (➲ Kap. 3) bildete mit der zugehörigen Zivilsiedlung einen wichtigen Kreuzungspunkt, an dem die Verbindungen von Augsburg nach Mainz, Straßburg und Bad Wimpfen aufeinander trafen. Hier ließ sich der Neckar mit Brücken queren, deren Überreste in Form eichener Pfähle mit eisengefassten Spitzen 1882 und 1893 entdeckt wurden. Sie lagen etwa bei der heutigen König-Karl-Brücke und unterhalb des Kastells. Außerdem dürfte eine Schiffslände als Anlegeplatz existiert haben, denn der Fluss wurde zum Warentransport genutzt.

Die **römischen Straßenverläufe** sind teilweise bis heute noch nachvollziehbar. So folgt die Rostocker Straße dem Verlauf der Römerstraße vom Kastelltor nach Walheim, der Sparrhämlingweg entlang dem Steigfriedhof nach Westen zur Prag der Route nach Mainz/Straßburg und auch die Brückenstraße dürfte in ihrem Ursprung römerzeitlich sein. Da der Untergrund im Areal Sparrhämlingweg feucht war, erforderte er hier Unterbauten in Form hölzerner Plattformen, die 2012 entdeckt wurden und sich in die Zeit um 130 n. Chr. datieren lassen. Ebenso reicht der Gablenberger Weg, der noch lange als Viehtrieb genutzt wurde, in römische Zeit zurück. Typisch sind die endlos langen, geraden Trassenführungen, die sich mit der B 10 in Richtung Schwieberdingen und der Stuttgarter Straße durch Feuerbach ablesen lassen. Letztere führt als Steinstraße in Fortsetzung der Hohewartstraße nach Westen durch das Feuerbacher Tal bis nach Botnang hinauf. Auf die

Die Vierwegegottheiten (Quadruviae) auf dem Beneficiarieraltar des Serenius Atticus vor dem ehem. Südtor des römischen Kastells (Landesmuseum Württemberg). Die Kopie am alten Standort vermittelt einen Eindruck von der antiken Farbigkeit.

Reste dieser Straßen stößt man bei Grabungen immer wieder. So tauchte bei archäologischen Untersuchungen in Zazenhausen 2004 der geschotterte Unterbau jener Straße auf, welche Cannstatt und Walheim verband.

Für die Sicherheit auf den Straßen waren die Beneficiarier zuständig. Das waren Unteroffiziere, die als Kommandanten der Straßenstationen fungierten. In Cannstatt existierten zwei solcher Stationen links und rechts des Neckars, deren eine nahe bei der Uffkirche, die andere Auf der Steig beim Kastell lag. Darauf weisen sog. **Beneficiarieraltäre** hin, gestiftet als Dank an die Götter für eine erfolgreich absolvierte Dienstzeit. Man hat mehrere davon in Cannstatt gefunden, einer wurde in Nachbildung nahe dem ehem. westlichen Kastelltor am Sparrhämlingweg vor dem Steigfriedhof aufgestellt. Er zeigt die Vierwegegöttinnen. Seine bunte Fassung vermittelt einen Eindruck von der einstigen Farbigkeit solcher Objekte.

Ähnlich wie ein Teil der römischen Straßen so leben auch mittelalterliche Wege teilweise noch in modernen Straßen fort. Zu ihnen zählt die Esslinger Steige, Teil einer wichtigen Fernhandelsverbindung, die aus dem Stuttgarter Tal über den steilen Hohlweg im oberen Abschnitt der **Gaisburgstraße** zwischen den Weinbergen auf die Wagenburghöhe und von dort ins Neckartal und nach Esslingen führte. Ein alter, nicht weniger wichtiger und schon seit römischer Zeit genutzter Pass war die Praghöhe.

Die Straßen wurden seit dem Hochmittelalter durch Burgen kontrolliert, die auf den Hängen um den Talkessel entstanden. Die fast vollständig verschwundene Weißenburg sicherte die von den Fildern in den Talkessel hinabführende Heer- und Handelsstraße, die Reinsburg vermutlich den Fernverkehrsweg nach Calw und in den Schwarzwald. Die Burg Frauenberg stand strategisch geschickt auf der Höhe zwischen Feuerbacher Tal und dem Stuttgarter Talkessel und ist in Verbindung mit der seit römischer Zeit genutzten Steinstraße zu sehen, ebenso sicherten die beiden Dischinger Burgen einen Fernhandelsweg, der noch heute als Waldwanderweg begehbar ist.

Probleme bereitete dem Verkehr die Stuttgarter Topografie. So waren auf der 1350 erstmals erwähnten *Alten Weinsteige* bis zu 16 Pferde als Vorspann nötig, um die steile Strecke mit Wagen zu bewältigen. Um eine leichtere Verbindung zu den Filderorten zu schaffen, ließ König Wilhelm I. durch den Oberbaurat Eberhard von Etzel 1826–31 die *Neue Weinsteige* erbauen, die zugleich als große Panoramastraße den Reisenden immer neue Ausblicke auf Stadt und Talkessel ermöglichte und bis heute zu den landschaftlich ein-

Stuttgarts erster Bahnhof in der heutigen Bolzstraße war ein spätklassizistischer Bau. Bleistiftzeichnung von Keller, 1860.

drucksvollsten Straßenbauten im Stadtgebiet zählt; sie ist zudem eine der großen Leistungen des Ingenieurbaus im 19. Jh.

Völlig neue Dimensionen des Nah- und Fernverkehrs taten sich mit der Einführung des **Schienenverkehrs** auf. Die Eisenbahn sollte bis in die Mitte des 20. Jh. das wichtigste Verkehrsmittel darstellen. Die erste württembergische Gleisstrecke, die sog. Zentralbahn, führte 1845 von Cannstatt nach Esslingen, wurde aber schon ein Jahr später bis in den Stuttgarter Talkessel hinein geführt, was einen ersten großen Tunnelbau unter dem Rosenstein (➲ Kap. 1) nötig machte. Das alte, vermauerte Portal des 1844–46 gegrabenen Tunnels ist noch sichtbar. Er war eine Pionierleistung, nicht zuletzt da der Ingenieur Karl von Etzel auf die Fundamente des Schlosses Rosenstein achten musste, auf dessen Mittelrisalit das Portal bezogen wurde. Gleichzeitig entstand in der Bolzstraße 10 Stuttgarts erster **Kopfbahnhof**, errichtet in spätklassizistischem Stil (s. Abb. S. 129). Heute stehen nur noch drei hohe Bögen des Mitteltraktes, welche sich zwischen doppelten korinthischen Säulen triumphbogenartig zur Empfangshalle öffneten, und der 1926 im Erdgeschoss veränderte, monumental wirkende rechte Flügel (➲ Kap. 15).

Die Zentralbahn wurde bald schon nach Heilbronn und nach Friedrichshafen weitergeführt, 1861 erfolgte der Bau der Remsbahn bis Aalen und 1879 wurde dann die bereits zu ihrer Bauzeit als Ingenieurleistung wie als „Panoramabahn“ gleichermaßen bewunderte **Gäubahn** eröffnet, welche Stuttgart an den Schwarzwald anbindet. Ihre Trasse zeigt die Möglichkeiten der schwierigen Höhenüberwindung in der Stuttgarter Topografie.

Der Stuttgarter Bahnhof war um 1900 dem zunehmenden Eisenbahnverkehr nicht mehr gewachsen, er musste grundlegend aus- und umgebaut werden. Mit dem Bau des neuen Kopfbahnhofes (➲) 1914–28 wurde nicht nur ein gewaltiges Empfangsgebäude geschaffen, sondern es entstanden auch neue Streckenführungen, um die 16 Bahnsteige mit Fern- und Regionalverkehr ansteuern zu können. Über den Neckar wurde eine Brücke gelegt, man baute einen zweiten Rosensteintunnel und führte die Strecke dahinter mit den von Norden hereinkommenden Gleisen in einem hochkomplexen System aus Über- und Unterführungen als Stockwerkrahmenbauten in Stahlbeton, dem sog. Gleisgebirge, äußerst geschickt zusammen. So bildet der Bahnhof in seiner Gesamtheit trotz jüngster Verluste eine der herausragenden Ingenieurleistungen im Bahnhofsbau des 20. Jh.

Innerstädtisch fuhren seit 1868 Pferdebahnen, die 1896 durch elektrische **Straßenbahnen** ersetzt wur-

Stauwehr und Schleusenanlage von Paul Bonatz am Neckar bei Bad Cannstatt.

den. Bis 1909 banden sie die nördlichen Vororte und Nachbargemeinden an, 1914 umfasste das Netz bereits 70 km. Die Straßenbahn wurde zum Massenverkehrsmittel in der wachsenden Großstadt und erschloss mit speziellen Strecken wie der „Zacke“ (➲) und der Standseilbahn (➲) die hoch gelegenen Fildervororte.

Neben den Schienenwegen gewann in den 1920er-Jahren der **Neckar** als Verkehrsstraße an Bedeutung. Schon lange hatte man sich mit Plänen zu dessen Kanalisierung und besseren Schiffbarmachung getragen. Es entstanden zahlreiche Staustufen, die auch dem Hochwasserschutz und der Energiegewinnung durch Wasserkraftwerke dienen sollten. Systematisch wurden seit 1925 entlang des Neckars zahlreiche Kraftwerke in Betrieb genommen, für die umfangreiche Baumaßnahmen im Fluss nötig wurden. Eine dieser Anlagen ist die nach Entwurf von Paul Bonatz 1927–30 errichtete **Staustufe Bad Cannstatt** mit Wehr und Kraftwerk (Am Leuzebad 22/24). Bonatz, sonst ein Vertreter der konservativen Richtung, hatte keine Scheu, bei einem technischen Bau „modern“ im Sinne des Neuen Bauens zu entwerfen. Die in Stahlbeton errichteten Pfeiler und Kuben der Maschinenhäuser, welche die Fluttore heben, zeigen unter Verzicht auf Schmuckelemente eine sachliche Gestaltung, so über Eck gesetzte Fensterbänder und Flachdächer. Bis 1958 war der **Neckar** als internationale Großschifffahrtstraße bis Stuttgart ausgebaut und man eröffnete den Neckarhafen.

Nach dem II. Weltkrieg wurde Stuttgart – und dabei bereits vorhandenen Plänen folgend – zur autogerechten Stadt umgeformt. Stadtautobahnen zerschneiden seither die Innenstadt. Die Fußgänger wurden in Unterführungen verbannt. Um eine der Schneisen zu überbrücken, wurde im Rahmen der Bundesgartenschau 1961 der **Ferdinand-Leitner-Steg** errichtet, der die Schillerstraße überspannt und die Verbindung zwischen Oberen und Mittleren Anlagen herstellt. Die schwungvoll-elegante Konstruktion des im Grundriss y-förmigen Stegs wurde von Fritz Leonhardt entworfen. Sie besteht aus einem aus Stahlblechen zusammengesetzten Hohlkasten, die an einem achteckigen Pylon aus Stahlrohr mit zehn Kabeln aus Polyäthylen aufgehängt wurde.

Sillenbuch, Ruhebank

(Ecke Kirchheimer/Trossinger Str.)

Zur frühneuzeitlichen Straßenausstattung zählen die immer wieder anzutreffenden Ruhebänke, aus steinernen Pfeilern zusammengesetzte Rastplätze. Sie bestehen in der Regel aus einem höheren Teil zum Absetzen von Traglasten und einer Sitzbank daneben, die zur Rast einlud. Eine typische Anlage dieser Art findet sich bei Sillenbuch, allerdings

Einladung zum Ausruhen für Lastenträgerinnen auf dem Weg zum Markt: Ruhebank bei Sillenbuch.

Repräsentativer Durchlass vom Arbeitervorort Heslach in den Stuttgarter Westen: der Schwabtunnel.

aufgrund eines Straßenbahntunnelbaus an die heutige Stelle versetzt. Sie zeugt davon, dass die Filderbäuerinnen Gemüse und Obst in Körben auf dem Kopf zum Markt trugen.

West/Süd, Schwabtunnel

(Schwabstr.)

Das Wachstum des Stuttgarter Südens und Westens im späteren 19. Jh. ließ eine Verbindung der beiden Stadtteile, die durch einen Höhenrücken voneinander geschieden sind, wünschenswert erscheinen, insbesondere um den in Heslach wohnhaften Arbeitern den Zugang zu den Fabriken im Westen zu erleichtern. 1894–96 wurde nach dem Plan des Stadtbaurates Carl Kölle daher ein 125 m langer Tunnel gegraben, der als doppeltes, mit Zement abgedichtetes Backsteingewölbe ausgebildet ist. Die Zugänge dieses ältesten modernen Straßentunnels wurden in repräsentativer Weise gestaltet, denn hier ging es auch um Aspekte der Stadtverschönerung. Die Fassungsmauern wurden mit Zyklopenmauerwerk aus Buntstandstein und Granit verblendet. Der südliche Eingang ist fast wie ein Stadttor gegenüber dem damals noch dörflichen Heslach aufgefasst: Hier präsentieren ein Arbeiter mit Hammer und Meißel sowie eine Frau mit Weintrauben und Früchten das Stadtwappen. Sie stehen für die Grundlagen Stuttgarter Wohlstands: Gewerbefleiß und Landwirtschaft.

Mitte, Empfangsgebäude des Hauptbahnhofs

(Arnulf-Klett-Platz 2)

Der Hauptbahnhof ist seit Abbruch der Seitenflügel, nach den umfassenden Eingriffen im Hauptbau und dem Verlust der Bahnsteige sowie der Gleisanlagen für das Projekt S 21 in seinem baudokumentarischen Bestand erheblich gemindert. Der Torso, der insbesondere noch die kleine und große Schalterhalle und die in weiten Teilen ebenfalls erneuerte Kopfbahnsteighalle sowie den Turm umfasst, lässt die herausragende architektonische Leistung der frühen Moderne noch erahnen. Das Bahnhofsgebäude bildete das Hauptwerk des Stuttgarter Architekten Paul Bonatz, der zusammen mit Friedrich Scholer 1911 den Wettbewerb zum Neubau des Hauptbahnhofs gewann. Tatsächlich wurden die Pläne bis zur Ausführung 1914–28 nochmals nachhaltig überarbeitet. Bonatz schuf einen ausgesprochen ausdrucksstarken, absolut großstädtischen Komplex. Entsprechend der Trennung in Nah- und Fernverkehr entstanden zwei Zugangshallen, die durch eine lange monumentale Pfeilerkolonnade miteinander verbunden sind. Der unverglaste Parabelbogen der kleinen Schalterhalle ist direkt auf die Lautenschlagerstraße ausgerichtet, während in der Achse der Königstraße der Turm emporwächst, vorbereitet durch die sich stufenden Kuben der Anbauten für die Diensträume im Winkel zwischen großer

Ein bereits historisches Bild – der Hauptbahnhof vor dem Teilabbruch in seiner vollen Pracht.

Der Bau der Eisenbahnbrücke über den Neckar, Aufnahme um 1912.

Schalterhalle und Turm. Die monumentalen Formen entlehnte Bonatz der altorientalischen Architektur und – was sich besonders in den Hallen mit dem Wechsel von Ziegel- und Hausteinen sowie den riesigen Thermenfenstern offenbart – der römischen Baukunst.

Gegen das Bahnprojekt S 21 richtete sich ein bundesweit beachteter Protest durch Bürgerbegehren, Petitionen und Demonstrationen, die im November 2011 in einer Volksabstimmung mündeten. Eine Mehrheit von 58,9 % der gültigen Stimmen sprach sich für die Beibehaltung der Landesfinanzierung des Projektes und damit für den Tiefbahnhof aus. Im Rahmen der Durchführung der Abbruch- und Umbauarbeiten ist die denkmalpflegerische Zielsetzung, die Abbruchstellen und damit auch das Ringen um den Bonatzbau ablesbar werden zu lassen.

Bad Cannstatt, Rosensteinbrücke und Rosensteintunnel

(König-Karl-Str., Neckartalstr.)

Die Rosensteinbrücke wurde 1911–14 nach Plänen des Architekten Martin Mayer, der auch das 1915 fertig gestellte Empfangsgebäude des Cannstatter Bahnhofs entworfen hat, durch die Karlsruher Niederlassung der Firma Dyckerhoff & Widmann AG errichtet. Die 244,3 m lange, in einer Kurve geführte Querung des Flusses besteht aus drei großen, dreigelenkigen Eisenbetonbögen mit bis zu 61,6 m Spannweite und vier kleineren, fest eingespannten Stampfbetonbögen. Es war eine der längsten und kühnsten Eisenbahnbrücken in Massivbauweise im damaligen Deutschland. Um Gewicht zu sparen, wurden die Pfeiler hohl ausgeführt. Zwar wurden die beiden mittleren Bögen 1945 beim Einmarsch der alliierten Truppen durch die

Der alte Zahnradbahnhof – heute Theaterhaus Rampe.

Wehrmacht gesprengt, aber bis 1949 wieder aufgebaut. Die Brücke leitet in die beiden 1912–14 unter dem Rosenstein parallel hindurchgeführten, insgesamt viergleisigen Röhren des Neuen Eisenbahntunnels.

Süd, Alter Zahnradbahnhof

(Filderstr. 47)

Die Stuttgarter nennen sie liebevoll „Zacke", jene Zahnradbahn, die 1884/85 durch die Maschinenfabrik Esslingen angelegt wurde und den Stuttgarter Süden mit der Filderhochebene verbindet. Es handelt sich um eine meterspurige Schmalspurbahn, deren Gleisstrecke mit 30 % der originalen Zahnstangen erhalten ist. Sie galt zu ihrer Bauzeit als eine der Hauptattraktionen der Stadt und ist die zweitälteste noch in Betrieb befindliche Bahn dieser Art in Deutschland. Sie startet heute am Marienplatz.

Die historische Talstation beherbergt jetzt das Theater „Die Rampe". Sie wurde unter Einbeziehung von Teilen der Vorgängerin 1907 im Auftrag der Württembergischen Nebenbahnen AG nach Entwurf von André Lambert und Georg Stahl errichtet und wendet der Straße eine Fassade unter geschwungenem Giebel zu. Hinter drei gestaffelten Korbbögen öffnet sich das Treppenhaus zum Bahnsteig. Das anschließende Dienstgebäude weist eine strenge Gliederung in geometrischem Jugendstil auf. Auf die ältere Anlage geht noch die zweigleisige Halle mit dekorativer Ziegelmauer an der Ostseite und der tragenden Eisenkonstruktion zurück. Bei dieser handelt es sich um eine seinerzeit fortschrittliche, in zehn Gelenken zusammengesetzte Rundstrebenkonstruktion, welche das Auffangen von Zug und Druck gleichermaßen ermöglichte.

Süd/Degerloch, Standseilbahn

(Böblinger Str. 237, Waldfriedhof)

Ausschlaggebend für den Bau der Stuttgarter Standseilbahn war die Eröffnung des Waldfriedhofes (➲ Kap. 5) hoch über dem Talkessel. Schon 1913 war eine Seilbahnverbindung nach Degerloch diskutiert worden, doch erst 1929 erfolgte der Bau, um den Friedhof an die Heslacher Straßenbahnstation „Südheim“ anzubinden. Damals wurde die Anlage mit einer Steigung von 28 % und einer Beförderungskapazität von rund 1.200 Personen pro Stunde von Fachleuten als „Deutschlands neuzeitlichste Standseilbahn“ gefeiert. Die von Stahlseilen gezogenen Wagen mit hölzernen Sitzbänken lieferte die Maschinenfabrik Esslingen. Die beiden Stationen sind mit ihren flachen Dächern dem Geist des Neuen Bauens verpflichtet und äußerst schlicht gehalten. Die Seilbahn ist dank guter und regelmäßiger Wartung durch die Stuttgarter Straßenbahnen AG bis heute in Betrieb.

Waggon der Seilbahn zum Waldfriedhof, gefertigt von der Maschinenfabrik Esslingen.

8

FINANZEN UND HANDEL –

Bauten für die Wirtschaft

Wenn Stuttgart im Mittelalter auch keine typische Handelsstadt war, so haben Handel und Wandel die Stadt doch geprägt, vor allem seit dem späteren 19. Jh. Vom Selbstbewusstsein der Geschäftsleute, Geldinstitute und Versicherungskonzerne zeugen die großen Geschäfts- und Verwaltungsbauten des Historismus, der frühen Moderne und der Nachkriegszeit.

Verschwundener Zeuge der frühen Moderne in Stuttgart: das Kaufhaus Schocken um 1930.

Erster Tauschhandel entstand in der Jungsteinzeit. In die Stuttgarter Region importierten die frühen Ackerbauern damals begehrten und raren Feuerstein aus der Gegend von Wittlingen bei Bad Urach, der sich hervorragend zur Werkzeugherstellung eignete. Weiterreichende Handelsbeziehungen werden mit dem Aufkommen von Kupfer und Bronze sichtbar. Kupfer musste aus weiter entfernten Gebieten wie dem Schwarzwald oder dem Alpenraum beschafft werden. Davon zeugen Ösenhalsringe aus alpinem Kupfer aus Bad Cannstatt (Landesmuseum Württemberg), die auf 2000 v. Chr. datieren und quasi als Barrenwährung in Umlauf waren.

Die Kelten unterhielten im 6. Jh. v. Chr. intensive Kontakte in den Mittelmeerraum, wie Grabfunde belegen. In römischer Zeit war die Region fest eingebunden in den Handel des Weltreiches, denn die Truppen wollten versorgt sein und dies kurbelte die Wirtschaft vor Ort an. Aus dem Mittelmeerraum und Gallien wurden u. a. Fischsoße, Olivenöl und Wein importiert. Ebenso vernetzt zeigten sich die Alamannen, wie Grabfunde des 7. Jh. aus Zazenhausen belegen. Dort kamen Anhänger aus Tigermuscheln zutage, die aus dem Roten Meer oder dem Indischen Ozean stammen (Landesmuseum Württemberg). Die kostbaren Gehäuse dürften ebenso wie die als Schmuckeinlagen beliebten Almandine über das oströmische Reich importiert worden sein.

Das Herz der mittelalterlichen Stadt Stuttgart bildete der **Markt**. Hier stand das „gräfliche Rathaus", das in zeitüblicher Weise mit einer Markthalle als Kaufhaus diente. Bei den mittelalterlichen Kauf- und Rathäusern handelte es sich um stattliche Gebäude. Einen Eindruck von deren Aussehen und Umfang vermittelt heute noch das Cannstatter Rathaus, das im Erd- und im Obergeschoss große Hallen als Verkaufsräume aufnahm. Die Grafen von Württemberg haben versucht, mit solchen Bauten den Markt und damit die Wirtschaft zu fördern. So ließ Ulrich V. 1451 den Stuttgarter Markt erweitern und 1455 das Herrenhaus errichten, das nicht nur als Kaufhaus, sondern auch als höfischer Festsaal genutzt wurde. Hier boten Bäcker, Metzger, Tuchmacher und Gerber ihre Waren an.

1456 gestattete Ulrich den Stuttgartern den Bau eines eigenen Hauses, in dem sie Salz lagern sowie Zölle und das Waaggeld erheben durften. Daraus entwickelte sich schließlich das Stuttgarter Rathaus (➲ Kap. 2).

Ein weiterer Markt befand sich an der Leonhardskirche, angelegt unter Eberhard III. nach dem Vorbild der Prager Neustadt, die der Graf 1392 gesehen hatte.

In der Regierungszeit Wilhelms I. wurden erneut repräsentative **Kaufhäuser** errichtet, so 1834–37 nach dem Entwurf Nikolaus Friedrich Thourets der nicht erhaltene Große Basar an der Ecke Kanzlei-/Königstraße, der hinter seinen Arkadenfronten zahlreiche Läden aufwies. Während der Große Basar aber ein Privatbau war, entstand der Königsbau (➲) 1855–59 als königliches Projekt und setzte die Tradition des Herrenhauses fort, denn auch der Königsbau umfasste neben Läden große Säle für Hoffeste.

Die Tradition des mittelalterlichen Kaufhauses fand ihre Fortsetzung 1911–14 im Bau der Markthalle (➲), die mit ihrer Arkadenfront und der lang gestreckten Terrasse zwischen zwei Risaliten eindeutig an die großen Tuchhallen auf den Marktplätzen mittelosteuropäischer Städte erinnert.

Im Übrigen waren Läden und Kontore seit dem Mittelalter in Wohnhäuser integriert. Sie erlebten gerade ab dem späten 19. Jh. repräsentative Gestaltungen mit großen Schaufensterflächen zwischen reich verzierten Gusseisenstützen, beides Zeugnisse der Industrialisierung, welche nun die Fertigung solcher Elemente ermöglichte. Beispiele hierfür lassen sich bis heute u. a. in der Cannstatter Marktstraße finden. Jetzt entstanden auch reine **Geschäfts- und Bürohäuser**, und hier waren es zuerst die Finanzinstitute und Versicherungen, aber auch Verlagshäuser, die neben Hotels mit wahren Palästen auftrumpften. Davon zeugt das ehem. *Verlagshaus Enke* (Johann-Sebastian-Bach-Platz 1) im Westen, das 1878/79 in Form eines italienischen Hochrenaissancepalastes errichtet wurde. Im historistischen Formenrepertoire entstand nach Entwürfen des renommierten Architekturbüros Eisenlohr und Weigle der *Marquardtbau* (Bolzstr. 4–6/Königstr. 22), ein 1896 errichteter Hotelpalast. Er wurde nach erheblicher Beschädigung im II. Weltkrieg 1952–55 durch den Architekten Eugen Mertz deutlich vereinfacht wiederaufgebaut. Wer vom Bahnhof kam, wurde also in unmittelbarer

Der Komplex des Allgemeinen deutschen Versicherungsvereins steht seit der Kriegszerstörung 1944 nur noch in den Außenmauern.

Nähe der Residenz von exquisiten Hotels und Geschäftshäusern in Empfang genommen.

Gerade die Versicherungen haben sich anspruchsvolle Bauten errichtet. Die erste war die *Lebensversicherungs- und Ersparnisbank*, aus welcher später die Allianz hervorging, die sich 1861/62 einen italienischen Renaissancepalazzo als repräsentativen Sitz errichten ließ (Reinsburgstr. 6). Östlich der Adenauer-Straße entstanden um 1900 gleich mehrere Versicherungspaläste, die mit dem Justizpalast (➲ Kap. 2) wetteiferten. So wurde 1898–1913 entlang der Olga- und der Archivstraße in mehreren Bauabschnitten der Komplex des *Allgemeinen deutschen Versicherungsvereins* errichtet. Und für die *Mit- und Rückversicherungs-AG* (Uhlandstr. 2) entstand ein neuklassizistischer Bau. Nicht weniger prachtvoll geriet die Neubarockarchitektur der *Lebens- und Ersparnisbank* (Reinsburgstr. 174), errichtet 1899/1900 nach dem Entwurf Ludwig Eisenlohrs und Carl Weigles und erweitert 1912 von Paul Heim und Jacob Früh. Die Fassaden dieser Gebäude geben einen Eindruck vom Selbstverständnis der neuen Institutionen.

Auf die Pracht des Historismus und Neuklassizismus folgten nach dem I. Weltkrieg Geschäfts- und Bürobauten, die zu wichtigen Zeugnissen der frühen Moderne zählen, wo-

Die Aufbruchstimmung der Nachkriegszeit bringt das ehem. Geschäftshaus Speiser zum Ausdruck.

bei sich in ihnen die verschiedenen Auffassungen der Architekturschulen spiegeln. Der 1925–28 von Eisenlohr & Pfennig errichtete **Mittnachtbau** (Königstr. 46) setzt bis heute einen städtebaulichen Akzent und zeigt mit Flachdachkuben und Stahlbetonskelettbauweise den Einfluss des Neuen Bauens. Wo noch 20 Jahre zuvor eine reich verzierte Fassade entwickelt worden wäre, besticht das repräsentative Bauwerk durch eine ruhige, wohlproportionierte Gliederung und setzt auf die gestalterische Wirkung der Travertinverkleidung.

Ebenfalls als Flachdachbau ausgeführt wurde als erstes Haus des neuen Bahnhofvorplatzes das Gebäude Arnulf-Klett-Platz 1–3, errichtet 1926–28 nach einem Entwurf für die Randbebauung von Paul Bonatz durch Paul Schmohl, Georg Stähelin, Albert Eitel und Richard Bielenberg. Es umfasste neben einem Tanzcafé das Planetarium (➲ Kap. 13), das im Innern noch deutlich ablesbar ist. Das Gebäude scheint zwar auf den ersten Blick dem Neuen Bauen verpflichtet, doch die Monumentalität der 136 m langen Arkadenfront, die auf die Pfeilerreihen des Bahnhofs reagiert, verrät die Orientierung am Neuklassizismus als Stilmittel für Repräsentationsbauten. Der zunächst dreigeschossig ausgeführte Bau wurde nach der Beschädigung im Krieg durch Hans Paul Schmohl wiederaufgebaut und um zwei Geschosse erhöht. 2005–06 wurde er durch SFP-Architekten um zwei weitere, stark zurückversetzte Stockwerke ergänzt.

Dass auch Vertreter der konservativen Richtung der Stuttgarter Schule sich mit der Formensprache des Neuen Bauens auseinandersetzten, bewiesen Paul Bonatz und Friedrich Scholer 1929–31 mit dem **Zeppelinbau** (Lautenschlagerstr. 2, 4). Der in Stahlbetonskelettkonstruktion errichtete, mit Flachdach abgeschlossene Baukomplex erhielt strenge Rasterfassaden, die mit Muschelkalksteinplatten verkleidet wurden. Sie verleihen die gewünschte monumentale Wirkung.

Hingegen ist Stuttgarts bedeutendstes Geschäftshaus, das 1927/28 nach Entwürfen von Erich Mendelsohn errichtete **Kaufhaus Schocken** (s. Abb. S. 138), nicht mehr erhalten. Trotz internationalen Protests wurde das bedeutende Dokument des Neuen Bauens, ein Paradebeispiel für die dynamische Fassadengestaltung Mendelsohns, im Jahr 1960 abgebrochen. Neben dem Wunsch nach der Umsetzung zeitgemäßer Anforderungen an ein Kaufhaus ermöglichte nicht zuletzt ein noch mangelndes Denkmalverständnis für die Zeugnisse der frühen Moderne diesen bis heute betrauerten Verlust. Der Mendelsohnbau wurde durch das von Egon Eiermann geplante Kaufhaus Horten ersetzt. Es wies die für die Horten-Kaufhäuser charakteristische wabenförmige Fassadengestaltung aus kleinquadratischen Keramikelementen auf, ist heute aber verändert.

Dass selbst unter der nationalsozialistischen Herrschaft Bauten der Moderne entstehen konnten, zeigt das ehem. **Verkaufsbüro der Bosch AG** Ecke Rosenberg-/Seidenstraße mit zurückgesetztem obersten Geschoss und Flachdach. Geradezu typisch ist die dynamisierend abgerundete Kante des 1933–35 durch Hans Hertlein errichteten Ziegelbaus mit seinen Fensterbändern.

Nach dem Krieg setzte sich der Internationale Stil durch. Nirgendwo könnten die unterschiedlichen Auffassungen stärker zum Ausdruck kommen als in einem Vergleich zwischen dem monumentalen Sichtsteinmauerwerk des Königin-Olga-Baus (➲) von Paul Schmitthenner mit der hypermodernen leichten Glas-Aluminium-Vorhangfassade des **Geschäftshauses Speiser** (Königstr. 34), errichtet durch Schmitthenners Schüler Rolf Gutbier. Es war einer der ersten Vertreter dieser Bauart in der Stadt. Das oberste Geschoss ist zurückgesetzt und wird von einer überkragenden Dachplatte bedeckt. In der klaren und transparenten Gestaltung belegt das Gebäude im Vergleich zu Schmitthenners Bau deutlich den architektonischen Neubeginn Nachkriegsdeutschlands.

Dagegen versuchte Karl Gonser Tradition und Moderne in seinem 1954–60 errichteten Geschäfts- und Bürohaus „**König von England**" (Dorotheenstr. 2) zu versöhnen. Die strenge Rasterfassade wirkt mit ihren Pfeilerarkaden und der Travertinverkleidung durchaus repräsentativ, wird aber durch einen aus der Mitte verschobenen Erker aufgelockert. Mit dem hohen Walmdach suchte Gonser Anschluss an die Umgebung von Altem Schloss und Stiftskirche, verzichtete aber nicht in Form der Fensterbrüstungen und der in Türkis gefassten, leichten Fensterrahmen auf modische Elemente.

Zu den herausragenden Bauten zählt auch das **Haus Englisch** an der Ecke Königstraße/Neue Brücke, erbaut 1949 bzw. 1954/55 von Paul Stohrer. Die vorgehängte Fassade wird durch das Raster des Betons dominiert, wobei die Brüstungseinteilung dazu verschoben ist und mit der asymmetrischen Binnengliederung der Fenster an Gemälde Piet Mondrians denken lässt. Die schwarzen Putzflächen an Wand und Brüstungsfeldern kontrastieren mit den weiß gehaltenen Betongliederungen.

Gekonnte Mischung aus Traditionalismus und Moderne in historischer Umgebung: der Neubau des „König von England".

Maßstäbliches Bauen mit Bezug zur Umgebung: die Erweiterung der Commerzbank.

Die Vorhangfassade sollte zum typischen Element der Nachkriegsarchitektur werden. Ein technisch ausgefeiltes Beispiel bietet das 1963–65 von Wilfried Beck-Erlang erbaute **Zürich-Vita-Haus** (Paulinenstr. 50). Hier entstand eine schallabsorbierende und isolierende, der Hauptfassade vorgestellte Konstruktion mit vorgespannten, rahmenlosen, schräg gestellten Glasscheiben, die bis dato ohne Vorbild war und weitreichenden Einfluss haben sollte. Der Eingangsbereich mit dem Treppenhaus erhielt eine künstlerisch ausdrucksstark gestaltete Wand aus Glassteinen, die zusammen mit dem Bodenbelag und den Pfeilerverkleidungen aus Marmorplatten dem Foyer einen edlen Zug verleiht.

Mit der Erweiterung der **Commerzbank** (Am Fruchtkasten 3) wurde erstmals seit den 1950er-Jahren wieder versucht, innerhalb historischer Umgebung einen Bau zu schaffen, der sich in seinen Proportionen zurücknimmt. Das Gebäude zeigt die wachsende Sensibilität für das Bauen in historischer Umgebung, die mit dem Denkmaljahr 1975 gesellschaftspolitische Bedeutung erhielt. Der Bau bot eine eigenständige Lösung und schuf eine neue stadträumliche Qualität; mit ihm wurde 1970–72 durch Kammerer, Belz und Partner eine Baulücke neben der Stiftskirche geschlossen. Seine Qualität erhält der mit eloxierten Metallpaneelen verkleidete Bau durch den vollständig verglasten, aus der Mitte gerückten Treppenturm als Neuinterpretation renaissancezeitlicher Wendelstiegen und die langen Fensterbänder. In beiden spiegelt sich in immer neuen Perspektiven die Nachbarschaft. Im Rahmen der 2017 begonnenen Bauarbeiten zur Umnutzung wurde als erste restauratorische Maßnahme die Reinigung der Aluminiumpaneele nach detaillierter Schadenskartierung erfolgreich umgesetzt.

Mitte, Königsbau

(Königstr. 28)

Mit der Errichtung des Königsbaus fand der Schlossplatz seinen repräsentativen Abschluss und das Neue Schloss (➲ Kap. 1) ein Gegenstück. Das von Johann Michael Knapp entworfene Gebäude wurde 1855–59 durch Christian Friedrich Leins ausgeführt. Als wahrhaft royale Architektur schmückt die Front zum Schlossplatz eine lange Reihe ionischer Kolossalsäulen über Stufenbasis, zwischen denen zwei giebelgekrönte Tempelportiken mit korinthischen Säulen vortreten, während den Schmalseiten Portiken

Die Kolonnaden des Königsbaus bilden den festlichen Abschluss des Schlossplatzes.

Die Markthalle Martin Elsässers sucht bewusst den Dialog mit der historischen Umgebung.

ionischer Ordnung vorgestellt sind. Dahinter erhebt sich ein dreigeschossiger Kernbau, der nicht nur Läden und Cafés umfasste, sondern als Ersatz für ein älteres Konzert- und Theatergebäude an dieser Stelle im Obergeschoss Säle für höfische Festlichkeiten sowie Konzerte und Ausstellungen aufnahm. Im II. Weltkrieg schwer zerstört, wurde der Königsbau 1958/59 durch Karl Schwaderer als Büro- und Geschäftshaus wiederaufgebaut. Davon zeugt u. a. das Café mit elegant geschwungener Treppe. Die Solitärwirkung des Baues wurde allerdings nach 1960 durch die höhere Neubebauung des rückwärtigen Postareals und insbesondere aus der Fernsicht durch das 2004–06 rückseitig anschließende Glasgewölbedach des Einkaufs- und Geschäftszentrums Königsbau-Passagen sehr geschmälert.

Mitte, Markthalle

(Dorotheenstr. 4)

Die Markthalle ist das Stuttgarter Hauptwerk Martin Elsässers. Der Komplex aus zentraler großer Halle und umgebenden Flügeln darf als Paradebeispiel für die Reformarchitektur gelten. Aus dem Fundus traditioneller Motive mit stark regionalhistorischem Bezug auf die unmittelbare Umgebung von Altem Schloss und Stiftskirche schuf Elsässer 1911–14 einen höchst eigenständigen Bau, der sich perfekt in den Bestand einpasst. Volkstümliche Malereien von Franz Heinrich Gref und Gustav Rümelin zieren die Fassaden der Risalite zur Dorotheenstraße. Die Markthalle selbst bildet einen überdachten Innenhof, umsäumt von Spitzbogenarkaden, hinter denen Läden Platz fanden. Eine repräsentative Freitreppe führt zur umlaufenden Obergeschossgalerie. Geradezu filigrane, übereinander gesetzte, flache Stahlbetonbogen tragen das gestufte und verglaste Hallengewölbe unter dem ebenfalls verglasten Walmdach. In dieser von Elsässer mit dem Ingenieurbüro Wayss & Freytag entwickelten, aufwändigen technischen Konstruktion, die als Gestaltungsmittel eingesetzt wurde, zeigt sich die Modernität des Gebäudes. Gut erhalten sind auch die Lagerräume im Untergeschoss.

Im Krieg nur wenig zerstört und bis 1953 wiederhergestellt, drohte der Markthalle 1971 der Abriss. Doch der Protest von Bürgern, Denkmalschützern und Händlern bewahrte den Bau, der schließlich unter Denkmalschutz gestellt wurde und bis heute einen lebendigen Treffpunkt bildet. 2017/18 wurden die bauzeitlichen Metalltüren restauriert und in der durch Befunde ermittelten Farbigkeit neu beschichtet. Die in der Nachkriegszeit ergänzten Türen wurden durch neue Türen ergänzt und behutsam an den Bestand angepasst.

Bad Cannstatt, Lager- und Bürogebäude

(Bellingweg 21)

Zu den Hauptwerken des Architekten Albert Schieber zählt das ehem.

Schlichte Ziegelarchitektur prägt das Lagerhaus des Großeinkaufsvereins der Kolonialwarenhändler Württemberg GmbH.

Lager- und Bürogebäude, das er 1921 für den Großeinkaufsverein der Kolonialwarenhändler Württemberg GmbH errichtete. Der Hauptbau umschließt mit den 1937 und 1953 ergänzten Lageranbauten einen Innenhof. Der dreischiffige Eisenskelettbau steht trotz seiner modernen Bauweise bei aller Modernität mit seiner Ziegelarchitektur noch in der Tradition des Industriebaus im späten 19. Jh. Er war über die rückwärtige Rampe direkt an ein Eisenbahngleis angeschlossen. Der Eingang lag in einem apsisartigen Vorbau unter Kupferhaube, der das Treppenhaus aufnimmt. Die den ganzen Komplex gliedernden Gesimsbänder aus Beton steigen über den frontalen Treppenhausfenstern des Vorbaus dreieckig an, der Eingang sitzt in einem rechteckigen Vorsatz, der dem Ganzen einen monumentalen Anstrich verleiht. Unter Erhalt der architekturgeschichtlich relevanten Gestaltungsmerkmale ist es gelungen, die lange leerstehenden, großflächigen Lagergebäude bis 2011 zum Stadtarchiv umzubauen.

Mitte, Tagblatt-Turm

(Eberhardstr. 61)

1927/28 erstellte Ernst Otto Oßwald für das Stuttgarter Neue Tagblatt ein Turmhaus in Eisenbeton. Es zählt zu den herausragenden Monumenten des Neuen Bauens. Die Bedeutung der Presse im Staats- und Wirtschaftsleben der Weimarer Republik sollte durch ein Gebäude, das sich als neue stadtbildprägende Dominante aus dem Häusermeer erhebt, sichtbar werden. In seiner bewusst gestalterisch eingesetzten Sichtbetonbauweise kam dem Tagblatt-Turm weltweite Beachtung zu. Die Zusammensetzung des Betons entwickelte Oßwald in enger Zusammenarbeit mit Otto Maximilian Graf, dem Leiter der Abteilung Bauwesen an der Materialprüfungsanstalt, unter dem Aspekt der Gewichtsreduzierung, aber auch der Farbigkeit. Beachtung fand der Turm auch wegen seiner nächtlichen Beleuchtung. Über dem Eingangsbereich, der den Zugang zur Schalterhalle ermöglichte, versinnbildlicht das Relief von den Bildhauern J. und E. Brüllmann die Funktion des Gebäudes für das Zeitungswesen. Mit seinen Fensterbändern und den zueinander versetzten Volumina setzte sich der Bau deutlich von den älteren, benachbarten Wohn- und Geschäftshäusern ab. Aufgrund der Schadensentwicklung wurde der Sichtbeton 1982 auf dem Stand der damals vorliegenden Restaurierungserfahrungen mit einem wasserabweisenden Spezialputz überzogen und mit einem Schutzanstrich versehen. Prägend für die Bauzeit waren die Schiebefenster, die mit wenigen Ausnahmen 1979 durch Drehfenster ersetzt wurden. 2017 wurden wieder Schiebefens-

Seinerzeit ein Wahrzeichen des modernen Stuttgart: der Tagblatt-Turm im nächtlichen Glanz der Elektrizität um 1930/40.

ter eingebaut und die bauzeitliche Leuchtreklame restauriert.

Die links anschließenden Geschäftshäuser wurden durch Oßwald 1930 durch Umbau in ihrer Gestaltung mit den abgestuften Terrassen und der Rastereinteilung der Fassaden auf den benachbarten Turm bezogen und leiten gestalterisch zu ihm über.

Mitte, Königin-Olga-Bau

(Königstr. 9)

Das Geschäftshaus der Dresdner Bank erhebt sich in prominenter Ecklage zwischen Königstraße und Schlossplatz. Es zeigt eine Architektur, die dem Wunsch des Auftraggebers entsprach, sich in einem Haus zu präsentieren, das Sicherheit und Solidität ausstrahlt. Paul Schmitthenner schuf zusammen mit Erich Hengerer 1950/51 einen Bau, der stilistisch an die 1930er-Jahre anschloss und in Details wie dem Portal mit dem Pinienzapfen im aufgebrochenen Giebelfeld auf die Architektur der Spätrenaissance rekurriert, allerdings ganz im Sinne der Reduktionsästhetik, die zu einer Monumentalisierung der Formen führte. Im Kern handelt es sich um einen dreiflügeligen Stahlskelettbau, der mit hellem Travertin und Sandstein verkleidet wurde. Mit großer Geste ist dem streng gegliederten Gebäude zur Königstraße eine hohe Arkade vorgelegt, während die Platzfront durch massive Fenster- und Türeinfassungen und ein wuchtiges Kranzgesims bestimmt wird. Damit suchte Schmitthenner ein Gebäude zu verwirklichen, das einerseits modern, andererseits der Tradition verpflichtet war, indem es zumindest als Sichtsteinbau auf die königlichen Bauten in der Nachbarschaft reagiert. Schmitthenners Monumentalbau blieb allerdings ohne größeren Nachhall; er ist ein verspäteter Vertreter der Vorkriegsarchitektur. Die ebenfalls qualitätvolle Innenausstattung der Bank ist allerdings bis auf den Treppenlauf zugunsten einer Gastronomie- und Ladennutzung 2012 aufgegeben worden.

Später Traditionalismus und Ausdruck konservativer Beharrung: der Königin-Olga-Bau.

Frühes Zeugnis der Nachkriegsmoderne: das Haus der Holzberufsgenossenschaft.

Mitte, Bürohaus der Süddeutschen Holzberufsgenossenschaft

(Charlottenstr. 29)

Kaum ein größerer Kontrast zum Olga-Bau lässt sich denken als das kurz zuvor von Rolf Gutbrod zusammen mit Gerro Karrer und Ottmar Besenfelder 1949/50 erbaute Büro- und Geschäftshaus der Süddeutschen Holzberufsgenossenschaft. Der zweiflügelige Bau wurde an einer Straßeneinmündung errichtet, deren Kante als konkaver Werbeträger für die Bohnerwachsfirma LOBA in Sichtbeton ausgebildet wurde, was dem Gebäude ebenso Dynamik verleiht wie die weißrot gestreifte Markisenbespannung und die Brüstungselemente aus dem damals neuartigen Material Welleternit. Der sechsgeschossige Stahlskelettbau hat eine Terrasse und ein eingeschossiges Penthouse und wird gedeckt von Stuttgarts erster überkragender Deckplatte, wie der Bau auch die erste Vorhangfassade aus Stahlrahmen erhielt. Zur Hofseite

Versicherungsbau mit ehem. Tankstelle in städtebaulich hervorstechender Lage – ein Dokument für den Aufschwung und die Motorisierung der Nachkriegszeit.

liegt das gewendelte Treppenelement mit Glasbausteinwänden sowie mit Aufzug im Treppenauge und vergitterter, nach Befund rot gefasster Schachtverkleidung. Von hier aus erfolgt die einhüftige Erschließung der straßenseitig angeordneten Büros. Damit setzte Gutbrod Maßstäbe für den Stuttgarter Geschäftshausbau. 1953/54 vollendete Paul Stohrer die bereits von Gutbrod vorgesehene Erweiterung, die in ihrer Architekturauffassung nicht nur aufgrund der Spaltklinkerverkleidung im Brüstungsbereich in spannendem Kontrast zum Ursprungsbau steht.

West, Bürohaus der Hamburg-Mannheimer-Versicherung und Esso-Tankstelle

(Marienstr. 42, Reinsburgstr. 1)

Ein typisches Ensemble der 1950er-Jahre bildet das Bürohaus der Hamburg-Mannheimer-Versicherung mit vorgelagerter Tankstelle, die städtebaulich einen gekonnten Abschluss zweier Straßeneinmündungen bilden. Hoch und nüchtern erhebt sich das konkav einschwingende Bürohochhaus hinter der leichten, durch Rundungen und Schwünge dynamisch-verspielten ESSO-Station mit Werkstatt und Verkaufspavillon. Den Bürobau plante Paul Weber, die Tankstelle Wilhelm Ritter von Graf, errichtet wurden beide 1952–54. Das streng gegliederte Versicherungshaus mit langen Fensterbändern schließt mit einem deutlich leichter wirkenden Geschoss ab, das an den Kanten gerundet und dem die zeitüblich überkragende Dachplatte aufgesetzt ist. In der ruhigen, aber doch repräsentativ wirkenden Architektur macht sich ein Grundzug von Bank- und Versicherungsgebäuden der Zeit bemerkbar. Tatsächlich würde man in der Hauptfassade den Eingang suchen, der aber seitlich angeordnet werden musste, da auf der Grundstücksspitze die Tankstelle zu stehen kam. Das bildete keinen Widerspruch: Mit dem Wirtschaftswunder war auch die Motorisierung verbunden, die Fortschritts- und Technikbegeisterung kannte keine Grenzen. Und so nimmt die ehem. Tankstelle einen städtebaulich prominenten Platz ein.

Vaihingen, IBM-Hauptverwaltung

(Pascalstr. 100)

Egon Eiermann und sein Büro entwarfen 1967 den Komplex der IBM-Hauptverwaltung, der bis 1972 ausgeführt wurde. Er bildet einen der Höhepunkte im Schaffen des Architekten. Die Bauherrschaft hatte eine Anlage für 1.650 Arbeits- und auch Stellplätze für PKWs vorgegeben mit der Möglichkeit einer späteren Erweiterung auf eine Kapazität von 3.000. Es entstanden drei flache Vierflügelbauten mit Innenhöfen, die durch filigrane Brückengänge miteinander verbunden sind, und eine Cafeteria. Sie wurden zueinander versetzt angeordnet und liegen in einem parkartigen Gelände, in das alter Baumbestand einbezogen wurde. Parkplätze und Parkdecks wurden möglichst unauffällig in die Topografie eingebettet.

Charakteristisch für Eiermann ist die Klarheit der Konstruktion und der aus ihr entwickelten Formen. Es entstanden leichte, transparent wirkende Bauten, welche sich in den umgebenden Raum einfügen und den Blick ins Grüne eröffnen. Fein profilierte, weiße Gestänge bestimmen das Bild der umlaufenden Balkone, die zu den dunkelgrauen Stahlkonsolen und Ständern kontrastieren. Fenster- und Brüstungselemente sind aus Teakholz gefertigt. Die Grundrisse sind zweibündig angelegt, an den Außenseiten liegen große, zu den Höfen kleine Büros; in den Ecken sind die Treppenhäuser angeordnet. Das Innere wirkt großzügig, hell und freundlich und verrät Eiermanns Entwurf bis in Details wie die Garderobenständer.

Eingebettet in die Natur: die ehem. IBM-Hauptverwaltung.

1983/84 wurde die Erweiterung um einen vierten Flachbau durch das Architekturbüro Kammerer & Belz, Kucher und Partner realisiert, der sich in den Bestand einfügt. Seit 2009 steht der Komplex leer. Im Rahmen eines Kolloquiums zur Entwicklung des IBM-Areals und eines Wettbewerbsverfahrens 2016 wurden von der Denkmalpflege in konstruktiv-kritisch begleiteten Verfahren um die Neunutzung des Geländes bereits mehrere tiefgreifende Kompromisse zugunsten der Erhaltung des Kulturdenkmals eingegangen. Dazu zählt die zusätzliche Bebauung, die den ursprünglichen Campus-Gedanken des IBM-Areals im Wald entscheidend verändern wird.

Mitte, Calwer Passage

(Calwer Str.)

Die 1975–78 realisierte Calwer Passage ist ein frühes Zeugnis für die Postmoderne. Sie ist das Ergebnis eines Wettbewerbs zu einem neuen Geschäftsquartier zwischen Calwer Straße und Theodor-Heuss-Straße, den die Architekten Kammerer & Belz gewannen. In dieses wurden die vom Krieg verschonten Altstadthäuser an der Calwer Straße einbezogen, allerdings blieb von ihnen nur wenig mehr als die Fassaden. Dahinter entstanden weitgehend Neubauten.

Durch das neue Quartier wurde eine verglaste Einkaufsstraße für Fußgänger gelegt. Damit griffen Kammerer & Belz ein Thema von hoher stadträumlicher Qualität auf, das für die Großstadtarchitektur der 2. Hälfte des 19. Jh. typisch, aber in Vergessenheit geraten war. Die Calwer Passage löste ein Revival dieses Bautyps aus. Eine selbsttragende Tonne aus Drahtspiegelglas und verzinkten, bogenförmigen Stahlrohrrahmen überwölbt die Passage. Sie ist durch eine hochwertige Ausstattung gekennzeichnet. So wurde der Boden als ornamentales Mosaik aus weißem Naxosmarmor und schwarzem indischen Granit verlegt. Nach Abbruch der südlich und westlich anstoßenden Bebauung 2019 wurde die Passage durch das Architekturbüro Tennigkeit in einen neuen Geschäftshauskomplex einbezogen.

Das Wiederaufgreifen einer alten großstädtischen Bauform: die Calwer Passage.

Ein postmoderner „Schlossbau“: der Verwaltungsbau der Ed. Züblin AG.

Möhringen, Verwaltungsbau der Ed. Züblin AG

(Albstadtweg 5)

Zu den herausragenden Monumenten der Postmoderne zählt der riesige Verwaltungsbau der Züblin AG, die mit diesem Gebäude die Qualität und Vielseitigkeit des Baustoffs Beton inszenierte. Daher kamen als Material für die beiden parallel angeordneten Bürotrakte rötlich eingefärbte Betonfertigteile zur Anwendung. Entworfen wurde der Bau von Gottfried Böhm, der als Meister im künstlerischen Umgang mit dem Material galt. Er schuf hier 1983–85 nicht nur seinen ersten Bürobau, sondern musste erstmals mit Fertigbauteilen arbeiten.

Die lang gestreckten Fronten sind durch runde Türme mit Kegeldächern untergliedert, die teilweise mit steigenden Fensterbändern als Wendelstiegen angelegt sind und so eine deutliche Reminiszenz an renaissancezeitliche Treppentürme bieten. Sie zeigen ein stark plastisches Relief aus spitz zulaufenden, runden Vorlagen. Einer dieser Türme erhebt sich über dem Hauptzugang, die Zufahrt flankieren zwei Pavillons – man fühlt sich unweigerlich an Schlossarchitekturen erinnert.

Zwischen den beiden Bürotrakten erstreckt sich eine riesige Halle, eine Art verglaster Innenhof, abgeschlossen durch ein stützenfreies Glasdach. Damit kam erstmals das Thema des verglasten Foyers aus den USA nach Europa. Doch auch hier scheint die Erinnerung an Historisches auf: Der großzügige, auch für Veranstaltungen genutzte Raum evoziert Bilder der Glaspaläste des 19. Jh., und tatsächlich ist er wie ein Gewächshaus mit Pflanzen und Wasserrinnsalen ausgestattet.

9

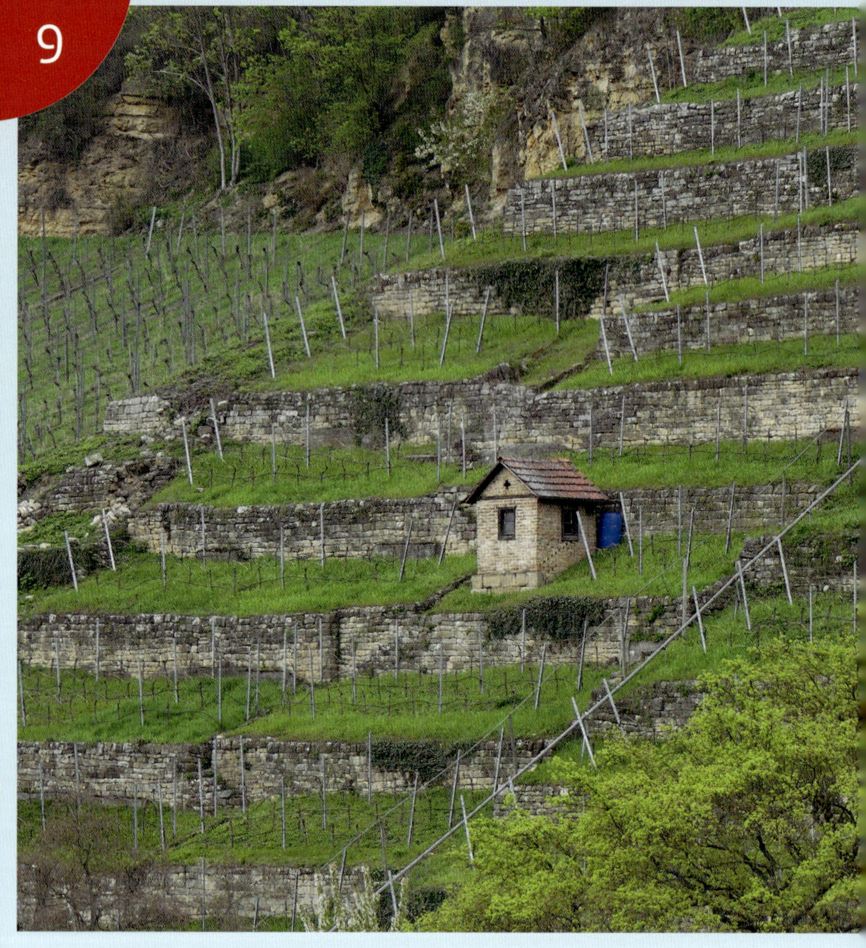

WEIN UND BROT –

Bauten für die Landwirtschaft

Stuttgart erscheint heute vor allem als Industriestadt. Tatsächlich aber ist nicht ganz umsonst die Rede von der „Stadt zwischen Wald und Reben“, denn mindestens eine Form der Landwirtschaft sticht bis heute ins Auge: der Weinbau. Er hat Stuttgart über Jahrhunderte geprägt.

Weinbergterrassen aus Trockenmauerwerk am Zuckerberg gegenüber von Münster.

Die fruchtbaren Lössböden im Stuttgarter Raum zogen schon im 6. Jahrtausend v. Chr. erste dauerhafte Siedler an. Das belegen archäologische Untersuchungen im Areal der Wilhelma, am Cannstatter Steinhaldenfeld, am Seelberg, beim Viesenhäuser Hof und bei Hofen. Tierknochen weisen auf jungsteinzeitliche Viehhaltung hin. Der Fund einer einfachen Hacke aus einer Geweihstange lässt erahnen, wie mühsam der frühe Ackerbau gewesen sein muss. Zur Ernte nutzte man Sicheln aus Feuerstein, die in hölzerne Griffe geschäftet waren. Angebaut wurden Einkorn und Emmer, die man nach der Reinigung in Vorratsgruben, aber auch Gefäßen aus Keramik aufbewahrte.

In spätkeltischer Zeit, im 2. und 1. Jh. v. Chr., muss der Stuttgarter Raum dicht besiedelt und der Boden kultiviert gewesen sein. Charakteristisch für diese Epoche sind sog. **Viereckschanzen**, von denen eine am Pfaffenwald (Vaihingen) lag und 1974 bis auf wenige Reste durch Sportanlagen für die Universität überbaut wurde. Bei Grabungen traf man den 4,6 m breiten und 2,1 m tiefen Spitzgraben der trapezförmig geführten Wall-Graben-Befestigung an, die an ihren Schmalseiten 125 bzw. 130 m und an den Längsseiten 135 m maß. Sie war durch Palisaden verstärkt und der Eingang wohl in der üblichen Weise durch ein hölzernes Torhaus gesichert. Lange Zeit hat man Viereckschanzen für Kultstätten gehalten, doch inzwischen geht man davon aus, dass es sich um befestigte Gutshöfe handelte, die teilweise Mittelpunkte ländlicher Siedlungen waren.

In römischer Zeit entstanden überall als Agrarzentren mauerumfriedete Gutsbetriebe mit Herrenhaus, Stallungen und Speichern aus Stein, die ***villae rusticae***. Solche Gutshöfe lagen u. a. in Plieningen, Mühlhausen und im alten Ortskern von Münster, ebenso in Cannstatt, wo man landwirtschaftliche Geräte fand. Erst jüngst hat man weitere Reste eines bereits bekannten Guts-

Zeugnis frühen Ackerbaus: Steinklinge einer jungsteinzeitlichen Sichel vom Steinhaldenfeld in Bad Cannstatt, 4. Jahrtausend v. Chr. (Altes Schloss, Landesmuseum Württemberg).

hofes am Fuß des Kriegsberges bei den Notgrabungen für S 21 entdeckt. Eine besonders große Anlage stand in Zazenhausen. Sie umfasste rund zehn Gebäude, darunter das obligatorische Bad, aber auch ein Mithrasheiligtum (➲ Kap. 4).

Grabungen im Sparrhärmlingweg 6 in Bad Cannstatt 2012 ergaben Hinweise auf den Anbau von vier Arten Dinkel, Spelzgerste, Nacktweizen und Hafer, daneben kamen im feuchten Milieu Reste von Früchten, Kräutern und Nüssen zu Tage. Auch wenn sich darunter ein Traubenkern fand, so haben die Römer entgegen der bis heute verbreiteten Ansicht nicht den **Weinbau** ins Land gebracht. Wein wurde vielmehr u. a. aus Gallien importiert. Der die Region so prägende Wein wird wohl erst seit dem Hochmittelalter in Terrassenlagen an den dazu geeigneten Muschelkalkhängen angebaut und ist für Stuttgart urkundlich erstmals für die 1. Hälfte des 13. Jh. belegt. Das geht zeitlich parallel zu Funden von Traubenkernen aus dem Alten Schloss (➲ Kap. 1). Sie lassen darauf schließen, dass man zu jener Zeit in der Stadtburg Wein kelterte. Er sollte im Spätmittelalter zur wichtigsten Erwerbsquelle und zum bedeutenden Hauptexportgut der Region werden. Davon zeugen nicht nur die bis heute bewirtschafteten Weinberge entlang des Neckars und an einzelnen Hängen des Talkessels, sondern auch die in ihrer alten Struktur teilweise überlieferten Ortsbilder von Hedelfingen, Ober- und Untertürkheim, Rotenberg, Mühlhausen, Münster oder Hofen und besonders Uhlbach. Sie vermitteln einen Eindruck davon, wie die Weinbauorte einst ausgesehen haben. Auch in den Städten Stuttgart und Cannstatt gab es Weingärtner. Die **Wengerterhäuser** sind oft ein- bis zweigeschossig und stehen giebelständig zur Straße. Wie wohlhabend manche Weingärtner waren, belegen Häuser von städtischem Charakter, wie sie sich in Untertürkheim oder Uhlbach erhalten haben. So erbaute z. B. der Weingärtner Andreas Kurrle 1616 in Uhlbach ein großes Haus mit zwei Stuben, mehreren Kammern, Fruchtböden und großem Keller, das 1708 zum Pfarrhaus umgenutzt wurde (Innsbrucker Str. 6). Kennzeichnend für den Haustyp sind die rundbogigen Eingänge zu den Kellerhälsen, die in die Weinkeller hinabführen. Die größten Weinkeller besaßen allerdings die Herzöge, so unter der Dürnitz des Alten Schlosses, wo die Hofkammerkellerei bis 1980 ihre Weine ausbaute und lagerte, und unter dem Prinzenbau, errichtet 1605 durch Heinrich Schickhardt (➲ Kap. 1). Er ist 71 m lang und 20 m breit. Öffentlich begehbar ist der Keller unter der Neuen Kanzlei (➲ Kap. 2), der heute Teil eines Ladengeschäfts ist. Er diente seit 1578 der Stiftsverwaltung zur Lagerung ihrer Weine.

Prägend für das Bild der **Weinberge** sind die Trockenmauern, die dazwischen verlaufenden Wasserstaffeln zur Ableitung des Regenwassers und die kleinen Weinberghäuschen, wie sie sich z. B. am Cannstatter Zuckerberg gut erhalten haben (s. Abb. S. 158). Hier datiert das älteste in das Jahr 1740. In den Cannstatter Weinbergen, die ihren bestehenden Zuschnitt spätestens im 19. Jh. erhalten haben, sind auch noch die Seilbahnen zum Transport von Werkzeug und Trauben vorhanden, heute seltene technische Kulturdenkmale, die als Eisenkonstruktionen seit dem frühen 20. Jh. die Terrassenanlagen prägen. Solche Zeugnisse der Weinbaugeschichte sind umso wertvoller, als es seit der Nachkriegszeit zu Rebflurbereinigungen (so z. B. 1964–88 in Uhlbach) und damit auch zur Beseitigung all dieser für die Kulturlandschaft so charakteristischen Elemente kam.

Gepresst wurde der Wein in den **Keltern**. Wie die Weinbauernhäuser sind auch sie oft bis heute prägend für die Ortsbilder einzelner Stadtteile. Die Weinbauern waren dem Kelterbann unterworfen, d. h. sie mussten an bestimmten Plätzen zu festgelegten Gebühren ihren Wein pressen. Die Kelterherrschaft lag in der Regel bei den Orts- bzw. Grundherren. Das konnten der Landesherr oder aber andere weltliche wie auch geistliche Herren sein. Nach Aufhebung des Kelterbanns 1813 gingen die Keltern in Gemeindebesitz über und wurden modernisiert, so die Gemeindekelter in Obertürkheim (Uhlbacher Str. 42), die auf 1585 datiert und 1896 talseitig erweitert wurde, um Kindergarten, Viehwaage und Feuerwehrgeräte aufzunehmen. Die Alte Kelter in Hedelfingen (Fruchtstr. 2), ein stattlicher, breit gelagerter Bau, wurde unter Leitung von Heinrich Schickhardt durch den Baumeister Hans Braun um 1600 errichtet. Sie zeigt noch Tore mit kleinen Okuli darüber, wurde allerdings 1937 im Rahmen einer Erweiterung im Heimatstil umfassend umgebaut. Eine eigene Kelter unterhielt das Esslinger Katharinenspital in Vaihingen (Kelterberg 5), die im Kern wohl noch ins 17./18. Jh. datiert. Einige dieser Keltern sind heute zu Kulturzentren umgebaut.

Seit dem 19. Jh. veränderte sich das Landschaftsbild. Der Weinbau erlebte auf Grund schlechterer Qualität, aber auch wegen der aus Amerika eingeschleppten Reblaus seinen Niedergang. Mehr und mehr Weingärtner gingen in die Fabriken, der Weinbau wurde oft zum Nebenerwerb. Viele Rebflächen waren schon seit dem 17. Jh. in Streuobstwiesen umgewandelt worden, denn der Obstanbau war sicherer und damit gewinnbringender: Aus Äpfeln und Birnen wurde Most gepresst.

Zur Verbesserung der Qualität und Absicherung des Weinverkaufs schlossen sich viele Weingärtner zu Genossenschaften zusammen. Diese errichteten im 20. Jh. eigene Keltern, so einen ausgesprochen stattlichen Komplex 1902/03 in Untertürkheim, der die ältere, 1574 errichtete Runkelinskelter (Heppacher Str. 14), einen

Die Spitalkelter in Vaihingen zeugt von der Herrschaft des Esslinger Hospitals St. Katharina über das Dorf.

Die Genossenschaftskelter in Untertürkheim war zu ihrer Bauzeit eine der größten in Europa.

Fachwerkbau, funktional ablöste. Er flankiert in repräsentativer Weise beiderseits die Strümpfelbacher Straße; mit Eckaufsätzen in Form von Körben, aus denen Weintrauben und Obst quellen, wird quasi eine Torsituation formuliert. Der von Ortsbaumeister Julius Lusser geplante Komplex bildet ein frühes Zeugnis für die verschiedenen Anwendungen des neuen Baumaterials Beton. Die Fundamente wurden in Stampfbeton, das Dachwerk in Eisenbeton ausgeführt. Die reiche Fassadengestaltung mit ornamentalen Formsteinen zeigt, dass man diesem Bau große Bedeutung beimaß. Nach ihrer Fertigstellung zählte die Untertürkheimer Genossenschaftskelter zu den technisch modernsten Anlagen der Welt und zu den größten ihrer Baugattung. Die Uhlbacher Weingärtnergenossenschaft zog 1924 mit einem Kellereineubau nach (Uhlbacher Str. 221), der einen eigenen Gär- und Lagerkeller, eine Fasshalle, Brennerei und Probierstube erhielt und nicht weniger repräsentativ in Werkstein und Sichtfachwerk ausgeführt wurde sowie sehr bewusst mit seinen Fensterformen auf die württembergische Renaissance rekurriert, während im Inneren mit romanischen Säulen auf klösterliche Weinkeller verwiesen wird.

Die zweite prägende Baugattung auf den Dörfern waren die **Zehntscheunen**, in denen vom Grundherrn die Abgaben gesammelt und gelagert wurden. Diese stattlichen Gebäude, oft massiv gebaut und un-

Zehntscheune des Klosters Bebenhausen in Plieningen, im Kern ein spätmittelalterlicher Bau von 1536.

ter Krüppelwalmdach, haben sich in einigen Stadteilen erhalten und erzählen viel über die historischen Herrschaftsverhältnisse. So stehen noch in Hofen, Wangen, Weilimdorf und Zuffenhausen stattliche Bauten dieser Art, die teilweise bis ins 16. Jh. zurückreichen. Ein eindrucksvolles Beispiel findet sich in Plieningen (Mönchhof 7), errichtet 1536 durch das Kloster Bebenhausen, das hier die Zehntrechte besaß. Es handelt sich um einen typisch breit gelagerten Massivbau mit großen Einfahrtstoren und Fachwerkgiebel unter Krüppelwalmdach. Seit einem Umbau 1980–82 dient die Scheune als Bürgerzentrum.

Das Glück, neue Nutzungen zu erfahren, haben viele einfache **Scheunen** als Teile bäuerlicher Gehöfte hingegen nicht. Mit dem Rückgang der Landwirtschaft gerieten sie meist außer Gebrauch, verfielen und wurden zum klassischen Abbruchkandidaten. Dabei sind sie wichtige Bestandteile der bäuerlichen Anwesen, die im Mittleren Neckarraum in der Regel aus einem Wohnstallhaus und einer Scheune bestehen. Das Beispiel einer 1633 errichteten Scheune in Münster (Austr. 5) zeigt, wie man einen solchen Bau denkmalgerecht einer neuen Nutzung zuführen kann. Sie wurde 1998/99 zum Einfamilienhaus umgebaut.

Neben stattlichen Bauernhäusern stehen in den Stadtteilen oft nur eingeschossige, kleine Giebelhäuser, die davon zeugen, wie ärmlich die Verhältnisse mitunter waren. Der Ausbruch des Vulkans Tambora im fernen Indonesien führte

Weinberg an der Jägerstraße mit rekonstruiertem Gartenhäuschen.

1816 zu einer kurzfristigen Klimaverschlechterung mit verheerenden Auswirkungen. Das „Jahr ohne Sommer" brachte Ernteausfälle und Hungersnot, welche die prekäre Lage im Land verschärfte. Um die Landwirtschaft zu verbessern, gründeten Königin Katharina und König Wilhelm I. in der Folge 1818 die **Landwirtschaftliche Versuchs- und Lehranstalt**, aus der 1904 die Landwirtschaftliche Hochschule hervorging, Sie fand ihren Platz im leerstehenden Schloss Hohenheim (➲ Kap. 1). Die Lehranstalt wurde im Laufe des 19. Jh. bis zum I. Weltkrieg mehrfach aus- und umgebaut sowie durch neue Gebäude erweitert. In den 1950er- und 1960er-Jahren wurden die Schlossflügelbauten u. a. durch den Leiter der Hochschulbauleitung Claudius Coulin umfassend um- bzw. nach Abbruch neu aufgebaut. Die Hochschule genoss bald einen hervorragenden Ruf und existiert bis heute als international renommierte Universität.

Mitte, Terrassenweinberg

(Jägerstr. 30b)

Einer der letzten innerstädtischen Weinberge findet sich am Abhang des Kriegsbergs. Er gehörte einst zur 1863 erbauten Villa des Oberbaurats Karl von Etzel. Vermutlich hat er sie in ein älteres Weinbergareal gesetzt,

Die Feuerbacher Kelter.

denn für viele betuchte Stuttgarter war es im 19. Jh. Mode geworden, einen eigenen Weinberg zu bewirtschaften. Typisch für diese Zeit sind daher auch Pavillons und Gartenhäuschen, die vor allem als Freisitze der Erholung im Grünen bei einem guten Viertele aus eigenem Anbau dienten. Der Weinberg zeigt die typischen Terrassen aus Trockenmauerwerk, wie sie seit dem Mittelalter charakteristisch sind. Sie überziehen den Hang in regelmäßiger Anordnung in Form eines Fischgrätmusters zu beiden Seiten einer Mittelachse, die auf ein rekonstruiertes Belvedere ausgerichtet sind. Zwischen den Mauern verlaufen Wasserstaffeln zum Ableiten des Regenwassers.

Feuerbach, Neue Kelter

(Rudolf-Gehring-Platz 5)

Mit dem Kelterbann verbunden war der Zwang einer Abgabe, des sog. Kelterweins, der vom gepressten Wein eingezogen wurde. Ebenso war der Zehntwein als Naturalabgabe an den Grundherrn zu entrichten. Man hielt diese Weine in speziellen Räumen unter Verschluss, die mit drei Anbauten auf der Nordseite der Feuerbacher Kelter bis heute erhalten geblieben sind und damit ein wertvolles Zeugnis für die früheren Umstände des Weinbaus ablegen. Erst mit dem Erwerb der Kelter durch die Gemeinde 1834 erlosch der Kelterbann.

Die Feuerbacher Kelter wurde 1789 durch die herzogliche Regie-

Das Gehöft der Unteren Körschmühle.

rung neu errichtet. Sie dokumentiert anschaulich diesen Bautyp. Der lang gestreckte, breit gelagerte, eingeschossige Werksteinbau hat an der südwestlichen Giebelseite große Einfahrtstore und ein für die Bauzeit typisches Halbwalmdach. Im Krieg schwer beschädigt, wurde die Kelter 1946 wieder hergestellt und ist bis heute in Betrieb.

Möhringen, Untere Körschmühle

(Untere Körschmühle 1)

Mit den Mühlen verhielt es sich wie mit den Keltern: Sie waren herrschaftliche Gebäude. Die Bauern waren an sie gebannt und mussten gegen Gebühr in der Mühle des Grundherrn ihr Getreide mahlen lassen. Die Untere Körschmühle war im Besitz des Esslinger Katharinenspitals und ist urkundlich erstmals im 13. Jh. belegt. Sie war bis 1956 in Betrieb, heute beherbergt sie Gastronomie und einen Reitstall.

Der zweigeschossige Hauptbau unter Krüppelwalmdach, der in der üblichen Weise Wohnung und Mühle umfasst, wurde 1649 neu errichtet sowie 1906 und 1924 um Anbauten erweitert. Im Obergeschoss blieb noch die bauzeitliche Kassettendecke erhalten. Das Waschhaus aus Fachwerk ist am Türsturz auf 1805 datiert. Erhalten ist auch der ehem. Stauweiher für den Mühlenantrieb samt Zu- und Ableitung des Wassers. Auf dem Hof steht ein Laufbrunnen aus Gusseisen, gefertigt

Unscheinbar, aber einst wichtig: das Gemeindebackhaus in Hofen.

von der Maschinenfabrik Esslingen und der Gießerei Kuhn in Berg.

Mühlhausen, Gemeindebackhaus Hofen

(Burgäckerstr. 5)

Im Jahr 1835 verordnete König Wilhelm I. den Bau von Gemeindebacköfen, um die Feuergefahr in den Privathaushalten einzudämmen. In Folge dessen wurde auch das Hofener Gemeindebackhaus errichtet und war bis 1900 in Betrieb. Wie bei vielen Backhäusern aus der 1. Hälfte des 19. Jh. handelt es sich um ein Häuschen, das als Massivbau aus Quadern über quadratischem Grundriss errichtet wurde. Die rechteckigen Fenster- und Türöffnungen sind einfach gehalten, das Pyramidendach barg ursprünglich in der Mitte den Rauchabzug. Solche Gemeindebackhäuser wurden oft noch bis weit in die Nachkriegszeit genutzt und stellen ein typisches Element württembergischer Dörfer im 19. Jh. dar.

Möhringen, Farrenstall

(Oberdorfplatz 15)

Als Farren werden geschlechtsreife männliche Rinder bezeichnet, die zur Besamung der Kühe dienen. Solche Tiere wurden von der Gemeinde gehalten, im 19. Jh. wurden die Gemeinden des Königreiches Württemberg sogar zu ihrer Haltung verpflichtet. Spätestens um 1980 kamen die meisten dieser Ställe außer Ge-

Der Farrenstall in Möhringen.

brauch, nachdem sich die künstliche Besamung durchgesetzt hatte. Der Möhringer Farrenstall wurde 1805 unter dem Schultheißen Isaak Wolf und den beiden Baubeamten D. Günther und M. Schlecht errichtet, so weist es die Inschrift am Eckständer des Gebäudes aus. Es handelt sich um einen stattlichen Sichtfachwerkbau unter breitem Krüppelwalmdach. Zusammen mit dem benachbarten Rathaus, der Kirche, dem Schulhaus und dem Schultheißengehöft definiert der zum ev. Gemeindehaus umgenutzte Farrenstall die historische Mitte des einstigen Dorfes.

West, Brauerei Bachner

(Hasenbergstr. 31)

In Mittelalter und Früher Neuzeit war Wein *das* Volksgetränk in Südwestdeutschland. Das Bierbrauen hingegen wurde 1663 und 1710 durch den Herzog sogar verboten, alle Brauereien wurden stillgelegt, nur in schlechten Weinjahren durfte noch gebraut werden. Das änderte sich nach Aufhebung des Zunftzwanges und der Einführung der Gewerbefreiheit 1862. Allerorten schossen nun Brauereien aus dem Boden, Bier wurde zu einem Massengetränk. Jenseits ihrer praktischen Zweckbestimmung handelte es sich bei den Brauereien oftmals um ausgesprochen repräsentative Gebäude.

Repräsentativer Fassadendekor der ehem. Brauerei Bachner im Westen.

Das gilt auch für das Maschinen- und Sudhaus der Brauerei Bachner AG, einer der wenigen erhaltenen historischen Brauereibauten in Stuttgart. Der viergeschossige Ziegelbau wurde 1899/1900 nach Entwürfen des Architekturbüros Bihl & Woltz mit Anklängen an die Neurenaissance errichtet und aufwändig mit Werksteinelementen verziert. Er lässt eher an ein großbürgerliches Mietshaus als an ein Fabrikgebäude denken. Bestimmend für den Eindruck der straßenseitigen Fassade sind die Rundbögen, welche die zwei unteren Geschosse übergreifen und im oberen Teil als Thermenfenster gestaltet sind. Kartuschen verzahnen als Agraffen effektvoll die Schlusssteine mit dem Sohlbankgesims der Fenstergruppen darüber. Sie tragen Frauenköpfe in Jugendstilformen. Heute beherbergt der Bau Ladengeschäfte und Wohnungen.

Obertürkheim-Uhlbach, Weinbauerngehöft

(Innsbrucker Str. 2, 4)

Manche Weinbauernhäuser belegen den Wohlstand ihrer Erbauer. Beispielhaft ist jenes stattliche Gehöft in Uhlbach, das in seltener Geschlossenheit überliefert ist. Der zweigeschossige Hauptbau Nr. 4 besteht aus zwei Flügeln und einem kleinen Anbau. Das Haus weist, wie neuere Untersuchungen ergeben haben, eine komplexe Baugeschichte mit mehrfachen Umbauten und Veränderungen bis ins 20. Jh. auf. Es geht im Kern noch auf die 1. Hälfte des 16. Jh. zurück und wurde, wie die dendrochronologische Analyse ergab, 1603 nach Süden um einen Ökonomieteil erweitert. Die Jahreszahl 1760 über dem Kellerportal weist auf einen barockzeitlichen Umbau hin, zu dem der Haupteingang in geohrtem, profiliertem Rahmen unter einer Laube gehört. Damals wurde die Firstrichtung des Hauses gedreht, indem man ein neues Dachtragwerk aufsetzte. Daneben steht das lediglich eingeschossige Brenn-, Wasch- und Gesindehaus Nr. 2, rückwärtig blieb der ehem. Schweinestall erhalten.

Feuerbach, Zehntscheune

(Walterstr. 10)

In Feuerbach hat sich einer von Stuttgarts ältesten Fachwerkbauten erhalten. Das auf den ersten Blick

Frühneuzeitliches Weinbauerngehöft in Uhlbach.

Spätmittelalterlicher Firstständerbau: die ehem. Zehntscheune in Feuerbach.

unscheinbare Gebäude ist dendrochronologisch auf 1443 datiert und ein Beispiel für einen Firstständerbau, bei dem zentrale Pfosten die Pfetten des Dachwerks tragen, was sich an der freigelegten Giebelwand deutlich ablesen lässt. Charakteristisch für das mittelalterliche Fachwerk sind die Überblattungen der Konstruktion, zusammengehalten durch Holznägel. Erbaut wurde die Scheune durch das Stift Sindelfingen, zu dem damals die Pfarrei Feuerbach gehörte. Sie kam als Stiftungsgut 1477 an die von Graf Eberhard V. neu gegründete Universität Tübingen, welche in der Scheune den Kirchenzehnten sammelte und lagerte. Unter dem Südteil liegt ein bauzeitlicher großer Gewölbekeller zur Lagerung des Weins.

Mitte, Stiftsfruchtkasten

(Schillerplatz 1)

Zu den prägenden Bauten des landesherrlichen Ensembles um den Schillerplatz gehört der Fruchtkasten, dessen Vorgänger 1393 die herrschaftliche Kelter umfasste. Auch der 1578 errichtete massive Neubau nahm noch bis 1808 im Erdgeschoss die Kelterhalle auf. Darauf verweist ein jugendlicher Weingott Bacchus auf einem Weinfass, der den 1596

Nach dem Krieg rekonstruierte Renaissance: der Stiftsfruchtkasten am Schillerplatz.

von Heinrich Schickhardt entworfenen und durch Wasserschläge und Volutenaufsätze gegliederten, breiten Renaissancegiebel krönt. In den Obergeschossen befanden sich die Schüttböden für die Feldfrucht. Zentral in der Fassadenmitte angeordnete Ladeluken ermöglichten das Einbringen des Getreides.

Nach Kriegszerstörung stürzte der Giebel des 1945 ausgebrannten Gebäudes ein. Beim Wiederaufbau 1948–56 wurde er rekonstruiert, doch sprechen das Portal wie auch die Fenster an den platzabgewandten Seiten und vor allem der Innenraum mit geschwungener Galerie in der Halle deutlich die Sprache der 1950er-Jahre. 1990–93 wurde das Gebäude unter Leitung des Staatlichen Hochbauamtes I zum „Haus der Musik im Fruchtkasten“ umgebaut; es birgt die Sammlung historischer Musikinstrumente des Landesmuseums Württemberg.

Plieningen, Landwirtschaftliche Versuchsstation

(Emil-Wolff-Str. 14)

In den Jahren um 1900 wurde eine ganze Gruppe von Neubauten für die Landwirtschaftliche Hochschule Hohenheim erbaut. Dazu zählt auch die 1897 errichtete Landwirtschaft-

Landwirtschaftliche Versuchsstation in Hohenheim.

lich-chemische Versuchsstation, die davon zeugt, dass die Chemie seit der 1. Hälfte des 19. Jh. eine immer größere Rolle in der Landwirtschaft u. a. zur Herstellung von Düngemitteln spielte. Die Hohenheimer Versuchsstation war 1865 gegründet worden.

Der zweigeschossige Bau wurde durch das Königliche Bezirksbauamt Esslingen geplant und zeigt zurückhaltende Neurenaissanceformen. Das Erdgeschoss ist in Werkstein errichtet, das aus Ziegeln gebaute Obergeschoss verputzt. Portal und Fensterteilungen zeigen in Pilastern und Pfeilern die toskanische Ordnung und sind damit als ländliche Gebäude ausgewiesen. Das Dach ist nur an den Rändern mit Ziegeln gedeckt, die Hauptfläche besteht aus einem sehr flachen Walmdach aus Blech, das die Kosten einer aufwändigen, hohen Konstruktion ersparte.

Hier wurde in großem Stil Brot hergestellt: die Großbäckerei im Stuttgarter Norden.

Nord, ehem. Großbäckerei des Spar- und Konsumvereins

(Friedhofstraße 71)

Im 19. Jh. bildeten sich als zeittypische genossenschaftliche Zusammenschlüsse Konsumvereine, um Nahrungsmittel einzukaufen und günstig ihren Mitgliedern anzubieten. Sie gingen aber oft auch zur Eigenproduktion über. Der Stuttgarter Spar- und Konsumverein wurde 1864 gegründet. Er ließ 1927–32 im Norden durch den Architekten Karl Elsässer eine eigene Bäckerei errichten. Der riesige Bau aus dunkelroten Klinkern wird durch Gesimse und Fensterbänder, welche fast die ganze Breite der Bäckerei einnehmen, gegliedert. In den modernen Formen spiegelt sich die sozialpolitische Fortschrittlichkeit des Vereins. Original erhalten sind auch Verladerampe und der hohe Schornstein.

TÖPFERÖFEN, MANUFAKTUREN UND FABRIKEN –

Bauten der Produktion

Kaum eine Epoche hat die Welt grundlegender verändert als die der Industrialisierung. Stuttgart wurde damals zur wichtigen Industriestadt. Bis heute ist der Name der Stadt mit zentralen technischen Entwicklungen wie der Erfindung des Automobils verbunden. Neben Stuttgart wurden unter anderem auch Feuerbach sowie Cannstatt und andere Orte früh von der Industrialisierung erfasst.

Reklame in Kunststein: ein Widder und eine Spinnmaschine als Ausweis der ehem. Trikotagenfabrik im Stuttgarter Westen.

Den Begriff „Industrialisierung“ verbinden wir in der Regel mit dem 19. Jh., als es in Folge einer höheren Nachfrage nach Konsumgütern unter Maschineneinsatz zur zentralen Herstellung von Massenprodukten in Fabriken kam. Tatsächlich gab es schon in der römischen Antike Vorläufer einer Massenproduktion, wenn auch ohne Maschineneinsatz. Dazu zählt die Herstellung von feinem tönernem Tafelgeschirr, der sog. ***terra sigillata***. Ursprünglich wurde sie aus Gallien importiert, doch ab der 2. Hälfte des 2. Jh. lässt sich auch im Stuttgarter Raum die Produktion des besseren Keramikgeschirrs nachweisen, wenn auch in etwas kleineren Betrieben, die keine überregionale Bedeutung erhielten. So deuten Baureste auf eine Manufaktur am Kräherwald hin. Töpferöfen, welche der Produktion von Terra Sigillata dienten, wurden 1909 beim Bau der Reiterkaserne (➲ Kap. 3) in Cannstatt und 1914 unter der Ostecke der Germanuskirche in Untertürkheim entdeckt. Hier fanden sich auch reliefverzierte Scherben von Bilderschüsseln, die mit Hilfe von Formschüsseln hergestellt wurden, welche durch Abformung der Motive die Produktion einer großen Zahl gleicher Stücke ermöglichten. Die Schüsseln wurden von den Produzenten gekennzeichnet. So bürgten für die am Kräherwald hergestellten Stücke die Töpfer Reginus, Domitianus und Marinus mit ihren Stempeln.

Auch **Ziegel** zählten zur Massenware. Bei den Bauarbeiten für S 21 wurden zwei kuppelförmige römische Töpferöfen angeschnitten, die nach ihrer Aufgabe durch Ziegelbrennöfen ersetzt wurden. Hier wurden u. a. Dachziegel gefertigt. Das Rohmaterial für die Ziegelei stand im Areal an: Es gab ausreichend Ton und der Nesenbach lieferte das Wasser. Insgesamt sind allein aus Bad Cannstatt über 50 Töpferöfen bekannt, in der Regel in der Peripherie der Wohnstätten angesiedelt. Im *vicus* am Kastell existierte ein ganzes Töpferviertel.

Massenprodukt der Antike: römische Schale aus Terra Sigillata, hergestellt in Bad Cannstatt (Altes Schloss, Landesmuseum Württemberg).

Seit dem späten 19. Jh. spielte u. a. der **Travertinabbau** eine wichtige Rolle. Das Material erfreute sich seit 1920 immer größerer Beliebtheit, gerade für repräsentative Bauaufgaben. Fassadenornamente wurden in der Reduktionästhetik der Epoche durch hochwertiges Material ersetzt. Cannstatter Travertin wurde bald in alle Welt geliefert. Davon zeugt der 2014 im einstigen Steinbruch der Firma Schauffele eröffnete Travertinpark (Hartensteinstr.), in dem sich Reste von Gleisen und Weichen der ehem. Industriebahn Münster-Cannstatt finden. 1926 in Betrieb genommen, war sie die erste elektrisch betriebene Industriebahn Württembergs.

Typisch für die Frühe Neuzeit war das Nebenerwerbshandwerk, denn viele Menschen fanden in der Landwirtschaft allein kein Auskommen mehr. Daher blühte auf den Fildern z. B. in Möhringen und Plieningen das **Weberhandwerk**, wovon Weberhäuser zeugen, und in Cannstatt und Hofen baute man teilweise in Stollen Farberden wie Ocker zur Gewinnung von Farbstoffen ab, wie u. a. archäologische Befunde am Kurpark belegen. Seit dem 18. Jh. suchten die württembergischen Herzöge ihren Staat wirtschaftlich zu entwickeln und förderten daher das Manufakturwesen zur Produktion von Luxusgütern wie Porzellan oder Seide. Ein Zeugnis hierfür ist ein relativ unscheinbares Gebäude in der Berger Poststraße 44, das allerdings wegen tiefgreifender Umbauten kein Kulturdenkmal mehr ist. Das dreigeschossige verputzte Haus bildete das Hauptgebäude der 1751 gegründeten Seidenmanufaktur, die aber nur bis 1767 in Betrieb war.

Um 1850 nahm die **Industrialisierung** im Königreich dann Fahrt auf. Nach 1871 schossen die Betriebe aus dem Boden. Auch in Stuttgart entstanden zahlreiche Fabriken, die Stadt bildete eines der industriellen Zentren im Königreich. Nicht nur Textilunternehmen, sondern vor allem Werkzeug- und Maschinenfabriken, aber auch die chemische Industrie sowie Verlage und Druckereien wurden ansässig, ebenso erwuchs eine blühende Lebensmittelindustrie. Schornsteine prägten bald das Bild der Stadt, vor allem im Westen.

Anfänglich lagen die Betriebe oft noch inmitten der Wohnviertel, begannen gar in Hinterhofwerkstätten. Ein für die 2. Hälfte des 19. Jh. typisches Mischviertel aus Wohnhäusern und Betrieben bietet der Stuttgarter Westen. Er ist ein charakteristisches Zeugnis für das Wachstum der Städte durch den Zuzug zahlreicher arbeitssuchender Menschen, die in die Fabriken strömten. Da ihre Produktionsstätten innerhalb der Stadt standen, mussten sich die Fabrikanten an die Ortsbaustatuten halten, nach denen auch die **Fabrikfassaden** als Teil der Blockrandbebauung durch eine hochwertige Architektur auszuzeichnen waren. Doch die Unternehmer wussten dies geschickt zu nutzen. Die oft eindrucksvollen, aufwändigen Fassaden wurden zum Aushängeschild ihrer Firmen (s. Abb. S. 176).

Typisch für die Zeit bis um 1905 ist die Ziegelarchitektur, denn Backsteine waren schnell und billig zu produzieren. Wirkung erzielte man durch den Kontrast zwischen gelben und roten Ziegeln, akzentuiert durch Werkstein. Bestimmend war der Historismus, wobei gerade im Fabrikbau schon früh auch rationale Gestaltungsweisen sichtbar werden. Bis um 1900 herrschte die Neurenaissance vor, mit dem Aufkommen der Reformarchitektur kamen unter zunehmender Abstraktion der Formen barocke und klassizistische Motive in Mode. Architekturbüros wie das von Bihl & Woltz und der international renommierte Philipp Jakob Manz spezialisierten sich auf den Fabrikbau und wurden damit ausgesprochen erfolgreich.

Die Produktionsräume bedurften guter Belichtung. Bis um 1900 wurden hochrechteckige Fenster, manchmal mit Segmentbogenabschluss, paarweise angeordnet, dann wurden sie immer breiter und nahmen über der Brüstung fast die ganze Wandfläche ein. Möglich machte dies die neue Eisenbetonbauweise für Decken und Wände. Sie wurde im Außenbau aber nicht gezeigt, sondern man verblendete die Fassaden weiterhin mit Ziegeln, jetzt allerdings auch kontrastiert durch

Nähmaschinen und Garn als Bauschmuck an der ehem. Textilfabrik Leibfried.

Putzfelder. Ein typisches Bild bietet die Möhringer **Trikotweberei Lang & Bumiller** (Balinger Str. 15) mit dem Nebeneinander von Produktionsgebäude sowie Wohn- und Bürobau. Der Komplex wurde 1900/01 nach Entwürfen von Bihl & Woltz errichtet. Die Firma siedelte damals aus dem Talkessel nach Möhringen um, da die Filderorte inzwischen an das Bahnnetz angeschlossen waren. Viele Fabriken wurden im frühen 20. Jh. aus Platzgründen zunehmend in die umliegenden Orte ausgelagert. Ein charakteristisches Beispiel dafür stellt Feuerbach dar, das sich durch die aus Stuttgart zugezogenen Betriebe zur „wohlhabenden Stadt" entwickelte, gefördert durch die Gleise der Eisenbahn, denen die Firmen quasi folgten.

Mitunter zieren aussagekräftige Motive die Bauten. So finden sich an der von Stahl & Bossert 1924 errichteten **Textilfabrik Leibfried** (Augustenstr. 124) als originelle Gesimse aus Kunststein gegossene Nähmaschinen und Textilien. Die Erhaltung der historischen Industriebauten gestaltet sich allerdings oft schwierig, wenn keine neue Nutzung gefunden wird. So wurden die Produktionshallen der Fabrik Horkheimer in Zuffenhausen (➲) nach langem Leerstand abgebrochen. Auch von den expressionistischen Werkgebäuden der **Lederfabrik C.F. Roser** in Feuerbach (Stuttgarter Str. 15, 21) stehen nur noch der Verwaltungs- und Kantinenbau sowie das Maschinenhaus. Das Bürohaus wurde 1922 von Paul Bonatz in roten Klinkern errichtet und wird durch Sohlbankgesimse im selben Material untergliedert. Ein breiter Staffelgiebel verleiht dem Bau eine expressionistische Note. Bonatz lässt hier vor allem das Material wirken. So überfängt ein Blendbogen einen geschickten gestalterischen Kniff des Architekten: An der Giebelseite unterbrechen kleine Dreierfenster die Gesimse so, als wären sie samt ihren Sohlbänken heruntergerutscht, und markieren damit die Lage des Treppenhauses.

Ziegel erfreuten sich bis in die 1930er-Jahre großer Beliebtheit, wie zahlreiche seit 1910 entstandene

Am Bosch-Areal kam erstmals Sichtbeton zum Einsatz – allerdings nachträglich bearbeitet.

qualitätvolle Beispiele zeigen. So besitzt die **Textilfabrik Bleyle** (Rotebühlstr. 120) über einem zweigeschossigen rustizierten Sockel eine streng geordnete Ziegelfassade. Sie entstand nach 1911 angefertigten Entwürfen von Philipp Jakob Manz.

Doch schon seit Beginn des 20. Jh. spielte auch Putz eine immer größere Rolle, zuerst zur Gestaltung der Brüstungsfelder, wie der Bau der **Briefumschlag- und Papierausstattungsfabrik Eugen Lemppenau** (Adlerstr. 31) verdeutlicht.

Ein herausragendes und frühes Beispiel für die Verwendung des neuen Baustoffs Eisenbeton findet sich auf dem **Bosch-Areal**. Robert Bosch ließ hier 1901 durch Beisbarth & Früh den ersten Eisenbetonbau der Stadt überhaupt errichten, der allerdings noch nicht das Material zur Schau stellte. Er steht zwar nicht mehr, dafür aber ein Gutteil der in der Folge bis 1913 in Stahlbeton errichteten Gebäude, die nur deshalb noch zu bewundern sind, weil sie nach intensiven Diskussionen vom Abbruch verschont geblieben und einer neuen Nutzung zugeführt worden sind. Die Fassaden der Fabrik- und Verwaltungsbauten (Breitscheidstr. 4–8), die 1910 und 1913 erstellt wurden, zeigen den Beton nicht in Reinform, sondern steinmetzmäßig bearbeitet. Die Architektur ist ganz im Sinne des Reformstils von einer rationalen Untergliederung geprägt. Das Bild wird nicht nur durch die Fensterverteilung, sondern nach wie vor auch durch Wandvorlagen bestimmt, die teilweise mit Kanneluren und kapitellartigen Köpfen die klassische Form des Pilasters in abstrahierter Form fortführen.

Die Zeit nach 1945 hat hingegen insgesamt wenig anspruchsvolle Bauten hervorgebracht. Dazu zählen Teile des **Porsche-Werks** (Moritz-Horkheimer-Str. 25), das von der nun deutlich wachsenden Bedeutung des Individualverkehrs und der damit eng verbundenen Automobilindustrie Zeugnis ablegt. Das 1930 gegründete Unternehmen von Ferdinand Porsche hat sich 1951 in Zuffenhausen mit einem eigenständigen Werk für Sportwagen angesiedelt. Rolf Gutbrod wurde mit der Planung für die neue Produktionsanlage beauftragt, die bis 1952 errichtet wurde. Sie ist als erste Fabrikationsstätte des Porsche-Sportwagens in Deutschland bis heute überliefert. Für den Architekten handelte es sich um den ersten wichtigen Großauftrag, der ihm Renommee verschaffte. Er schuf in Zuffenhausen ein bedeutendes Zeugnis für die Industriearchitektur der 1950er-Jahre. Sein Stahlskelettbau war hochmodern. Er wurde mit Kalksandstein ausgeriegelt, am Bürotrakt in besonders dekorativer Weise, wobei noch Einflüsse des Expressionismus sichtbar werden. Die filigranen, geometrischen Fenstersprossen am Treppenhaus nehmen hingegen Motive konstruktivistischer Malerei Piet Mondrians und Adolf Fleischmanns auf, wie sie auch am Haus Englisch (➲ Kap. 8) zu finden sind.

Bad Cannstatt, Werkstatt Daimler

(Taubenheimstr. 13)

Ein wenig Mythos um das schwäbische Tüftlertum lässt sich am Rande des Cannstatter Kurparks finden. Dort erhob sich die Villa des Ingenieurs Gottlieb Daimler. Er ließ 1882 an das Gewächshaus im Garten, eine zeittypische Glas-Eisenkonstruktion, von F. Keppler einen Werkstattanbau setzen. Hier entwickelte Daimler 1884 an einer Werkbank und Schmiede den ersten schnelldrehenden Verbrennungsmotor, der zuerst in einem Motorrad und einem Boot eingebaut und schließlich zur Grundlage für das erste Automobil, eine benzingetriebene Kutsche, wurde. Sie fuhr erstmals 1885 durch die Straßen Cannstatts.

Schauplatz zukunftsweisender Erfindungen: Gottlieb Daimlers Gewächshaus mit Werkstattanbau.

Schon zu Beginn des 20. Jh. war den Zeitgenossen die epochemachende Erfindung bewusst: In unmittelbarer Nähe wurde 1902 Daimler durch den Bildhauer Emil Kiemlen ein Denkmal gesetzt. Von der Villenanlage steht außer dem Gewächshaus nur noch der 1890 von Daimler errichtete Aussichtsturm (Am Sulzerrain 11) aus Travertin im Stil mittelalterlicher Burgtürme.

Feuerbach, Briefordner-Fabrik Louis Leitz

(Sieglestr. 2, 6)

Die Briefordner-Fabrik Louis Leitz, 1871 in Stuttgart gegründet, siedelte 1898 nach Feuerbach um. Dort entstand ein großer Komplex, der in seinem Bestand die Entwicklung des Industriebaus vom 19. bis zum 20. Jh. dokumentiert. Ältester Teil ist der Mitteltrakt an der Siemensstraße von 1897/98. Er zeigt eine Ziegelfassade, die durch verputzte Wandvorlagen regelmäßig gegliedert wird. Große Flachbogenfenster belichten die Produktionsräume. Auffallend sind die ornamentalen Wandanker aus Eisen mit kräftigen Schraubenmuttern in der Sockelzone. Erhalten aus dieser Bauphase ist auch das im Hof stehende Dampfkessel- und Maschinenhaus mit Schornstein und der 1988/89 erneuerten technischen Einrichtung.

1905 kam es zu einer Erweiterung nach Westen, die zwar das Gliederungsschema aufnimmt, sich aber mit hohem Rustikasockel, Eckerker und schmaleren Fenstern als Verwaltungsbau zu erkennen gibt. Von prägender Wirkung ist das hohe Mansarddach, das beide Bauteile

Die Briefordner-Fabrik Louis Leitz in Feuerbach, älterer Flügel mit Verwaltungsbau an der linken Ecke.

seit 1930 zusammenfasst. 1909–35 erfolgte eine sukzessive Erweiterung durch den Architekten Philipp Jakob Manz, die rationalere Fassaden zeigt und damit deutlich von den Altbauten abweicht.

Zu den seltenen Beispielen für eine anspruchsvolle Lösung im Industriebau der Nachkriegszeit zählt die Erweiterung um ein sechsgeschossiges Produktionsgebäude in Stahlskelettbetonbauweise 1965–70 von Georg Heinrichs und Hans C. Müller. Die Fassaden werden an den Längsseiten durch symmetrisch angeordnete, verschieden hohe Sichtbetontürme rhythmisiert, welche Treppen und Aufzüge aufnehmen und zeittypisch als Großskulpturen aufgefasst sind.

Zuffenhausen, Baumwollspinnerei Horkheimer

(Schwieberdinger Str. 58)

Zu den herausragenden Industriebauten Stuttgarts zählt auf Grund seiner außergewöhnlich schmuckreichen Gestaltung das Bürogebäude der Spinnerei Horkheimer. Es wurde 1906 nach dem Entwurf von Rudolf Morlock für Kommerzienrat Moses genannt Moritz Horkheimer errichtet. Er war Vater des berühmten Philosophen Max Horkheimer und Zuffenhauser Ehrenbürger, bis er von den Nationalsozialisten als betagter Mann aus dem Land gejagt wurde.

Der Name des Firmeninhabers prangt in Stein gehauen am geschweiften Giebel, welcher die ansonsten streng durch Fensterachsen und Wandvorlagen rhythmisierte Fassade pittoresk akzentuiert. Nur noch sehr bedingt lässt sich hier von Historismus sprechen, die Neurenaissanceformen sind sehr eigenständig im Sinne des Jugendstils interpretiert. Dabei zeigt die Fassade eine durch Plastik sprechende Architektur: Im Giebel sitzt eine Spinne in ihrem Netz. Die Figur einer renaissancezeitlichen Frau mit Spinnrocken, Spinnrad und Spindel gibt den klaren Hinweis auf die Tradition, aber auch den Zweck der Firma. Eine männliche und eine weibliche Maske, umrahmt von Werkzeug und Maschinenteilen, stehen für den Arbeiter und die Arbeiterin, kleine Wappenschilde an den Wandvorlagen verweisen mit Segelschiff und Merkurstab auf den Handel. Heute dient das Haus als Steuerkanzlei.

Bad Cannstatt, Travertinwerk Adolf Lauster

(Neckarstalstr. 211, 215, Enzstr. 40, 40A, 46)

Der ehem. Travertinbruch der Firma Lauster existierte von 1902 bis 1974. Zwischen 1920 und 1940 entstand ein weitläufiger Komplex aus Produktions- und Verwaltungsbauten sowie gewaltigen Sägegatter- und Kranhallen, die sich teilweise in den Hang staffeln. Sämtliche Gebäude wurden mit Travertin verkleidet und präsentieren unterschiedliche Oberflächenbehandlungen – das gebaute Aushängeschild der Firma. Alfred Daiber entwarf das 1929 fertig gestellte Verwaltungsgebäude mit Eckturm, das mit flachen Dächern den Einfluss des Neuen Bauens verrät, während der benachbarte, 1923 von Lauster selbst geplante Wohnbau mit anstoßender Fabrikhalle expressionistisches Formengut zeigt. Besonders eindrucksvoll ist die 1936–38 von Eugen Gölz errichtete, 120 m lange und 18 m hohe Vierkranhalle unter flachem Zeltdach mit einer Fensterrosette im Giebelfeld. Die betont monumentale Architektur ist in ihrer Reduktionsästhetik, die vor allem auf Material-

Selbstbewusster Ausweis der Produktion und Verortung in der Geschichte: Spinnerin am ehem. Verwaltungsbau der Textilfabrik Max Horkheimer in Zuffenhausen.

Eine Produktions-Kathedrale aus Travertin: Arbeitshalle im ehem. Steinbruch Lauster.

wirkung setzt, typisch für die Bauzeit. Den 25 m breiten Innenraum begleiten Arkaden und Emporen und verleihen ihm eine fast sakrale Aura. Diese Wirkung ist heute nur noch eingeschränkt erlebbar, denn die Halle wurde 1990 bis auf das vordere Drittel 9 m hoch mit Erde aufgefüllt, der übrige Raum dient zur Müllsortierung und als Stellplatz für den Fuhrpark eines Recyclingunternehmens.

Auch der NS-Staat bestellte für seine Großbauten bei Lauster. So erklären sich jene streng gereihten, 14 dorischen **Travertinsäulen** entlang der Neckartalstraße. Sie stehen im Zusammenhang mit Adolf Hitlers Umbauplänen für Berlin zur Hauptstadt „Germania", wo sie als Unterbau eines monumentalen Denkmals dienen sollten. Dazu waren sie 1936 von der Stadt Berlin geordert, aber aufgrund des Krieges nie geliefert worden. Seither erinnern sie als stummes Mahnmal an den NS-Größenwahn. Die nun wieder gewerbliche Nutzung erhält die Gebäude, durch den Anlieferungsverkehr stellt sie jedoch für Gebäude und Säulen eine Belastung dar.

Feuerbach, Rheinstahlhalle

(Siemensstr. 11)

Zu den herausragenden Zeugnissen expressionistischer Architektur zählt das ehem. Rheinstahl-Werk. Es besteht aus der dreischiffigen Halle sowie einem rechtwinklig anschließenden Büro- und Wohntrakt. Ausgeführt wurde der Komplex 1923 durch Emil Fahrenkamp für die Stuttgarter Tochtergesellschaft der Rheinischen Stahlwerke Duisburg, für die der Architekt bereits u. a. in Düsseldorf und Hamburg Industrieanlagen errichtet hatte. Er löste die gestellte Aufgabe städtebaulich ansprechend. Das Büro- und Wohnhaus ist etwas vom Straßenraum zurückgesetzt, seine Ecke wird als Kontrapunkt zu der breit gelagerten Halle durch einen turmartigen Bau mit steilem Walmdach betont. Dreieckige Pfeilervorlagen rhythmisieren den Büro- und Wohntrakt in der Vertikalen, während die Front der Fabrikhalle mit dem flach gestuften Giebel durch Kunststeinbänder in der Horizontalen betont wird. Die flachen Segmentbogenfenster und das durch hohe Pfeilerstellungen unterteilte Mittelfenster lassen Einflüsse der rationalistischen Architektur Frankreichs im späten 18. Jh. erkennen. Der gesamte Komplex wird wesentlich durch die dunklen Ziegel charakterisiert, mit denen der niederrheinische Architekt vertraut war. Er setzte sie auch ornamental ein, so zwischen den Bogenfenstern der Halle. Diese war, wie an der Front ablesbar, dreischiffig aufgebaut. Erhalten sind nur zwei Schiffe der von Regierungsbaumeister Alfred Jackson entworfenen Konstruktion, die das Eisenfachwerkdach mit Glasoberlichten trägt. In den 1980er-Jahren wurde das Werk aufgegeben. Der städtebauliche Ideenwettbewerb „City-Prag" 1990 mündete zu-

Rheinstahlhalle Feuerbach: Detail der Fassadengestaltung.

nächst in einen Abbruchantrag. Schließlich wurde die Werkshalle 1998–2003 zum Kultur- und Sportzentrum mit Schwerpunkt auf der Nutzung durch das Theaterhaus Stuttgart mit Konzert- und Theaterhalle, Theater- und Studiobühne, Probebühnen, Foyer, Restaurant und einer multifunktionalen Spiel- und Sportfläche ausgebaut. Dabei gelang es, die prägnante Architektursprache des Rheinstahl-Werks innen und außen als Identifikationsfaktor des Theaterhauses zu nutzen. Damit hat der Komplex eine zukunftssichernde kulturelle Umnutzung erfahren.

HÄUSER GROSS UND KLEIN –

Bauten zum Wohnen

Die bei weitem größte Anzahl der Stuttgarter Kulturdenkmale sind Wohnhäuser. Sie erzählen nicht nur von den sich wandelnden Wohnvorstellungen und Entwicklungen in der Architektur, sondern bilden wichtige und eindrucksvolle Zeugnisse für die Sozialgeschichte Stuttgarts auf dem Weg von der Residenz- zur Industrie- und Großstadt.

Avantgardistisch und dynamisch:
die Gestaltung des Wohnblocks Friedrich-Ebert-Hof, errichtet 1924–27.

Seit Menschen im Stuttgarter Raum siedelten, errichteten sie sich eine Bleibe. Zu den ältesten Befunden gehören Spuren hölzerner Langhäuser, die bei einer Grabung in Zuffenhausen 2017 ans Licht kamen. Sie sind typisch für die jungsteinzeitliche Kultur der Bandkeramik (um 5700–4900 v. Chr.). In die Erde gesetzte Pfosten bildeten das Grundgerüst für die Häuser. Unter ihrem Dach fanden Mensch und Vieh gleichermaßen eine Bleibe. Daneben existierten als zweite Form Grubenhäuser. Beide Typen blieben mit leichten Variationen durch die Jahrtausende üblich und prägten auch den keltischen und germanischen Hausbau. Deutlich unterschieden sich hiervon die römischen Bauten, wie man sie im *vicus* von Cannstatt fand. Es handelte sich um sog. **Streifenhäuser**, lang gestreckte Gebäude, die sich dicht an dicht entlang der vom Kastell ausgehenden Straßen erhoben. Sie bestanden weitgehend aus Fachwerk über steinernen Fußmauern, viele verfügten über quadratische Keller. Rückwärtig lagen Schuppen, Gärten, Töpferöfen, Darren, Abfall- und Latrinengruben, aber auch Brunnen. Diese Bauform war typisch für die römischen Zivilsiedlungen in Obergermanien. Neuere Funde auf dem Hallschlag brachten aber Fundamente von Massivbauten von bis zu 30 m Länge zu Tage, die über Fußbodenheizungen verfügten und eventuell mehrere Geschosse umfassten – Hinweise auf eine wohlhabende, durch Handel reich gewordene Einwohnerschaft.

Mit der alamannischen Landnahme kehrte der Pfostenbau zurück. Erst im Hochmittelalter ging man dazu über, Schwellbalken für **Fachwerkhäuser** auf steinerne Fundamente zu legen. So konnten dauerhafte Gebäude errichtet werden, die über Jahrhunderte Bestand haben sollten. In Stuttgart sind Bauten aus dieser Zeit nicht überliefert. Älteste Fachwerkelemente finden sich in der Bad Cannstatter Brählesgasse 21. Dort konnte ein Dachstuhl dendrochronologisch auf 1348 datiert werden. In Cannstatt ist nicht zuletzt in der Marktstraße eine Reihe spätmittelalterlicher und frühneuzeitlicher Fachwerkbauten erhalten geblieben. Aus dem Spätmittelalter stammt z. B. das um 1480–95 errichtete Haus Spreuergasse 6, ein breiter giebelständiger Bau von zwei Geschossen mit Vorkragungen im Giebel. In der Regel nahm das Erdgeschoss Werkstätten, Stallungen und Lagerräume auf, im Obergeschoss lagen Kammern und Stuben, die Dachräume dienten als Speicher. Dass die Erschließung oftmals über eine Außentreppe erfolgte, zeigt das Gebäude Felgergasse 4.

Steinbauten hingegen blieben die Ausnahme und befanden sich oft in adeligem oder kirchlichem Besitz wie das frühgotische Steinhaus aus dem 13. Jh., einer der wertvollsten hochmittelalterlichen Bauten Stuttgarts, der sich hinter Stiftstraße 5 erhob und dessen Ruine 1953 gegen Proteste aus der Bevölkerung zur Anlage von Parkplätzen abgebrochen wurde. Dabei handelte es sich vielleicht um einen Burgmannensitz. Ein Türbogen und ein Fenster wurden ins städtische Lapidarium verbracht (➲).

Fachwerk blieb bis ins 19. Jh. üblich. Allerdings wurden die Häuser seit dem 18. Jh. zunehmend verputzt. Das lag nicht nur an Brandschutzbestimmungen der württembergischen Bauordnung von 1755, sondern hatte auch ästhetische Gründe. Man wünschte scheinbar massive Fassaden mit großen Fenstern, insbesondere dann, wenn ein älterer Bau modernisiert und das Fachwerk stark verändert worden war. Eine Reihe solcher Häuser ist bis heute in der Leonhardsvorstadt erhalten geblieben, während der Erhalt der Hausfassaden in der Calwer Straße 1977/78 als Reminiszenz an das Denkmaljahr 1975 zu werten ist und den Wandel in Richtung eines denkmalpflegerischen Umgangs mit der Stuttgarter Altstadtsubstanz dokumentiert.

Massivbauten blieben auch in der Zeit des Klassizismus selten. Nur wenige Häuser dieser Epoche sind erhalten, so die schlichten **Mietshäuser Sophienstr. 3B–6B** mit Putzfassaden über steinernem Erdgeschoss und flachen Satteldächern, die traufseitig von Konsolfriesen getragen werden.

Ab der Mitte des 19. Jh. explodierte Stuttgart förmlich; allein 1872 waren 400 Gebäude gleichzeitig im Bau. Die Bodenspekulation blühte. Mit einem ersten Ortsbaustatut suchte man 1874 den Wildwuchs einzudämmen und das Wachstum in geordnete Bahnen zu lenken. Charakteristisch für die neuen Stadtviertel wurde die Blockrandbebauung. Es entstanden für den Mittelstand und die Oberschicht Gründerzeithäuser in den Formen des Historismus, die sowohl großzügig geschnit-

Einen Eindruck, wie Stuttgarts Altstadt vor dem II. Weltkrieg aussah vermittelt noch das Stadtbild Bad Cannstatts mit stattlichen Fachwerkbauten wie dem Haus Spreuergasse 6.

tene Miets- als auch Eigentumswohnungen enthielten. Im Westen, Süden und Osten haben noch zahlreiche Bauten dieser Zeit überdauert. In den engen Altstadtgassen drängte sich hingegen die Unterschicht, die sich solchen Wohnraum nicht leisten konnte, und schon gar nicht jene **Villen**, die in Stuttgarts Halbhöhenlage für Fabrikanten und Unternehmer entstanden. Stuttgart war eine Villenstadt, was sich heute noch ablesen lässt, wenn auch viele herausragende Bauten wie z. B. die Villa Siegle mit ihren grandiosen Gärten verschwunden sind. So entstand um 1900 auf der Gänsheide und der Feuerbacher Heide eine ganze Reihe Sommer- und Künstlerhäuser für Stadtbewohner.

Die vermögenden Bauherren eiferten dem Vorbild der Villa Berg (➲ Kap. 1) nach, die mit ihren italienischen Formen Maßstäbe setzte. Im frühen 20. Jh. wurden die Lustschlösser Carl Eugens für so großartige Anlagen wie Villa Gemmingen (Mörikestr. 12; s. Abb. S. 192) oder Villa Reitzenstein (➲) mit ihren Park- und Gartenanlagen zum Vorbild. Man rezipierte aristokratische Bauformen des 18. Jh., setzte sie aber in einer modernen Bauweise unter Verwendung von Eisenbetonkonstruktionen um. Robert Bosch griff für seine von Jakob Früh und Carl Heim 1910/11 erbaute Villa (Heidehofstr. 31) auf Formen der Renaissance zurück und nahm mit dem Turm ein altes Herrschaftsmotiv auf.

Die Villa Gemmingen – herausragendes Zeugnis des Stuttgarter Villenbaus.

Auf der Feuerbacher Heide entstanden in Garten- und Weinberglagen bis in die 1930er-Jahre bedeutende Monumente des Reformstils und der daraus weiter entwickelten Architekturströmung, wie sie Paul Bonatz und Paul Schmitthenner vertraten. Für viele der Anwesen blieben aristokratischer Zuschnitt und traditionsreiche Würdeformen wie Ehrenhöfe oder Balkone in der Mittelachse verbindlich, wobei die Bauten insgesamt schlicht und gediegen gestaltet wurden. Ein charakteristisches Beispiel bietet Schmitthenners 1925/26 erbautes Haus Roser (Feuerbacher Weg 51). Ein hohes Walmdach zeichnet den strengen Putzbau aus. Heute sind viele Villengärten durch den Investorendruck bedroht, der nicht minder groß ist als im Stuttgart der Gründerzeit.

Von Villen und Gärten konnte die Arbeiterschaft nur träumen. Das Ziel, der Wohnungsnot abzuhelfen und gesunde Wohnungen für Arbeiter zu schaffen, verfolgte der 1866 durch Eduard Pfeiffer gegründete Verein für das Wohl der arbeitenden Klassen (ab 1933 Gemeinnütziger Bau- und Wohlfahrtsverein). Er trieb den Bau von genossenschaftlichen **Siedlungen** mit erschwinglichen Wohnungen voran. Es dauerte bis 1891, bis im Osten an die Verwirklichung des ersten Projektes gegangen werden konnte. Es sollte sich als zukunftsträchtig erweisen: Bald schon entstanden zahlreiche Siedlungen, die weniger vermögenden Bürgern saubere und trockene Wohnungen boten. Neben dem Bau- und Wohlfahrtsverein nahmen sich weitere genossenschaftliche Vereine, aber auch Industrielle und öffentliche Institutionen sowie ab 1901 die Stadt Stuttgart mit ihrem Wohnbauförderungsprogramm der Schaffung bezahlbaren Wohnraums an. Im bis 1890 nur wenig bebauten Gebiet zwischen der Stadt und den Ortsrändern von Gablenberg und Gaisburg entwickelte sich nach der 1895 begonnenen Kolonie Ostheim (➲) bis in die 1920er-Jahre hinein ein umfangreicher Siedlungsbau. Schon 1868–72 war auf Veranlassung des Ministers Varnbüler für die Postangestellten das *Postdörfle* (Heilbronner Str. 21–23) entstanden, von dem heute leider nur noch zwei Gebäude zeugen. 1893 wurde die *Eisenbahnersiedlung* am Nordbahnhof errichtet.

Im Rahmen des großen kommunalen Wohnbauprogramms, das die Stadt in der Zeit der Weimarer Republik durchgeführt hat (zwischen 1919 und 1931 wurden über 5.500 Wohnungen erstellt), erweist sich die *Raitelsbergsiedlung* durch ihr städtebauliches. Gesamtkonzept und die architektonische Ausbildung der Bauten als überdurchschnittliche Lösung. Die Siedlung, die von der Röntgenstraße, Parkstraße und Sickstraße begrenzt wird und ca. 800 Wohneinheiten umfasst, wurde 1926–28 gebaut. Geplant hat diese August Daiber gemeinsam mit Georg Stahl und E. Steigleder. Die von Daiber gemeinsam mit Leistner entworfene Raitelsbergschule ergänzte das Bauprogramm der Siedlung. Zwischen den großen Mehrfamilienhäusern setzt ein turmartiges Haus einen Akzent, das mit seinem Flachdach, zurückspringendem

Die Raitelsbergsiedlung – sozialer Wohnungsbau der Stadt in den 1920er-Jahren.

Obergeschoss und dynamisierenden Bändern bereits ebenso deutlich Einflüsse des Neuen Bauens zeigt wie der Turm des Friedrich-Ebert-Wohnhofs (Hölzelweg 4; s. Abb. S. 188), der schon 1924–27 von Karl Beer am Weißenhof gebaut wurde.

Wegweisend für die Entwicklung des Wohnungs- und Siedlungsbaus in Stuttgart erwies sich die Ausstellung des Deutschen Werkbundes „Die Wohnung" 1927, die aus dem Wohnungsprogramm der Stadt finanziert wurde. Damit setzten die Veranstalter ein international beachtetes Zeichen für die Moderne. Die *Weißenhofsiedlung* initiierte nicht nur die Spaltung, sondern auch eine intensive Diskussion zwischen den konservativen und denjenigen Architekten, welche dem Neuen Bauen zugewandt waren. Dieser Architektenstreit dokumentiert sich in den Wohn- und Siedlungsbauten der Stadt.

Die Ausstellung hatte auch nachhaltige Wirkung auf das Bauen vor 1933 in Stuttgart. So zeigten sich bemerkenswerter Weise die Architekten des Städt. Hochbauamts frühzeitig offen für die Ideen des Neuen Bauens, wie das Beispiel der Siedlung *Ziegelklinge* (➲ Kap. 14) zeigt. Doch entstanden nicht nur Mehrfamilienhäuser, sondern z. B. mit dem Haus Vetter (Birkenwaldstr. 169), das Richard Döcker 1927/28 errichtet hat, auch Einfamilienhäuser und Villen im neuen Stil. Auch das renommierte Architekturbüro Guggenheimer & Bloch wandte sich dem Neuen Bauen zu. 1930–33 erbauten diese Architekten eine Gruppe von acht terrassierten Einfamilienhäusern. Anfänglich noch ganz dem Neuen Bauen verpflichtet, wurden die ab 1932 errichteten Gebäude dann entsprechend dem Druck aus der inzwischen konservativ besetzten Bauverwaltung mit Walmdächern versehen. Nur zwei Häuser (Hauptmannsreute 88, Cäsar-Flaischlen-Str. 3) verdeutlichen noch die ursprüngliche Intention: Zurückgesetzte Obergeschosse mit Terrassen, vorkragende Dachplatten und Stahlrohrgeländer, die an eine Schiffsreling erinnern, sind typische Kennzeichen des Neuen Bauens.

Als Gegenstück zur Weißenhofsiedlung entstand 1933 im Rahmen der Bauausstellung „Das Stadthaus aus Holz" die *Kochenhofsiedlung*. Hier manifestierte sich der Streit zwischen Modernisten und Traditionalisten, denn die Siedlung wurde als bewusstes Gegenprogramm zum Neuen Bauen entworfen. In den kleinen, holzverschalten Einfamilienhäusern mit ihren Satteldächern und Fensterläden sollten aber nicht nur „Deutschtum und Bodenständigkeit" zum Ausdruck gebracht, sondern auch eine preisgünstige Montagebauweise für Holzhäuser präsentiert werden. Mit *Wolfbusch* und *Vogelsang* setzte der NS-Staat den Siedlungsbau unter völkisch-natio-

Unter dem Einfluss der Weißenhofsiedlung: die Wohnhäuser der Architekten Oskar Bloch und Ernst Guggenheimer.

nalen Gesichtspunkten fort – ein Aspekt, den die freundlich wirkenden Häuser heute nicht auf den ersten Blick vermuten lassen.

Siedlungen blieben auch nach dem Krieg eine der zentralen Aufgaben. Wieder wurde Wohnraum benötigt, schon für die Masse der Flüchtlinge. Neben den klassischen Mehr- und Einfamilien- oder Reihenhäusern waren innovative und experimentelle Wohnbauprojekte gefragt. Differenzierte Wohnformen führten zu neuen Gebäudetypen und neuen städtebaulichen Konzepten. Die Idee des **Wohnhochhauses** fand in Scharouns 1961–63 erbautem Haus „Salute" am Fasenenhof (Sautterweg 5) sowie den Häusern „Romeo und Julia" (➲) in der neu geschaffenen *Siedlung Rot* in Zuffenhausen eine architektonisch qualitätvolle Umsetzung, die sich deutlich von vielen gesichtslosen Beispielen unterscheidet. Zunehmend spielte die Verdichtung im Wohnungs- und Siedlungsbau eine große Rolle, als Alternative zum Einfamilienhaus entstanden komfortable Terrassenhäuser.

Die Orientierung am Internationalen Stil, der in den 1950er-Jahren durch Einfluss der amerikanischen Besatzung wieder aufgegriffen wurde, zeigt die **Diplomaten-Siedlung** (Albrecht-Dürer-Weg), realisiert 1955/56 nach dem Entwurf von Werner Gabriel. Sie wurde durch die Bundesrepublik für die Beschäftigten des US-Generalkonsulats aus Fertigbauteilen gebaut. Die über L-förmigem Grundriss errichteten Bungalows sind alle eingeschossig und schließen mit überkragenden Dachplatten aus Stahlbeton ab, die Wohnzimmer öffnen sich über eine

Die originellen Zackendachhäuser in Neugereut, ein junges Kulturdenkmal.

Glaswand zur Terrasse, so dass der Blick ins Grüne geht. Die Parkplätze sind außerhalb, Fußwege führen zu den Häusern. Das war ein gutes Jahrzehnt später schon anders. Die wachsende Motorisierung führte zu einer zunehmend planerischen Auseinandersetzung mit dem ruhenden Verkehr. Anschaulich wird diese Entwicklung an den dichtgereihten Garagenanlagen der **Siedlung Aspen** in Botnang. Sie dokumentiert anschaulich. wie das Ziel zur verdichteten Wohnform gestalterisch gelungen in Einklang mit dem Wunsch nach Individualität und Privatheit gebracht wurde. Die Siedlung zählt zu den qualitätvollen Anlagen der Zeit und wurde von der Württembergischen Heimstätten GmbH 1963–66 nach dem Entwurf des renommierten Stuttgarter Büros Kammerer & Beltz in Verbindung mit dem ebenfalls erfolgreichen Gartenlandschaftsarchitekten Hans Luz für höhere Landesbeamte entworfen. Das von Wald umgebene Wohnquartier, das 82 Wohneinheiten umfasst, besteht aus Reihen- und Kettenhäusern, Wohnblöcken und einem akzentsetzenden Punkthochhaus. Bauform, Materialwahl und Gestaltung vermitteln ein geschlossenes Erscheinungsbild des Areals. Maßgebliches Entwurfskonzept war der Bezug aller Wohnungen zu den umgebenden Freiräumen. Die Anlage besticht vor allem durch die Einbettung in die Hanglandschaft und ihre Durchgrünung. Die Staffelung von Häusern und Gärten sowie ihre gleichmäßige Ost-West-Ausrichtung ermöglichen eine Abschottung der Garten- und Terrassenbereiche und damit ein hohes Maß an Privatheit.

Das 1964 gegründete Architekturbüro der Hochschullehrer Peter Faller und Hermann Schröder setzte sich für eine neue innovative Wohnarchitektur ein. Ihre Konzepte dokumentieren u.a. das Hügelhaus kombiniert mit Gartenhofhäusern in Zuffenhausen-Rot sowie die 1972–75 errichteten originellen **„Zackendachhäuser“** in Neugereut (Marabut-/Pelikanstr.).

Die Weiterentwicklung des Villenbaus in die Nachkriegszeit an den Stuttgarter Hanglagen präsentiert das repräsentative **Haus Windstoßer**, 1959 von Max Bächer errichtet, sowie das Wohnhaus, das Wilfried Beck Erlang 1964–66 für sich selbst errichtete (Quardtstr. 10). Beide dokumentieren in unterschiedlicher Weise die Formensprache des Béton Brut sowie individuelle, offene Wohngrundrisse.

Bad Cannstatt, Wohnhaus

(Marktstr. 71)

Insbesondere in der Kernstadt sind aufgrund der Stadtentwicklung seit dem 19. Jh. und durch die Zerstörung im II. Weltkrieg Zeugnisse des mittelalterlichen Hausbaus rar. Umso größere Bedeutung kommt dem sog. Klösterle zu, das vom Abbruch bedroht war und 1982–84 aufwändig instand gesetzt und umgebaut wurde. Der zweistöckige Fachwerkbau über gemauertem Sockel wurde der

Das sog. Klösterle in Bad Cannstatt ist ein spätmittelalterlicher Fachwerkbau.

dendrochronologischen Untersuchung zufolge 1463 abgezimmert. Er war Bestandteil einer Häusergruppe, die durch drei gedeckte Brücken im Obergeschoss miteinander in Verbindung stand. Erhalten hat sich davon nur noch die Scheune, die 1470 erstellt und 1475 durch einen Steg mit dem älteren Hauptbau verbunden wurde. Dieser erhielt damals seinen zweigeschossigen Polygonalerker, vielleicht als Chörlein zur Aufnahme einer Kapelle im Dachgeschoss. Gut erhalten ist die Bohlenstube im Obergeschoss, der Hauptwohnraum des mittelalterlichen Hauses, der durch den Erker vergrößert wurde. Lange hat man den Bau für einen Beginenhof, den Sitz einer religiösen Laiengemeinschaft von Frauen gehalten, tatsächlich aber war er wohl von Anfang an ein Bürgerhaus. 1571 wurde es für den geistlichen Verwalter Albert Weckerlin umgebaut. Er ließ 1576 die „Kapelle“ mit einem stuckierten Netzgewölbe als repräsentative Stube ausstatten. Heute umfasst die Scheune das Cannstatter Stadtmuseum, das Wohngebäude ist als Restaurant und Büro genutzt.

Seltenes Zeugnis der Spätrenaissance in Stuttgart: das Haus Brückenstraße 9 in Bad Cannstatt.

Jüngst renoviert: Rokokokartusche mit Handwerkerzeichen am Haus Leonhardstraße 1.

Bad Cannstatt, Renaissancehaus

(Brückenstr. 9)

Einer der wenigen privaten Massivbauten, der sich aus der Spätrenaissance in Stuttgart erhalten hat, steht in Cannstatts alter Vorstadt links des Neckars. Er entstand 1601–07 für den württembergischen Seemeister ob und unter der Steig und der Flößerei auf dem Neckar in Cannstatt, Caspar Seemann. Den verputzten Bau untergliedern Horizontalgesimse, an denen die Fenster des Obergeschosses und des Giebels „aufgehängt" sind. Die Einteilung verrät die Funktionen: Ein großes Rundbogenportal lässt in den Hof ein, im ersten Obergeschoss zeigt ein über Eck gesetztes Fensterband die Lage der Stube an, die sich noch wie im mittelalterlichen Fachwerkbau in der Ecke befindet. Ein hoher Staffelgiebel ziert die Fassade, ihr Abschluss mit gesprengtem Giebel und kleinem Obelisken weist stilistisch auf Heinrich Schickhardt oder seinen Umkreis hin. Im Dachgeschoss wurden 1989 Atelierwohnungen eingebaut.

Mitte, Wohn- und Handwerkerhäuser

(Jakobstr. 2, Leonhardstr. 1)

Nach den Zerstörungen im II. Weltkrieg belegt in der Stuttgarter Innenstadt heute nur noch das historische Wohnviertel um die Leonhardskirche die Bebauung aus der Zeit vor 1800. Die Vorstadt war vorzugsweise von Handwerkern und Weingärtnern bewohnt. In seltener Weise authentisch überliefert ist das Handwerkerhaus Jakobstraße 2. Es wurde in der 2. Hälfte des 18. Jh. als traufständiger Bau mit massivem Erdgeschoss errichtet. Dieses beherbergte

Mehr Stadtpalais als Villa: das Haus Bohnenberger.

die Werkstatt. Das Nachbarhaus Leonhardstraße 1 ist als Eckgebäude deutlich größer und reicher konzipiert. Es ist in der Rokokokartusche über der Tür auf 1769 datiert, die Initialen CFW und das Schlosserzeichen beziehen sich auf den Bauherrn, den Schlosser Carl Friedrich Wölfle. Beide Gebäude sind baulich miteinander verbunden. Charakteristisch für die Bauzeit sind die Putzfassaden mit axialer Fenstergliederung und die hohen Mansarddächer. Im Erdgeschoss wurde spätestens 1871 eine Gaststube eingerichtet und dabei der separate Eingang über Eck angelegt. Nach ihrer behutsamen Instandsetzung 2014–19, die auf die Erhaltung der charakteristischen Grundrissstruktur und Ausstattung ausgerichtet war, umfassen die ehemals als Bordell genutzten Gebäude in der Stuttgarter Innenstadt ein Hoffnungshaus, das ausstiegswilligen Prostituierten als Rückzugsort dienen soll.

Mitte, Villa Bohnenberger

(Olgastr. 9, 11)

Zu den herausragenden Bauten des Historismus zählt die Villa Bohnenberger, errichtet 1869–72 von Carl Friedrich Beisbarth für den Gutsbesitzer und Privatier Arthur Bohnenberger. Er dokumentierte damit seinen erreichten Status. Das Haus zählt zu den wenigen Villen dieser Zeit, die auch im Inneren noch die bauzeitliche Grundrissstruktur mit Vestibül und Treppenhaus sowie

Charakteristisch für die besseren Mehrfamilienhäuser Stuttgarts im späteren 19. Jahrhundert: das Haus Alexanderstraße 2.

Ausstattung zeigt. Es lässt erahnen, wie prachtvoll die Villen des Historismus waren. Die Straßenfront ist durch einen Mittelrisalit mit Balkon sowie dorische und korinthische Säulenstellungen ausgezeichnet, den Abschluss bildet ein Konsolfries mit Festons und Putten. Einen pittoresken Akzent in den achsensymmetrisch aufgebauten, dem klassischen Kanon folgenden Fassaden setzt der Erker am abgeschrägten Eck. Sein Giebel wird von Frauenfiguren unter ionischen Kapitellen getragen. An der Gartenseite stehen in Nischen Personifikationen der Künste und Wissenschaften. Den Garten schließt zur Straße wirkungsvoll eine freistehende Loggia ab, deren Arkaden von Hermenpilastern gestützt werden. Der ebenfalls gestaltete Wirtschaftshof mit Stall- und Remisenflügel wirkt in seinem reduzierten Schmuck noch spätklassizistisch. Heute beherbergt der Komplex Büros.

Mitte, Mehrfamilienhaus

(Alexanderstr. 2)

Das noble Mehrfamilienhaus, dessen Nordseite an den Eugensplatz grenzt, wurde 1888 von den Gebrüdern Werkmeister Adolf und Carl Eckert für den Weinhändler Heinrich Schindler im Zusammenhang mit der Anlage des Platzes erbaut und ist ein charakteristisches Zeugnis für die Erweiterung der Stadt in die einstigen Weinberglagen. Das dreigeschossige Gebäude zeichnet sich durch zwei symmetrische, ganz mit hellgelblichem Sandstein verblendete Fassaden aus. Besonders

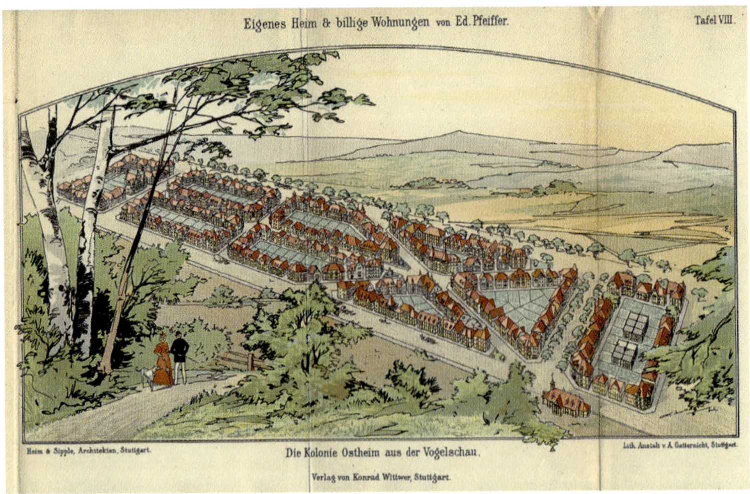

Die erste Siedlung des Vereins für das Wohl der arbeitenden Klassen: die Kolonie Ostheim, hier in einer kolorierten Lithographie um 1896.

breit und dekorativ ist die fünfachsige Fassade zum Eugensplatz, die durch zwei Seitenrisalite und einen breiten Balkon mit originaler Gitterbrüstung ausgezeichnet ist. Beiden Fassaden gemeinsam ist die plastische Durcharbeitung mit Eckquaderung, ädikulaartigen Einfassungen und gesprengten Giebeln der Fenster in der Beletage. Das Haus ist ein charakteristischer Vertreter jener Spekulationsbauten, die im späteren 19. Jh. entstanden und gehobenen Wohnansprüchen des Bürgertums dienten, wobei die soziale Schichtung der Einteilung der Geschosse entsprach: die vornehmste Wohnung war in der Beletage. 2016–18 wurde das Gebäude für die Nutzung durch das Kinderschutz-Zentrum Stuttgart behutsam umgestaltet.

Ost, Kolonie Ostheim

(Eduard-Pfeiffer-Platz)

Billigen Wohnraum zu finden, war in Stuttgart um 1900 kein kleineres Problem als heute. Daher waren seinerzeit die sozialen Leistungen des Vereins für das Wohl der arbeitenden Klassen, heute Bau- und Wohnungs-Verein Stuttgart (BWV), enorm wichtig: Er bot Wohnungen zu preiswerten Mieten mit künftiger Erwerbsmöglichkeit. Seine erste Arbeitersiedlung war Ostheim, errichtet 1891–1903. Sie umfasst zwei- bis dreigeschossige Einzel-, Doppel- und Dreifachhäuser, die um Innengärten gruppiert wurden. Die Architekten Friedrich Gebhardt, Carl Heim und Karl Hengerer suchten für jedes Einzelhaus gestalterisch einen individuellen Entwurf zu verwirklichen. Werksteinelemente, Fachwerk und variantenreiche Dachformen setzen pittoreske Akzente. Als Baumaterial wurden kostengünstige Ziegel verwendet. Bestandteile der Siedlung waren Läden, eine Volksbücherei, ein Kinderhort und ein Postamt. Das Zentrum bildet der Eduard-Pfeiffer-Platz mit dem dort 1913 installierten Jünglingsbrunnen von Karl Donndorf. 1899 entstanden am Rand der Siedlung durch die Architekten Wittmann & Stahl die ev. Lukaskirche und 1903 durch den Stadtbaumeister Albert Pantle die Ostheimschule als Volksschule.

Süd, Villa Ostertag-Siegle mit städt. Lapidarium

(Mörikestr. 24)

Einen Eindruck von Stuttgarts Villenkultur vermittelt der 1905 für Karl von Ostertag-Siegle durch Albert Eitel am Hang der Karlshöhe angelegte Villengarten mit Terrassen und Wandelhalle. Seit 1950 befindet sich hier das städt. Lapidarium, in dem durch Gustav Wais die künstlerisch wertvollen Überreste kriegszerstörter Bauwerke gesammelt und museal aufgestellt wurden. Er führte im Einvernehmen mit der amerikanischen Besatzungs-

Der in italienischem Stil angelegte Terrassengarten der Villa Ostertag-Siegle beherbergt heute das städt. Lapidarium mit Architekturfragmenten und Skulpturen abgegangener Stuttgarter Bauten.

macht die „Städtische Kommission zur Erhaltung von Kunstwerken und Baudenkmalen." Der Gang durch die Anlage vermittelt einen schmerzlichen Eindruck vom Verlust wertvoller historischer Bausubstanz nicht nur durch den Krieg, sondern auch in der Nachkriegszeit. Unter den Relikten finden sich Reste des Wohnhauses von Schickhardt oder ein Fensterbogen des Kronprinzenpalais.

Ost, Villa Reitzenstein

(Richard-Wagner-Str. 15)

Die zwischen Weinbergen und Gärten im Osten der Stadt, auf der vorwiegend noch von einer Gartenhausbebauung geprägten Gänsheide erbaute Villa Reitzenstein gehört mit ihrer weitläufigen Parkanlage und den Wirtschaftsgebäuden zu den herausragenden Villenbauten Stuttgarts. Sie wurde 1910–13 von Hugo Schlösser und Johann Weirether für Freifrau Helene von Reitzenstein, Tochter des Verlegers Eduard Hallberger, errichtet. Den weitläufigen Park konzipierte Karl Eitel, der sich an den Gestaltungsvorstellungen des englischen Landschaftsgartens und des Formal Gardens im engeren Umfeld der Villa orientierte. Dabei bezog er Blickbeziehungen und Aussichtspunkte zum Panorama der Stadt ein.

Der dreiflügelige Grundriss, die Innenraumaufteilung und die Fassaden mit kannelierten Kolossalpilastern sind zwar bewusst an den Spätbarock angelehnt, verraten aber doch in Formstrenge und Details,

Hochherrschaftlicher Villenbau: die Villa Reitzenstein mit ihrem hervorragend überlieferten Garten.

Kleinod auf der Weißenburg: neubarocke Kuppelausmalung des Teehauses von Dekorationsmaler Julius Mössel.

dass der Bau von der Reformarchitektur beeinflusst ist. In den ionischen Vollsäulen des Pavillons wird der Bezug auf Schloss Monrepos deutlich. Bis heute verleiht die auf die einzelnen Funktionen abgestimmte Ausstattung der Villa gediegene Eleganz und veranschaulicht zusammen mit der Grundriss- und Raumstruktur den Repräsentationswillen der Bauherrin. Sie dokumentiert aber auch das Zusammenspiel qualitativ hochwertigen Kunsthandwerks mit der damals zeitgemäßen Bautechnik des Eisenbetons. Großen Wert legten Schlösser und Weirether auf die Errungenschaften der Technik für Heizung, Beleuchtung und den sanitären Ausbau. Die Wirtschaftsgebäude wurden seitlich unterhalb errichtet und umfassen zwei Pavillons und einen lang gestreckten Stall- und Remisentrakt. Nach dem 1922 erfolgten Übergang an den württembergischen Staat dient die Villa seit 1925 als Sitz des Staatsministeriums. Die 2012–16 durchgeführten umfassenden Instandsetzungs- und Sanierungsarbeiten erfolgten in Einklang mit dem Kulturdenkmal. Zu den Maßnahmen zählte auch der Abbruch des 1971/72 erstellten Erweiterungsgebäudes. Als Ersatz fügte das Berliner Architekturbüro Sting, das auch die Sanierung plante, das Eugen-Bolz-Haus behutsam in den Park ein, das zusätzlich zu den Büroräumen und der Kantine ein Besucherzentrum aufnimmt. Die Pflege und Erhaltung des gut überlieferten Gartens erfolgt auf der Grundlage eines Parkpflegewerks.

Süd, Weißenburgpark mit Marmorsaal und Teehaus

(Hohenheimer Str. 119)

Die 1843/44 erbaute und 1964 abgebrochene Villa Weißenburg gehörte seit 1898 dem Fabrikanten und Altertumsforscher Gustav Sieglin. Er ließ den Garten 1912/13 durch Heinrich Henes im Reformstil neu konzipieren und das runde Teehaus, jetzt Café, errichten, das mit Kuppel und umlaufender Säulengalerie an Gartenpavillons des 18. Jh. erinnert. Das Innere wurde durch Julius Mössel mit Grotesken und Genreszenen im Barockstil ausgemalt. Von hier aus ließ sich das Treiben auf dem vorgelagerten Tennisplatz verfolgen. Er lag auf dem in den Hang gebauten, ebenfalls von Mössel ausgemalten Marmorsaal. Dieser Festsaal stellt die Neuinterpretation eines Nymphäums dar, deutlich beeinflusst vom Interesse Sieglins an der Antike – ein kühler Ort für heiße Tage.

Nach dem Abbruch der Villa stand der Marmorsaal lange Zeit leer. Der Förderverein Alt Stuttgart e. V. sorgte 1992–94 für die aufwändige Restaurierung des Kleinods, das heute für Firmenfeiern und private Feste sowie Konzerte zur Verfügung steht.

Mitte, Villa Scheufelen

(Pfizerstr. 2E, F)

Die Villa Scheufelen wurde 1936 von Kurt Dübbers für den Papierfabrikanten Heinrich Scheufelen aus Lenningen erbaut, wobei Paul Bonatz zu den vorbereitenden Planungen herangezogen wurde. 1966 wurde in dem Gebäude die Große Koalition zwischen SPD-Chef Brandt und CDU-Chef Kiesinger ausgehandelt.

Die dreiflügelige, zwei- bis viergeschossige Villa ist in den Hang gestaffelt bzw. so geschickt aufgelöst, dass ihr Bauvolumen kaum bewusst wird. Den Baukompartimenten sind auf Wunsch des Bauherrn drei große Terrassen vorgelagert, deren Böschungsmauern mit rötlichem oder grauem Sandstein verblendet sind, in Anlehnung an die alten Stuttgarter Weinbergmauern. Der Bau selbst zeigt ein schlichtes Äußeres, ist verputzt und durch Giebel- und Walmdächer, große Sprossenfenster sowie einen außen aus Werksteinen aufgemauerten Kamin bestimmt. Zu den weiteren, sparsam gesetzten Gestaltungselementen gehört am Zugang von der unteren Terrasse ein von August Fromm geschmiedetes Tor mit Phönixfigur, dem Firmenlogo der Papierfabrik Scheufelen. Aufwändiger ist die zum Teil original überlieferte, vorwiegend von den Vereinigten Werkstätten München geschaffene Inneneinrichtung der Fabrikantenvilla. Das etwas unterhalb an der von der Pfizerstraße zugeführten Auffahrt gelegene Garagengebäude mit Chauffeur- und Gärtnerwohnung ordnet sich der Villa harmonisch unter.

Zu ihr gehört eine ausgedehnte Gartenanlage von dem Stuttgarter Landschaftsarchitekten Otto Valentien, an deren Planung auch Dübbers und Bonatz beteiligt waren. Die gesamte Anlage stellt einen für das Schaffen Valentiens beispielhaften

Villa Kahn, ein beispielhafter Villenbau Paul Schmitthenners.

Garten dar. Terrassen, Sitzplätze und Wegeführungen sind am Organismus des Hauses orientiert, die von den Gebäuden entfernteren Bereiche tragen mehr landschaftliche Züge mit natürlich wirkenden, freien Anpflanzungen von Obstbäumen auf natürlichen und mit ihren Unebenheiten belassenen Wiesen. Garten und Villa mit Bedienstetenwohnhaus stellen eine harmonische Einheit von Architektur und Landschaftsarchitektur dar.

Nord, Weißenhofsiedlung und Beamtensiedlung

(Am Weißenhof, Bruckmannsweg, Hölzelweg, Rathenaustr.)

Die Weißenhofsiedlung ist einer der zentralen Orte, an denen sich 1927 die Ideen des Neuen Bauens in der Ausstellung „Die Wohnung“ mit Musterbauten manifestierten. Klare Kuben und Linien, Flachdächer, Fensterbänder, dynamisch gerundete Ecken und einfache Eisengeländer bestimmen den Charakter der Bauten. Hier sollten neue Baumethoden und Wohnformen demonstriert werden. Konzipiert durch den Bebauungsplan Mies van der Rohes beteiligten sich 17 führende Vertreter der internationalen Architektenavantgarde an dem Projekt, darunter Peter Behrens (Am Weißenhof 30–32, Hölzelweg 5), Le Corbusier und Pierre Jeanneret (Bruckmannweg 2, Rathenaustr. 1–3) oder Mart Stam (Am Weißenhof 24–28). Innerhalb von nur drei bis vier Monaten ent-

Häuser der Werkbundsiedlung von 1927: Hans Scharouns Einfamilienhaus Hölzelweg 1 und im Hintergrund Peter Behrens' Terrassenhaus Am Weißenhof 30–32.

standen insgesamt 33 Ein- und Mehrfamilienhäuser. Südwestlich des Areals wurde noch eine Beamtensiedlung des Landes errichtet. Sie war von dem aus Esslingen stammenden Adolf Gustav Schneck konzipiert worden, der mit den Häusern Bruckmannweg 1 und Friedrich-Ebert-Straße 114 ebenso als lokaler Vertreter an der Ausstellung beteiligt war wie der Stuttgarter Richard Döcker.

Einige Bauten wurden schon kurz nach Ende der Ausstellung von den Bewohnern ihren Bedürfnissen entsprechend verändert, erst recht nach der Machtergreifung durch die Nationalsozialisten 1933. Im II. Weltkrieg wurde die Siedlung schwer beschädigt. So sind u. a. die Häuser von Walter Gropius, Ludwig Hilbersheimer, Hans Poelzig oder Max und Bruno Taut nicht mehr vollständig erhalten, einige Bauten wurden nach 1945 gar abgebrochen. Seit den 1980er-Jahren laufen Bemühungen um die Instandsetzung, aber auch Rückbauten späterer Veränderungen. In jüngerer Zeit konnte die originale Farbigkeit einiger Häuser wiedergewonnen werden, so diejenige des von Hans Scharoun entworfenen Hauses Hölzelweg 1. Die beiden Beiträge von Le Corbusier wurden zusammen mit 16 weiteren Bauwerken des Architekten 2016 in die Liste des Weltkulturerbes eingetragen.

Expressive Gestaltung: die Wohnhochhäuser Romeo und Julia.

Zuffenhausen, Wohnhochhäuser „Romeo" und „Julia"

(Schozacher Str. 40)

Nach einzelnen Vorläufern in den 1920er-Jahren gewann das Hochhaus in der Nachkriegszeit enorm an Bedeutung, ließen sich doch viele Wohneinheiten in einem Gebäude unterbringen. Zu den herausragenden und überregional bedeutenden Wohngebäuden der Nachkriegszeit zählen die von Hans Scharoun in Zusammenarbeit mit Wilhelm Frank am Rand der 1949 angelegten Siedlung Rot 1955–59 erbauten Hochhäuser „Romeo und Julia". Die skulpturalen Bauten dokumentieren anschaulich die Formauffassung des organischen Bauens innerhalb der Nachkriegsarchitektur. Während „Romeo" einen kompakten Bau darstellt, wurde „Julia" hufeisenförmig mit einer prägenden Laubengangerschließung um einen Innenhof angeordnet. In einem flachen Verbindungsbau wurden Läden, Restaurants und Garagen untergebracht. Dynamik und Expressivität verleihen beiden Häusern die spitz vorstoßenden Balkone und die überstehenden Dachplatten, im Falle „Julias" staffeln sich die einzelnen Baukörper in aufsteigender Höhe. Zuoberst entstanden Atelierwohnungen mit Terrassen. Wesentlich ist die durch den Stuttgarter Maler und Hölzelschüler Manfred Pahl entwickelte, pastellige Farbgebung,

Ein Wohnhügel der 1970er-Jahre – der Komplex „Schnitz" in Neugereut.

welche die einzelnen Bauglieder zueinander absetzt. Ungewöhnlich gerieten die Grundrisse, denn kaum einer der Räume wurde im Viereck angelegt.

Mühlhausen-Neugereut, Wohnanlage „Schnitz"

(Ibisweg 17, 19)

Die Architekten Peter Faller und Hermann Schröder entwarfen mit der 1974 erstellten Siedlung Schnitz ein typisches Beispiel für jene „Wohnhügel", welche das Büro entwickelt hatte. Ihre Konzeption beruhte auf dem Ziel, verdichtete Wohnformen mit hoher Individualität und qualitätvoller Gestaltung zu verbinden. Die „Nur-Dach-Häuser" wurden vollflächig mit dunklen Faserzementschindeln überzogen. Es entstanden 21 unterschiedlich große Eigentumswohnungen, quasi ein „Schnitz" für jeden Anteilseigner. Im Rahmen ihrer Planung beteiligten die Architekten alle Eigentümer, um auf diese Weise die Idee eines selbstbestimmten Wohnens umzusetzen. So konnten die Käufer je nach Bedürfnis u. a. aus einem vorgegebenen Katalog Anzahl und Formate der Fenster wählen. Teil der Konzeption war eine intensive Begrünung, welche die prismatisch geformten Baukörper in die umgebende Natur einbeziehen sollte. Jeder Einheit sind daher ein Garten und eine Terrasse zugeordnet. Dabei legten Faller & Schröder Wert auf eine maximale Besonnung der Wohnungen.

Bauen im Bestand – postmoderne Stadthäuser im Bohnenviertel.

Mitte, Wohnanlage

(Charlottenstr. 4, Kanalstr. 10, Rosenstr. 25)

Die sog. Townhouses im historischen Bohnenviertel, das den Krieg einigermaßen unbeschadet überstanden hatte, aber in der Nachkriegszeit zu wenig Beachtung fand, wurden 1982 errichtet. Der Stuttgarter Architekt Ulfert Weber und das britische Büro Darbourne & Darke gingen als Sieger aus einem Wettbewerb hervor und schufen eine Baugruppe aus hohen Giebelhäusern mit niedrigeren Zwischenbauten. In ihrer kleinteiligen Untergliederung der Baukörper und den Zitaten traditionsreicher Elemente sind sie beispielhaft für postmoderne Stadthausarchitektur. Sie zeigt, wie man in dieser Zeit versuchte, ein Innenstadtquartier als Wohnviertel wieder aufzuwerten und Häuser in einem Maßstab zu schaffen, der sich in die historische Umgebung einfügt. Da auf der Rückseite eine stark befahrene Straße entlang führt, sind die Häuser mit Vorgärten zu einem begrünten Innenhof orientiert, über den auch der Zugang erfolgt.

12

SCHULEN, UNIVERSITÄTEN UND BIBLIOTHEKEN –

Bauten für Lehre und Forschung

Menschen lernen ein Leben lang, doch ist wohl kaum ein Lebensabschnitt so prägend wie die eigene Schul- und Studienzeit. Die Gebäude, in denen diese Zeit verbracht wird, sind oft stadtbildprägend und erzählen viel über den Wandel pädagogischer Ideen im Lauf der letzten 300 Jahre.

Das Alte Schulhaus in Vaihingen, ein Zeugnis der seit dem 16. Jahrhundert greifenden obrigkeitlichen Schulpflicht. Es umfasste Lehrerwohnung und Unterrichtsraum.

In der großen Kirchenordnung Herzog Christophs wurde 1559 die Schulpflicht in Württemberg verankert – vorerst nur für Knaben, erst seit 1649 galt sie für alle Kinder. Das brachte eine neue obrigkeitliche Bauaufgabe mit sich: das **Schulhaus**. In der Stuttgarter Innenstadt sind allerdings keine Schulbauten aus der Frühen Neuzeit mehr zu finden. Zu den älteren erhaltenen Schulbauten der Stadt zählt das **Alte Schulhaus** in Vaihingen (Ernst-Kachel-Str. 2), ein giebelständiger Sichtfachwerkbau, der 1707 errichtet wurde. Ab der 2. Hälfte des 18. Jh. entwickelte sich ein eigenständiger Typus, der durch hohe und breite Halbwalmdächer gekennzeichnet ist. Unter König Wilhelm I. entstanden dann klassizistische Bauten. Mit flach geneigten Satteldächern, Wiederkehren der Traufgesimse an den Giebelseiten und strenger Achsengliederung sind sie typisch für den auf Sparsamkeit bedachten sog. Kameralamtsstil. Die 1848 erbaute **Obere Schule** in Möhringen (Oberdorfplatz 16) bietet hierfür ein anschauliches Beispiel.

Mit dem rasanten Wachstum Stuttgarts wurden in der 2. Hälfte des 19. Jh. neue Schulen dringend benötigt. Zunehmend differenzierte sich nun das Schulwesen aus: Neben klassischen Volksschulen und Gymnasien entstanden in engem Zusammenhang mit der Industrialisierung Realschulen für den Mittelstand, um dort die Kinder auf ein späteres Berufsleben vorzubereiten. Die **Schloss-Realschule** (Schlossstr. 53C), erbaut 1871–74 von Karl Walther als Mädchen-Mittelschule, war der erste große Schulbau der Stadt und ist in seiner Gestaltung charakteristisch für die Zeit: Ein lang gestreckter Baukörper zwischen zwei quergestellten Kopfbauten, in deren Seiten die Zugänge angeordnet sind. Die Neurenaissanceformen verdeutlichen den Stolz des Bürgertums, die Schule setzt als Repräsentationsbau eine Dominante zwischen den Wohnvierteln. Der Typus fand seine Fortsetzung in dem 1885 von Adolf

Gründerzeitlicher Bildungspalast: das Karlsgymnasium.

Wolff erbauten **Karlsgymnasium** (Tübinger Str. 38). Hier geriet die Architektur entsprechend der Bauaufgabe einer höheren Knabenschule deutlich prachtvoller. Der Betrachter sieht sich mit einem Bildungspalast konfrontiert. Die Hauptfassade weist einen Mittelrisalit mit klassischer Superposition der Säulenordnungen auf, im Giebel prangen die Wappen Württembergs und Stuttgarts. Der Haupteingang wird über eine Freitreppe erreicht, ein ehrfurchtheischender Gestus. Charakteristisch für die Schulen der Epoche ist die Anordnung der Klassenzimmer zu beiden Seiten eines Flures, ein repräsentatives Moment kommt den Treppenhäusern zu.

Gründerzeitliche Prachtentfaltung zeichnete auch die ersten Hochschulbauten aus, so das nach Plänen Josef von Egles 1860–64 errichtete **Polytechnikum** (Keplerstr. 7) und die ebenfalls von Egle geplante, 1867–70 errichtete **Staatsbauschule** (Schellingstr. 24), welche beide den Stadtgarten rahmen (➲). In Letzterer schuf Egle zugleich ein Anschauungsobjekt der Architekturregeln.

Wer die Lichthöfe betritt, findet diese von Laubengängen umgeben, welche lehrbuchhaft die antiken Säulenordnungen übereinander setzen.

Die Renaissance wurde fast schon kanonisch für Bildungsbauten jeder Art, auch die Vorgängerin der heutigen Landesbibliothek (➲) war in diesem Stil errichtet. Denn die Renaissance galt dem Bürgertum der Gründerzeit als eine Epoche des Aufbruchs und Fortschritts, mit der man sich identifizierte.

Um 1900 setzte ein Umdenken ein, ausgelöst durch die Reformpädagogik, welche die Bedürfnisse der Kinder in den Mittelpunkt stellte. Licht, Luft und Farbe hielten Einzug in die Schule, in kindgerechten Skulpturen von Tieren und Putten erschienen spielerische Elemente. Man suchte Bauten zu schaffen, die eine deutlich höhere Aufenthaltsqualität mit Spielflächen boten, man experimentierte mit Unterricht im Freien und sah dazu Dachterrassen und Loggien vor. Bewusst wurde in Großformen wie Details der Heimatbezug hergestellt.

Daran orientiert zeigt sich erstmals das **Königin-Katharina-Stift** (Schillerstr. 5), das 1901–03 durch Emil Mayer errichtet wurde. Es ist mit späthistoristischem Formengut deutlich beeinflusst von der Architektur der deutschen Renaissance, doch anders als die älteren Bauten malerisch mit einem städtebaulich die Ecksituation betonenden Eckpavillon aufgebaut. Als einer der ersten deutschen Schulbauten erhielt das Untergeschoss nach französischem Vorbild eine Spielhalle mit Öffnungen zum Schulhof. Kurz darauf wurde Stuttgart Dank Theodor Fischers wegweisender Heusteigschule (➲) zu einem *der* Zentren des Schulbaus. Fischer wollte bewusst auch eine ästhetische Bildung des Nachwuchses durch gute Architektur fördern. Nicht umsonst erhielt die Heusteigschule Zeichensäle. Fischers Schüler Bonatz schuf 1906–08 mit der **Lerchenrainschule** (Kelterstr. 52) eine Nachfolgerin, die allerdings gegenüber Fischers Bau strenger wirkt. Mit dem **Leibniz-Gymnasium** (Klagenfurter Str. 52) verwirklichte Bonatz 1912 einen Bau, der die neuen Ideale mit dem Repräsentationsanspruch des Gymnasiums verschmolz: Den Putzbau gliedern Kolossalpilaster, stolz präsentiert die Seitenfront in einer Kartusche das Feuerbacher Wappen.

Näher an Fischers Ideen ist Martin Elsässers **Wagenburg-Gymnasium** (Wagenburgstr. 30; s. Abb. S. 217). Er schuf 1913/14 einen langen, gebogenen Baukörper unter hohem Satteldach mit einer rechtwinklig abknickenden Turnhalle. Mit geschossweisen Vorkragungen auf Konsolen erinnert Elsässers Schule an mittelalterliche Fachwerkbauten. Seine Schule war nicht nur Lernort, sondern sollte auch Wohnlichkeit ausstrahlen.

Das landschaftsbezogene, an Stilformen der Heimat orientierte Bauen des Reformstils setzte sich auch in der Zwischenkriegszeit fort und blieb bis in die 1930er-Jahre verbindlich. Doch machten sich nun auch Einflüsse des Neuen Bauens bemerkbar, so am **Ev. Mörike-Gymnasium** (Arminstr. 30), errichtet von Emil Weippert 1928, oder an der **Hohenstein- und Robert-Bosch-Schule** in Zuffenhausen (Hohensteinstr. 17, 25), erbaut nach Entwürfen von Paul Schmitthenner. Er schuf hier einen strengen, L-förmigen Ziegelbau mit zwei getrennten Schulhöfen, der eine gewisse Offenheit des Architekten für die Ideen des Neuen Bauens zeigt.

Auf den ersten Blick harmlos-heimelig wirken jene Schulen, die in der Tradition des Heimatstils im NS-Staat entstanden, so die 1937 fertig gestellte **Neuwirtshausschule** (Syltstr. 18), die als Teil einer Stadtrandsiedlung entstand und klar den Mittelpunkt derselben bildet. Eine der Straßen ist direkt auf das Hauptportal mit dem darüber gesetzten Uhrtürmchen unter Zwiebelhaube bezogen. Die Schule war nun Ort der politischen Indoktrination, der Schulhof mutierte zum Aufmarsch- und Appellplatz.

Die Nachkriegszeit knüpfte an die Reformpädagogik an. Ausdruck dessen wurden gerade in den 1950er-Jahren experimentelle Bauten, die ihre Vorbilder in den USA, der Schweiz und Skandinavien suchten und als humanes Gegenmodell zu den früheren Drill- und Paukanstalten propagiert wurden. Die Schule sollte einen familiär-wohnlichen Charakter erhalten. Zu den diskutierten Sonderformen gehörte die Pavillonschule aus Einzelhäusern für die Grundschüler, die hier eine häusliche Atmosphäre vorfinden sollten. Umzusetzen versuchte man auch die „Schule im Grünen". Die Gebäude umfassen oft nicht mehr als zwei Geschosse, große Fenster erhellen die Zimmer, die Anlage ist, wie die 1954 erbaute **Silcher- und Haldenrainschule** von Günter Wilhelm in Zuffenhausen (Schwabbacher Str. 25), ins Grüne eingebettet. Wilhelm zählte neben Günther Behnisch zu den wichtigen Schulbauarchitekten der Nachkriegszeit und leitete 1963–72 das Schulbauinstitut der TH bzw. Universität Stuttgart. Durchgrünung und ein hoher Anspruch an die Qualität zeigt sich auch im traditionsreichen **Eberhard-Ludwigs-Gymnasium** (Herdweg 72), das nach der Kriegszerstörung einen sich den Hang hinaufstaffelnden Neubau erhielt. Eine breite Landschaftstreppe leitet zum Eingang, hinter dem sich das Vestibül mit einer elegant geschwungenen Treppe öffnet. Bei der Konzeption der **Mühlbachhofschule** (Parlerstr. 100) 1959 suchte sich der Architekt Helmut Erdle in die Situation von Grundschülern zu ver-

Die zum inneren Schulhof hin gebogene Front des Wagenburg-Gymnasiums. Vorkragungen auf Konsolen assoziieren spätmittelalterliche Fachwerkbauten.

setzen und richtete das Augenmerk u. a. auf eine gute Orientierung. Die nach außen versetzt angeordneten Klassenzimmer, die wie eingeschossige Reihenhäuschen wirken, ordnen sich mit zwei Flügeln um einen Lichthof mit Brunnen. Ein ähnliches Konzept zeigt sich noch 1964 bei der Feuerbacher **Louis-Leitz-Schule** (Wiener Str. 51) von Manfred Lehmbruck, einem der prägenden Architekten der Nachkriegsmoderne. Charakteristisch ist hier die ablesbare Funktion in den Baukörpern und in der Gestaltung sowie die Anordnung gestaffelter Klassenzimmer zum Hof. Spektakulär ist das großflächig verglaste Treppenhaus mit seiner Doppelstiege. Eingebunden in den Schulkomplex ist auch das Stadtbad (➲ Kap. 15).

Ganz ein Kind ihrer Zeit ist die 1977 eingeweihte **Jörg-Ratgeb-Schule** in dem zeitgleich ausgebauten Stadtteil Neugereut (Seeadlerstr. 3), die in eine Grünanlage einbezogen wurde. Als Teil des städtebaulichen Konzepts für den neuen Stadtteil steht sie für die Diskussion um die Gesamtschule, denn als solche wurde sie geplant. Der in Sichtbeton erstellte Komplex wird durch farbige Elemente wie Fensterrahmen, Türen und die Handläufe der Geländer belebt, wobei jeder der insgesamt drei Trakte zur besseren Orientierung eine eigene Farbe erhielt. Der Mittelbau als Foyer bildet in Verbindung mit Auditorium und Mensa das Gemeinschaftszentrum.

Vorläufer der **Universität** Stuttgart sind die Akademie der schönen

Künste und die 1770 gegründete Hohe Karlsschule Herzog Carl Eugens, die aber schon 1794 wieder aufgelöst wurde. Die heutige Universität geht auf die 1829 gegründete Vereinigte Kunst-, Real- und Gewerbeschule zurück, aus der 1840 das Polytechnikum und 1890 die Technische Hochschule hervorgingen. Im Bereich der Architektur und der Ingenieurwissenschaften ist eine ganze Reihe großer Namen mit ihr verbunden, so u. a. Josef von Egle, Theodor Fischer, Paul Bonatz, Fritz Leonhardt oder Frei Otto. Nach den Kriegszerstörungen 1944 kam es zu einer Umgestaltung des alten Hochschulareals am Stadtgarten zum Campus und aufgrund steigender Studierendenzahlen zu Neubauten wie den Kollegiengebäuden und der Bibliothek (➲). Angesichts der Raumnot wurde aber schon 1955 die Verlagerung von Teilen der Universität nach Vaihingen beschlossen, wo ab 1959 am Pfaffenwald die ersten Gebäude für den Lehrbetrieb errichtet wurden. Hier entstand ein großer Campus (➲) als Hochschulgebiet mit der „Lernstraße" als Zentrum, entlang der wesentliche Einrichtungen wie Bibliotheken und Hörsäle angeordnet wurden. Zu den interessantesten Bauten zählt die 1973–76 durch das Schweizer Büro Atelier 5 errichtete *Mensa* (Pfaffenwaldring 45), entworfen als eine leichte, lichtdurchflutete Architektur aus Betonstreben, die nicht

Als weite Konstruktion aus schmalen Betonstützen und Trägern zeigt sich der große Speisesaal der Mensa auf dem Campus Vaihingen.

Empfang mit großer Geste – Foyer der ehem. Wilhelms-Realschule.

nur Speisesaal, sondern auch studentisches Begegnungszentrum mit Clubcharakter sein sollte. Für die farbliche Innengestaltung und Möblierung zeichnete der Künstler Roland Gfeller-Corthésy verantwortlich.

Mitte, Technische Oberschule

(Hohenheimer Str. 12)

Als gründerzeitlicher Bildungspalast, zu dem man über eine Freitreppe emporschreiten muss, erscheint die ehem. Wilhelms-Realschule, die Vorläuferin des Degerlocher Wilhelms-Gymnasiums, heute Technische Oberschule. Wie üblich für die Zeit ist der 1896 von Stadtbaurat Emil Mayer errichtete Schulbau in Formen der Neurenaissance gestaltet und durch eine aufwändige Sichtsteinarchitektur ausgezeichnet. Er steht mit zwei Flügeln auf einem dreieckig zulaufenden Grundstück, gegen die Ecke sind die Fassaden abgerundet, den Mittelrisalit bekrönt ein Kuppeldach nach französischem Vorbild. Das Hauptportal wird durch doppelte Säulenstellungen betont, in den Bogenzwickeln sitzen Perso-

Treppenhaus in der Heusteigschule mit blau-weißem Fliesendekor.

nifikationen der Ingenieurwissenschaft und der Landwirtschaft sowie auf dem Gebälk die Wappen Württembergs bzw. Schwabens. Dahinter empfängt ein großartiges Vestibül. Die Schule hat den Krieg unversehrt überstanden und zeigt eine reiche Architektur mit rustiziertem Sockel, Pilastern und Säulen in Stuckmarmor.

Süd, Heusteigschule

(Heusteigstr. 97)

Mit dem Bau der Heusteigschule setzte Theodor Fischer 1905/06 Maßstäbe. Er schuf einen gleichermaßen funktionalen wie schönen Schulbau, der an der Reformpädagogik orientiert war. Auf beengtem Baugrund entstand ein wohlproportionierter Komplex aus einem langen Flügel mit zwei großen Pavillons und einem kurzen Seitenflügel. Er dominiert zwar baulich das Stadtviertel, aber mit Putzfassaden und unterschiedlichen Fenstern strahlt er einen fast wohnlichen Charakter aus. An Stelle eines einschüchternden Portals nehmen ein Hof mit Brunnen und ein ebenerdiger Laubengang die Kinder in Empfang. Spielerische Details wie Putten, vor allem aber die von Fischer entworfene Farbgestaltung des Inneren mit Fliesendekoren sollten ein freundliches Ambiente schaffen. Mit seiner Architektur wollte er einen Beitrag zur ästhetischen Erziehung leisten. Die Klassenräume wurden gegen den Fangelsbachfriedhof (➲ Kap. 5) und damit zum Grün hin ausgerichtet, während die Gänge gegen den Hof und die Straße liegen. Innen- und Außenräume waren als Aufenthaltsflächen gedacht. Teil des Reformprogramms waren nicht nur große Säle für naturwissenschaftliche Fächer, sondern auch Zeichenräume und sogar eine Unterrichtsterrasse.

Weilimdorf, Wolfsbuschschule

(Köstlinstr. 76)

Die Wolfsbuschschule bildet einen Musterbau der Schularchitektur im NS-Staat, denn sie wurde von Ernst Schwaderer entworfen, der nicht nur Architekt, sondern auch NSDAP-Ratsherr und Landesleiter der Reichskammer der Bildenden Künste Württemberg war. Er zählte damit zu den einflussreichen Persönlichkeiten in der gleichgeschalteten Kulturpolitik.

Der Bau setzt auf den ersten Blick die konservative, aus dem Reformstil hervorgegangene, dem Heimatstil verpflichtete Architekturrichtung fort, die im Dachreiter mit Zwiebelhaube gipfelt. Doch in einzelnen Formen wie den hohen Segmentbogenfenstern verrät sich die hoheitliche, staatstragende Bauaufgabe.

Gebaut in harmlos traditionalistischem Gewand für nationalsozialistischen Drill: die Wolfsbuschschule in Weilimdorf.

West, Vogelsangschule

(Paulusstr. 30, Seyfferstr. 77)

Die Vogelsangschule ist ein herausragendes Zeugnis für die experimentellen, reformerischen Ansätze im Schulbau der Nachkriegszeit. Günther Behnisch konzipierte die 1961 fertig gestellte Anlage inmitten bestehender Bebauung als ein wohnliches Schuldorf aus acht einzelnen eingeschossigen, von zwei Seiten gut belichteten Klassenpavillons um einen Innenhof. Jeweils zwei Pavillons sind unter einem Dach zusammengefasst. Im Osten wird das Ensemble durch einen erhöht stehenden breiten Bau schützend abgeschlossen. Dieser wendet dem Ensemble eine hohe verglaste Wand zu und nimmt u.a. die Aula auf. Die architektonische Gestalt aller Bauten wird durch den Kontrast von Ziegeln und Sichtbeton bestimmt. Breite, flache Treppen zwischen den Hofflächen bilden Spiel- und Aufenthaltsorte. Charakteristisch für den Komplex ist die Öffnung zur Stadt durch die Aufhebung der Blockrandbebauung.

Ost, Waldorfschule Uhlandshöhe

(Haußmannstr. 44)

Die Stuttgarter Waldorfschule ist eine Gründung von Emil Molt für die Arbeiterkinder seiner Waldorf-Astoria-Zigarettenfabrik 1919. Der Hauptbau mit dem Festsaal wurde 1921/22 von Emil Weippert errichtet und nach der Kriegszerstörung 1952 wie-

Die Schule als heimelig-freundliches Dorf: die Vogelsangschule im Stuttgarter Westen.

Ein aus Beton modellierter Fels: der Saalbau der Waldorfschule.

der aufgebaut, so dass er nach wie vor die frühen Überlegungen zu einer organisch-lebendigen Architektur spiegelt, deren Gestaltung in den anthroposophischen Ideen Rudolf Steiners wurzelt. Der *Hauptbau* verrät in seiner lang gestreckten Form noch die Herkunft aus dem traditionellen Schulbau, doch das dreiteilige Portal und trapezförmige Fensterumrisse zeigen ein erstes Herantasten an eine eigenständige anthroposophische Architektursprache. Damit übten nicht nur dieser Bau, sondern auch die nachfolgenden Gebäude immer wieder großen Einfluss auf andere Waldorfschulen aus.

Deutlich beeinflusst vom Dornacher Goetheanum zeigt sich mit der geduckten Kuppelform des Eurythmiesaales der 1962 erstellte *Kindergarten*, an dessen Gestaltung Rolf Gutbrod beteiligt war. Dieser war auch beim 1975–77 errichteten *Saalbau* als Berater tätig. Ein aufgelassener Steinbruch bildet den Hintergrund für den Neubau, der folglich fast wie ein Felsblock aus Beton und Glaselementen wirkt. Skulptural geformter Beton und kristalline Strukturen prägen auch den großen Festsaal, der an den Hang geschoben ist.

Mitte, Hochschulviertel

(Holzgartenstr. 16, Keplerstr. 7, 11, 17)

Die massiven Kriegszerstörungen 1944 ließen vom alten Hochschulviertel und seinen Bauten nicht viel übrig. Von der 1860–64 im Stil der italienischen Renaissance durch Josef von Egle erbauten *Polytechnischen Schule* (Keplerstr. 7) blieb im Wesentlichen nur ein Flügel am

Innenstadt-Campus der Universität rund um den Stadtgarten mit denkmalgeschützten Institutsgebäuden.

Stadtgarten stehen, der allerdings verändert und ohne den Skulpturenschmuck des Mittelteils wieder aufgebaut wurde. Einige der Figuren stehen im Stadtgarten.

Auf Grundlage eines Gutachtens von Rolf Gutbrod und von Ideen Richard Döckers entstand das neue Hochschulgelände als eine Art Architekturlandschaft mit verschiedenen Bauten. Um der Raumnot zu entgehen, gleichzeitig aber den Stadtgarten als grünen Campus zu erhalten, entschied man sich zum Bau von zwei dreibündigen Scheibenhochhäusern *K 1* und *K 2*, die 1956–60 bzw. 1959–64 nach Entwürfen der Professoren Rolf Gutbier, Günther Wilhelm und Curt Siegel u. a. für die Baufakultäten errichtet wurden und die Anlehnung an den Internationalen Stil verraten. Während in den Untergeschossen Labors und Gebäudetechnik Platz fanden, dienen die Erdgeschosse als Eingangs- und Verteilerhallen. In den zueinander versetzten Obergeschossen wurden Lehrräume und Büros auf unterschiedlichen Niveaus untergebracht, denn die Lehrräume auf der Nordseite wurden höher konzipiert als die Büros im Süden. Die unterschiedlichen Funktionen sind in den Fassaden ablesbar. Großen Wert legten die Architekten auf eine materialgerechte Verwendung der Baustoffe, die im K 1 demonstrativ als Anschauungsobjekte in Szene gesetzt sind. So wurden u. a. flurseitige Trennwände als Lehrbeispiel für unterschiedliche Mauerwerkstechniken gestaltet.

Als Mittelpunkt des Areals wurde die 1958–61 von Hans Volkart, Klaus-Jürgen Zabel und Ulrich Klauss errichtete *Universitätsbibliothek* (Holzgartenstr. 16) gestaltet. Sie ist ein frühes Beispiel für den Typus der Zentralbibliothek, der um 1910 in den USA aufgekommen war, und mischt Freihand- und Magazinbestand. Die klare kubische Form und die Gliederung der Glasfassaden durch die vorgesetzten Rundstützen zeigen den Einfluss Mies van der Rohes. Der zweigeschossige, vollverglaste Lesesaal legt sich mit drei Seiten um einen Innenhof. Kernstück ist die Leihstelle, von der aus die gewünschte Literatur mittels Fernsprecher in 14 Zweigstellen des Magazins angefordert werden konnte und per Rohrpost geliefert wurde. Damit war die Stuttgarter Bibliothek eine der modernsten ihrer Zeit.

Vaihingen, Campus, Institutsbauten

(Allmandring, Pfaffenwaldring)

In Vaihingen entstand in charakteristischer Weise für die Entwicklung im Hochschulbau eine eigene „Hochschulstadt", um den beengten Verhältnissen in der Innenstadt zu entfliehen. Unter den zahlreichen qualitätvollen Gebäuden, von denen eine Reihe wie der Hörsaalkomplex des Naturwissenschaftlichen Zentrums (erbaut 1968–74) und die Mensa (errichtet 1973–76 durch das Berner Atelier 5) unter Denkmalschutz steht, ragen zwei Bauten u.a. auf Grund ihrer Konstruktion und technischer Details besonders hervor. Mit dem *Institut für leichte Flächen-*

Perfekt in die Parklandschaft eingepasst: das Institut für leichte Flächentragwerke.

Experimenteller Bau und Vorbild für Dekonstruktivisten: das ehem. HYSOLAR.

tragwerke (Pfaffenwaldring 14) entstand 1966 nach dem Entwurf von Frei Otto ein Vorbild für zahlreiche Zeltdachgebäude. Otto war ein Pionier auf diesem Gebiet. Der Bau wurde ursprünglich als Teilmodell zu Versuchszwecken für den deutschen Pavillon auf der Weltausstellung Montreal 1967 errichtet. Als Anregung für seine ursprünglich offene Netzkonstruktion aus verzinkten Stahlseilen dienten u. a. Spinnennetze. Bereits 1968 wurde der Pavillon zum Institutsgebäude ausgebaut. Der Bau erhielt ein umlaufendes geschwungenes Fensterband aus Acrylglasflächen. Im Inneren wurde er durch feste Einbauten aus Stahlelementen in zwei Ebenen unterteilt.

Ein Zeugnis der Forschungsgeschichte ist das *HYSOLAR Forschungs- und Institutsgebäude* (Allmandring 19). Architekturgeschichtlich ist es als Dokument der dekonstruktivistischen Architekturauffassung anzusehen. Das 1985 initiierte Projekt HYSOLAR sollte Speicherungsmöglichkeiten für Solarenergie ausloten. Der dafür 1987 erstellte Bau aus zwei trichterförmig zueinander gestellten, vorgefertigten Containern und einem verbindenden Glasbau setzt in seiner spielerischen Gestaltung das wissenschaftliche Experimentieren bildhaft um. Den Entwurf lieferten Günther Behnisch & Partner, wobei zentrale Gestaltungsideen auf Frank Stepper zurückgehen, der im Büro Coop Himmelblau gearbeitet hatte. Wesentlich für die Gestaltung wurde angesichts des Themas Sonnenenergie das Spiel von Licht und Schatten.

Brutalismus in Reinform: der Erweiterungsbau der Akademie der bildenden Künste auf dem Weißenhof.

Dabei scheinen mit der verschachtelten, aus Stahlträgern und teilweise schief sitzenden Fenstern gebildeten Konstruktion alle Konventionen auf den Kopf gestellt. 2008 wurde der Bau für das Visualisierungsinstitut unter Wahrung der intendierten Form behutsam saniert.

Nord, Staatliche Akademie der Bildenden Künste

(Am Weißenhof 1)

Den historischen Ausgangspunkt für den Komplex bildet die ehem. Kunstgewerbeschule. Ihr Vierflügelbau mit angeschlossenem Werkhallentrakt wurde nach Ideen des Leiters Bernhard Pankok 1912/13 durch das Büro von Ludwig Eisenlohr und Oscar Pfennig errichtet. Große Fensteröffnungen untergliedern in strenger Reihung die Hauptfassade, die nur durch die beiden geschossübergreifenden Pilaster akzentuiert ist. Den Westflügel zieren unter der Dachtraufe abstrahierte Bildszenen in Kratzputztechnik. Vertikale Fensterbänder in den Treppenhäusern nehmen bereits deutlich Gestaltungsideen der 1920er-Jahre vorweg. Nach dem Krieg wurde die Akademie 1953 vereinfacht wieder aufgebaut.

1964–68 wurde nach Plänen von Peter Schenk und Manfred Aichele ein erster Erweiterungsbau erstellt. Das sechsgeschossige Institutsgebäude zählt insbesondere wegen seiner Innengestaltung zu den bedeutenden Vertretern der Nachkriegsmoderne und ist ein Paradebeispiel für den Einsatz des Béton

Brut. Die Erdgeschossräume sind deutlich höher als die Büroräume der Obergeschosse, deren kastenartige Betonlamellenfassade als Sonnenschutz dient. Das Innere wird von freistehenden Treppen durchzogen. Sie stellen vielfältige Sichtbeziehungen zwischen den unterschiedlichen Geschossen her.

Ost, Sternwarte

(Zur Uhlandshöhe 41)

Die Sternwarte auf der Uhlandshöhe wurde 1921 als zylindrischer, aus Bruchstein gemauerter Turm durch Wilhelm Jost für den Verein „Schwäbische Sternwarte e. V." neben einem Wasserhochbehälter von 1893 errichtet. Sie bildet das frühe Beispiel einer Volkssternwarte und sollte helfen, Erkenntnisse der Astronomie zu vermitteln und zu verbreiten. 1952 wurde der Sternwarte als Hauptinstrument ein bereits 1911 von Zeiss in Jena gebauter 7-Zoll-Zeiss-Refraktor gestiftet, der unter der metallgedeckten Beobachtungskuppel steht und ein herausragendes Zeugnis der Technikgeschichte darstellt.

Mitte, Hauptstaatsarchiv und Württembergische Landesbibliothek

(Konrad-Adenauer-Str. 4, 8, 10, Urbanstr. 11)

Staatsarchiv und Landesbibliothek bilden architektonisch ein Ensemble, sie sind Bestandteil jener Kulturmeile, die an Stelle der kriegszerstörten Vorgängerbauten von Horst Linde konzipiert wurde. Als freistehende Gebäude wurden sie in unterschiedlichem Maße von der Straße zurückgesetzt, zu deren Raum sie mit Garten- und Rampenanlagen in Beziehung treten. Zuerst entstand 1964–69 das **Hauptstaatsarchiv**, ein zweigeschossiger Bau, der Sichtbe-

Die Stuttgarter Sternwarte steht auf einem etwas älteren Wasserhochbehälter der Stadtwerke.

Detail aus der Fassadengestaltung der Landesbibliothek

ton und Ziegelmauerwerk zeigt und zwischen den höheren Bauten von Landesbibliothek und dem klassizistischen Wilhelmspalais vermittelt. Es ist der erste moderne Archivbau der Nachkriegszeit. Seine filigranen, außen sichtbaren Rundstützen, über denen das massive Obergeschoss aus Béton Brut scheinbar schwebt, stehen noch ganz in der Tradition des Internationalen Stils. Dem Stützenraster wurde das Achsenmaß der Regale zu Grunde gelegt. Die Qualität der Ausstattung, zu der Fußböden aus Heumadener Schiefer zählen, war besonders wichtig. Mit einem speziellen Farbkonzept in Grün und Blau über den Türen wurden öffentliche und nichtöffentliche Räume differenziert.

Die **Württembergische Landesbibliothek** wurde 1964–68/70 unter Leitung von Horst Linde verwirklicht. Sie setzt sich aus fünf- bis viergeschossigen, flachgedeckten Kuben zusammen. Alle tragenden Elemente zeigen den Béton Brut, einzelne Wände Ziegelmauerwerk. Akzente setzen die farbig differenzierten Fensterrahmen. Durchgehende Pflasterbeläge und bis auf den Boden reichende Fensterscheiben heben an der Eingangsfront die Grenze zwischen Außen und Innen auf. Das Innere zeichnet sich durch Offenheit und Transparenz aus. Rampen und eine imposante freistehende Treppe mit Holzstufen leiten zu Garderobe, Vorplätzen, Ausleihe und schließlich dem Lesesaal empor. Seine kelchartig gefaltete Decke ruht auf freistehenden Pfeilern. Im Jahr 2020 eingeweiht wurde der Erweiterungsbau der Bibliothek nach Entwürfen des Büros Lederer, Ragnarsdottir, Oei, der zu einer tiefgreifenden Veränderung der Außenbereiche führte.

THEATER, KUNST UND MUSIK –

Bauten für Kultur und Bildung

Städte waren seit jeher Zentren und Träger der Kultur. In Stuttgart war es lange Zeit der Landesherr, der kulturelle Zeichen setzte; Museen, Theater und Konzerthäuser gehen auf herzogliche und königliche Initiativen zurück, erst spät trat auch das Bürgertum auf den Plan. Zwei wegweisende Bauten der Nachkriegszeit bilden die Liederhalle und die Neue Staatsgalerie.

Reminiszenzen an die Florentiner Frührenaissance:
die Arkaden des Kunstgebäudes von Theodor Fischer am Schlossplatz.

Wie in vielen Residenzen des Alten Reiches waren es auch in Stuttgart zuerst die Landesherren in Gestalt der Herzöge von Württemberg, die Theater und Kunst förderten. Im Lustgarten fanden in der Renaissance aufwändige Turniere statt. Einen wichtigen Platz in der Hofkultur nahmen **Theater** bzw. Oper ein. Mit dem Neuen Lusthaus (➲ Kap. 1) existierte seit dem 16. Jh. ein Bau, der nicht nur für Festlichkeiten, sondern früh schon für Theater- und Ballettaufführungen genutzt wurde. Er wurde schließlich nach und nach zum Theater um- und ausgebaut und verschwand hinter diversen Anbauten. Zum Neubau eines eigenständigen Opernhauses oder Theaters kam es hingegen nicht, auch wenn es hierzu immer wieder Pläne gab. Erst als das Hoftheater 1902 abbrannte und mit seinen Trümmern auch die letzten Reste des Lusthauses abgebrochen und in den Schlossgarten versetzt worden waren, wurde am Ostrand des Schlossgartens ein Bau erstellt, der mit Oper und Schauspielhaus gleich zwei Bühnenhäuser umfasste (➲).

Mit dem Wilhelmatheater (➲) wurde hingegen schon 1839/40 ein Theaterneubau in Cannstatt verwirklicht. Wilhelm I. ließ ein Gebäude errichten, das einerseits als Hoftheater des Schlosses Rosenstein und der bald darauf entstandenen Wilhelma (➲ Kap. 1) diente, andererseits als bürgerliches Theater dem Kurort Cannstatt den nötigen Glanz verleihen sollte. Es wurde tatsächlich nur bis 1847 regelmäßig bespielt und erst 1903 wieder aus dem Dornröschenschlaf erweckt, um nach dem II. Weltkrieg über lange Jahre in einen solchen zurückzufallen.

Bürgerliche Musikkultur entfaltete sich ab 1863 in der für den Liederkranz erstellten Liederhalle, einem Bau, in dem sich die Begeisterung des 19. Jh. für Gesangsvereine spiegelte. Das Gebäude wurde 1944 zerstört. Der Neubau machte in Nachkriegsdeutschland Furore (➲). Er ist ein herausragendes Monument des organischen Bauens in Europa.

Ähnlich verhält es sich mit der Neuen Staatsgalerie (➲), deren Bau heftige Diskurse in der Architektenschaft entfachte. Mit ihr schrieb Stuttgart Architekturgeschichte, denn sie ist einer der wegweisenden Bauten der Postmoderne.

Stuttgarts **Museumslandschaft** wurzelt in den höfischen Sammlungen. An deren Anfang steht die bis heute berühmte Kunst- und Wunderkammer der Renaissance. Sie wurde zeitweilig im Alten Lusthaus aufbewahrt, das sich an Stelle des Ehrenhofs des Neuen Schlosses befand. Ihre Artefakte lassen sich bis heute im Landesmuseum Württemberg im Alten Schloss (➲ Kap. 1) besichtigen, denn sie bilden historisch einen der Grundstöcke dieses Museums. Fürstlichem Sammeleifer geschuldet ist ebenso der Grundbestand der Staatsgalerie. Im 19. Jh. wurden die königlichen Sammlungen im Sinne der Volksbildung der Bevölkerung geöffnet. Doch anders als in München oder Berlin wurde Stuttgart zu keiner Stadt wegweisender Museumsbauten, denn hierzu fehlte das Geld. Immerhin konnte der seit 1833 diskutierte prestigeträchtige Bau eines Museums für die königliche Gemäldesammlung, die heutige Alte Staatsgalerie (➲), verwirklicht werden. Sie wurde Bestandteil einer ganzen Reihe von Kultur- und Staatsbauten entlang der heutigen Konrad-Adenauer-Straße, die auch die Vorläuferin der heutigen Württembergischen Landesbibliothek (➲ Kap. 12) umfasste. Hierin liegen die Ursprünge jener Kulturmeile, die in der Nachkriegszeit ausgebaut wurde und mit dem Bau von Neuer Staatsgalerie, Haus der Geschichte und Staatlicher Hochschule für Musik und Darstellende Kunst (➲) ihren Abschluss fand.

Der spektakulärste Museumsneubau wurde im 19. Jh. mit dem heutigen Haus der Wirtschaft für das Gewerbemuseum erstellt (➲), ein späthistoristischer Palastbau, dem gegenüber das 1910/11 nach dem Entwurf der Architekten Georg Eser, Georg F. Bihl und Alfred Woltz errichtete **Lindenmuseum** (Hegelplatz 1) geradezu schlicht wirkt. Es wurde auf Initiative des Vereins für Handelsgeographie als ethnologisches Museum konzipiert. Der Bau steht exemplarisch für die von Theodor Fischer geprägte Richtung der Reformarchitektur und zeigt in charakteristischer Weise zurückhaltend gegliederte Putzfassaden mit barocken und klassizistischen Motiven. Die Baumassen sind entsprechend dem Gelände am Hang eindrucksvoll gestaffelt und werden von einem Turm akzentuiert. Auf die Bestimmung weist die Portalplastik hin: Die Säulen überziehen Motive der Kunst der Maya und Azteken, den Bogen tragen als Atlanten Figuren eines Samoa-Insulaners und eines Afrikaners, uns heute merkwürdig anmutende, gänzlich unbefangene Anspielungen auf die deutschen

Erinnerung an den europäischen Kolonialismus: Figur eines Afrikaners am Portal zum Lindenmuseum.

Einflusssphären und Kolonien in Ozeanien und Afrika.

Von bürgerlicher Seite manifestierte sich das Kunstinteresse 1827 in der Gründung des Württembergischen Kunstvereins, der als einer der ältesten in Deutschland gelten darf. Er erhielt 1913 mit Theodor Fischers Kunstgebäude (➲) einen würdigen Sitz und Ausstellungsräume.

Damit Künstler arbeiten können, brauchen sie entsprechende Ateliers. Schon Leopold Graf Kalckreuth, seit 1899 Leiter der Kunstakademie, forderte daher ein eigenständiges **Atelierhaus** (Im Schellenkönig 56), für dessen Bau 1905 der Verein Württembergischer Kunstfreunde ins Leben gerufen wurde. Er erwarb ein Areal auf der Gänsheide, auf dem Bernhard Pankok, Leiter der Kunstgewerbeschule, bis 1906 einen stattlichen Atelierbau mit verglasten Zeltdächern errichtete. Dieser Bau wurde 1944 völlig zerstört. An seiner Stelle errichtete der Württembergische Kunstverein 1966–68 einen Neubau, den Paul Stohrer entworfen

Die talseitige Rasterfassade des Atelierhauses des Württembergischen Kunstvereins.

hat. Er umfasst, inspiriert durch das ein gutes Jahrzehnt ältere GEDOK-Haus (➲), 15 Ateliers mit zugeordneten Appartements. Die zum Tal orientierte Front mit den Ateliers ist weitgehend verglast. Stahlbetondecken und Wandvorlagen rhythmisieren den Bau, grauer Sichtbeton bestimmt zusammen mit braunen Klinkerwänden das Äußere. Stohrer gelang damit ein plastisch gegliederter Bau, der ein qualitätvoller Vertreter für die Architektur der 1960er-Jahre ist.

Bad Cannstatt, Wilhelmatheater

(Neckartalstr. 9)

Das Theater wurde 1839/40 nach Entwurf Ludwig von Zanths am Rand des Rosensteinparks als noble spätklassizistische Architektur mit Mittelrisalit und Kutschenvorfahrt verwirklicht. In Ädikulen stehen die Musen Thalia (Komödie) und Terpsichore (Tanz). Es ist eines der wenigen originär überlieferten Theatergebäude seiner Zeit in Deutschland und zeigt sich stark von Pariser Bauten beeinflusst. Das gilt u. a. für den der Kreisform angenäherten Innenraum mit Parkett und zwei Rängen, der den Besuchern eine gute Sicht auf die Bühne erlaubt. Einen deutlichen Bezug zur Antike stellt die Ausmalung mit Arabeskendekor und der als Sonnensegel gestalteten Decke dar, inspiriert von den Wandmalereien Pompejis. Zanth hatte auf seiner gemeinsam mit dem französischen Architekten Jakob Ignaz Hittorff 1822–24 unternommenen Italienreise die antike Dekorationsmalerei sehr intensiv studiert. In mehreren Publikationen hatten die beiden anschließend ihre Erkenntnis über die Polychromie antiker Architektur veröffentlicht. Hittorff und Zanth wendeten diese grundlegende Erkenntnis in ihren Bauten an. Die Dekorationsmalerei im Zuschauerraum steht dafür exemplarisch.

Das Theater, das seit 1962 aus feuerpolizeilichen Gründen nicht mehr bespielt werden durfte, wurde 1985–87 aufwändig instand gesetzt. Dabei wurden auch die beiden 1903–09 angebauten Treppenhäuser wieder entfernt. Die starke Farbigkeit der von Zanth entworfenen Ornamente konnte auf Grundlage restauratorischer Untersuchungen durch das Landesdenkmalamt und anhand von Originalentwürfen Zanths wiedergewonnen bzw. rekonstruiert werden. Das Wilhelmatheater dient seither der Hochschule für Musik und Darstellende Kunst als Proben- und Aufführstätte.

Einst Treffpunkt der feinen Gesellschaft, heute vom Verkehr umtost: das Wilhelmatheater.

Mitte, Altes Schauspielhaus

(Kleine Königstr. 7–9)

Das Schauspielhaus wurde 1909 nach Entwürfen von Albert Eitel und Eugen Steigleder für die Theaterbau-Aktiengesellschaft errichtet. Auf beengtem Raum entstand eine städtebaulich herausragende Lösung, indem das Theater im Versatz der Straße zwischen zwei Geschäftshäusern geschickt platziert wurde, markiert durch einen gerundeten Pavillon. Er nimmt im Obergeschoss das Foyer auf, das sich zu einer Terrasse über dem repräsentativ gestalteten Eingang öffnet. Mit Kuppel, Rustizierung und strenger Gliederung interpretiert die mit hellem Sandstein verblendete Fassade im Sinne der Reformarchitektur Stilelemente des 18. Jh. in neuer Form. Reliefdekors und Ornamente zeigen Jugendstilformen. Einbezogen in die Gestaltung wurden die beiden anstoßenden Geschäftshäuser, so dass der Eindruck eines großen Komplexes entsteht. Zuschauer- und Bühnenraum wurden unter optimaler Ausnutzung des Grundstücks diagonal zur Straße erstellt. Es handelt

Städtebaulich geschickt gelöst: die Fassade des Alten Schauspielhauses.

Ein Musentempel: das Große Haus des Staatstheaters.

sich um ein Rangtheater, das auf plastischen Dekor verzichtet. Die stützenfreien, den Zuschauerraum prägenden Schwünge der Ränge wurden durch den Einsatz des modernen Stahl- und Betonbaus möglich. Die Instandsetzung 1982/83 durch Roland Ostertag bewahrte die ursprüngliche Raumkonzeption.

Mitte, Württembergisches Staatstheater

(Oberer Schlossgarten 6)

Aus dem von Wilhelm II. ausgeschriebenen Wettbewerb zum Neubau des Hoftheaters ging Max Littmann als Gewinner hervor mit seinem Entwurf für den völlig neuen Typus des Doppeltheaters für Schauspiel und Oper, der 1907–12 verwirklicht wurde. Während das Schauspielhaus 1944 vollständig zerstört wurde, überstand das *Große Haus* den Krieg nahezu unbeschadet. Allerdings wurde das Innere 1956 durch Paul Stohrer purifizierend umgestaltet, was nicht nur den feierlichen Eindruck, sondern auch die exzellente Akustik minderte. Nicht zuletzt aufgrund von Bürgerinitiativen erfolgte 1983/84 die Rekonstruktion des Zuschauerraums nach erhaltenen Planunterlagen und auf Grundlage restauratorischer Untersuchungen – verbunden mit einer umfassenden Modernisierung der Bühnentechnik. Die heute nicht mehr als adäquat empfundene Bühnentechnik, die insbesondere eine zeitgleiche Bespielbarkeit mehrerer Vorstellungen verhindert, veranlasste seit 2017 intensive Diskussionen um Umbau- und Erweiterungsmaßnahmen am Opernhaus.

Littmanns Theater ist als Musentempel mit Säulenfront konzipiert. In seiner Rundung zeichnet sich der Zuschauerraum auch äußerlich ab. Vor ihm ist das festliche Foyer angeordnet. Der Zuschauerraum verschmolz im Sinne des Reformgeistes das traditionelle höfische Logentheater mit ansteigenden, quasi den Raum demokratisierenden Sitzreihen. Die neuartigen Stahl- und Betonkonstruktionen ermöglichten große Spannweiten für die Ränge. Es ließ sich daher mit wenigen Zwischenstützen auskommen, so dass auch vom dritten Rang eine gute Sicht auf die Bühne gegeben ist. Der in Grau und Silber gefasste Raum wird von einer flachen Kuppel überfangen, deren Segmente von Julius Mössel mit den Tierkreiszeichen bemalt wurden.

Ein Verwaltungsbau stellt die Verbindung zum *Kleinen Haus* her, das 1959–62 von Hans Volkart, Bert Perlia und Kurt Pläcking als Siebeneck an Stelle des alten Schauspielhauses um den sechseckigen Zuschauerraum errichtet wurde. Über Eck gesetzte hohe Verglasungen und ein schmales abschließendes Fensterband gliedern den mit weißem Marmor verkleideten Bau, der zu den qualitätvollen Vertretern der sachlich-funktionalen Theaterarchitektur der Zeit zählt.

Jüngstes Element ist der gläserne *Pavillon*, den Gottfried Böhm 1983/84 als Pausenraum zwischen Großem Haus und Verwaltungstrakt auf Stahlstützen hinter der Durchfahrt in den Hof stellte. Er schuf einen originellen Rundbau mit angesetztem Treppenturm, der gekonnt mit traditionsreichen Elementen in postmodernem Sinne spielt. Über dem zentral angeordneten Büffet geht der Blick hinauf in eine umlaufende Galerie und die mit facettierten Gläsern bestückte Kuppel.

Mitte, Gustav-Siegle-Haus

(Leonhardsplatz 28)

Der Unternehmer und Chemiker Gustav Siegle war einer der reichsten Männer des Landes, gleichwohl gehörte soziale Verantwortung gegenüber anderen zu seiner Selbstverpflichtung. In diesem Sinne gründeten seine Erben 1905 eine Stiftung zum Bau und Unterhalt eines Kulturhauses, das von Theodor Fischer konzipiert wurde. Es sollte für „Volkskonzerte" und „Volksvorträge" und damit zur Volksbildung genutzt werden. Fischer fügte in gelungener Weise den 1910–12 ausgeführten Bau proportional in die Altstadt ein und griff auf Elemente traditioneller Lokalarchitektur zurück. Das Gebäude wird geadelt durch die beidseitigen Freitreppen unter der Säulenloggia, die auf den Eingangsrisalit zulaufen, womit unmittelbar das Neue Lusthaus (➲ Kap. 1) zitiert wird. Anlehnungen an die Renaissance bilden auch die schlanken Säulen auf hohen Postamenten und das Rundbo-

Gegründet als Bildungsort für einfache Bürger: das Gustav-Siegle-Haus.

genportal zum Foyer im Erdgeschoss mit eingestellten Säulen, die Putten tragen. Im Krieg schwer zerstört, wurde das Gebäude 1953/54 durch den Fischerschüler Martin Elsässer in veränderter Form wieder aufgebaut. Mit seinen vier Sälen dient das Gustav-Siegle-Haus heute als Veranstaltungsort und als Probenraum für die Stuttgarter Philharmoniker.

Mitte, Liederhalle

(Berliner Platz 1–2)

Die Liederhalle stellt eines der herausragenden Monumente der Nachkriegsarchitektur und einen der richtungweisenden Konzertbauten in Deutschland dar. Die Architekten Adolf Abel und Rolf Gutbrod schufen hier 1955/56 in kongenialer Weise zusammen mit dem Akustikexperten Lothar Cremer und dem Künstler Blasius Spreng ein Gesamtkunstwerk, das als Musterbeispiel für das organische Bauen gilt. Mit der Liederhalle sollte ein atmosphärisch heiterer Bau geschaffen werden, wozu ganz wesentlich die Kunstkonzeption Sprengs beiträgt, der hier mit „formschaffender“ abstrakter Kunst Architektur und Flächenkunst vereinigte. So überzieht die Fassaden des Mozartsaals eine Komposition aus Verkleidungen und

Linien aus Naturstein, in die Bänder und Flecken aus Mosaik eingelassen sind. In ihnen sind Tiere wie Eidechsen und Vögel zu entdecken. Lange Steinbänder streben vom Vorplatz zum Haupteingang und leiten den Besucher ins Foyer. Dem Entwurf der Architekten lag die Idee des musikalischen Kontrapunktes zugrunde, bei dem gegenläufige Tonfolgen in eine Gesamtkomposition münden. Das verdeutlichen die drei in Grundriss und Material außen wie innen unterschiedlich gestalteten Säle, die durch das weiträumig angelegte Foyer verbunden werden, so dass eine abwechslungsreiche, individuelle Komposition erzielt wurde. Der Beethovensaal wurde über der Grundform eines Konzertflügels in Sichtbeton errichtet, sein Inneres zeichnet eine elegant geschwungene Empore aus, dynamisch ist die Decke gestaltet – beides Reminiszenzen an Theater- und Kinobauten des Expressionismus. Die asymmetrisch gestalteten Wandflächen reflektieren den Schall mehrfach und sorgen für eine herausragende Akustik. Im fünfeckigen, fast kristallin wirkenden Mozartsaal sind die Sitzreihen terrassenartig zu Gruppen zusammengefasst, ein Konzept, das hier erstmals angewandt wurde und ganz wesentlich Hans Scharouns Berliner Philharmonie beeinflusst hat.

Mitte, Alte Staatsgalerie

(Konrad-Adenauer-Str. 32)

Die herrschaftliche Attitüde kann die Alte Staatsgalerie als königli-

Einflüsse der Lichtspieltheater der 1920er-Jahre verrät die schwungvoll-dynamische Innenarchitektur des Beethovensaals in der Liederhalle.

Herrschaftlich: die Ehrenhofanlage der Alten Staatsgalerie mit Denkmal für den Bauherrn Wilhelm I.

ches Bauwerk mit ihrem Ehrenhof nicht verleugnen. Oberbaurat Gottlob Georg Barth schuf 1838–43 im Auftrag Wilhelms I. mit dem Museum der bildenden Künste unter Verwendung von Grundrissentwürfen Thourets quasi ein Residenzschloss für die königlichen Sammlungen. Es wurde nochmals 1881–84 mit zwei Flügeln nach Osten erweitert, so dass eine H-förmige Anlage entstand. Im Hof wurde zum Abschluss der Arbeiten als Erinnerung an den Stifter auf hohem Marmorsockel das bronzene Reiterbildnis Wilhelms I. aufgestellt, geschaffen von Johann Ludwig von Hofer.

Die Fassaden sind ganz dem württembergischen Klassizismus verpflichtet. Strenge Fensterreihungen bestimmen das Bild der Flügelbauten, nur die Eckpavillons und der Mittelbau sind durch Pilaster bzw. Vollsäulen gegliedert. Über den kopfseitigen Fenstern der Eckpavillons wird in Reliefs die Entwicklung von Bildhauerei und Malerei vorgestellt. Im Krieg schwer zerstört, wurde nur der Außenbau in den alten Formen wiederhergestellt.

Mitte, Neue Staatsgalerie, Staatliche Hochschule für Musik und Darstellende Kunst, Haus der Geschichte

(Konrad-Adenauer-Str. 16, 28, 30, Urbanstr. 25, 35)

Das Dreiflügelschema der Alten wird in der *Neuen Staatsgalerie* wieder aufgegriffen. Mit ihr schufen

Versatzstücke klassischer Architektur als ironisches Zitat: der Innenhof der Neuen Staatsgalerie mit dorischem Säulenportikus.

James Stirling, Michael Wilford and Associates 1979–84 einen der Schlüsselbauten der Postmoderne, der seinerzeit in Fachkreisen heftig diskutiert wurde. Mit der Staatsgalerie wurde die Bauaufgabe Museum zum Prestigeobjekt vieler Architekten; sie bildet den Auftakt einer ganzen Reihe von Museumsneubauten der letzten Jahrzehnte. Geschickt nutzten die Architekten die ansteigende Topographie, die mit Terrassen und Rampen aufgenommen wird. Stirling inszenierte die Galerie mit großem Gestus als öffentlichen Raum. Er lässt sich über einen innerhalb der offenen Mittelrotunde ansteigenden Weg erfahren.

Es entstand ein mit Naturstein verkleideter Monumentalbau, der die für ein Museum tradierte Repräsentationsform zeigt, diese aber gleich wieder ironisch mit verschiedenen Architekturzitaten und poppig-bunten, dicken Rohren in Himmelblau und Rosa bricht. Besonders deutlich wird dies in den scheinbar herausgebrochenen Quadern unter den Fenstern der Tiefgarage. Farbakzente spielen vor dem Hintergrund der in Travertin und Sandstein verblendeten Mauern eine zentrale Rolle. So setzt sich die knallgrüne Fassung der Glasfassaden im Noppenboden der Foyers von Museum und Theater fort. Die Ausstellungsräume selbst folgen dem tradierten Schema des 19. Jh. Sie bilden eine in Enfilade angeordnete Folge großer Räume mit Oberlichtern.

1992–96 und 1999–2001 erhielt die Neue Staatsgalerie mit der *Staatlichen Hochschule für Musik* und dem *Haus der Geschichte* ein städtebauliches Pendant, das noch von dem 1992 verstorbenen Stirling entworfen worden war. Es schließt stilistisch an die Staatsgalerie an, auch wenn Michael Wilford und Michael Schupp das Haus der Geschichte in veränderter Detailform ausführten. Ehrenhofartig legen sich die Flügel des Hauses der Geschichte zusammen mit denen des Kammertheaters um die Einmündung der Eugenstraße. Versetzt dahinter erhebt sich die Musikakademie, deren Wahrzeichen der breite, hohe Rundturm wurde, welcher u. a. den antikisch bunt gehaltenen Konzertsaal mit Säulengalerie und die Bibliothek aufnimmt. Mit hohem geböschtem Sockel und der gebogenen „Brustwehr“ assoziiert er Festungstürme der italienischen Renaissance. Seine Plattform bildet einen öffentlich begehbaren Raum mit hervorragender Aussicht auf die Stadt.

Mitte, Landesgewerbemuseum

(Haus der Wirtschaft; Willi-Bleicher-Str. 19, Schlossstr. 23, 25)

Mit dem Landesgewerbemuseum entstand 1890–96 nach dem Entwurf von Skjøld Neckelmann ein wahrer

Zitat renaissancezeitlichen Festungsbaus in postmoderner Form: der Turm der Musikhochschule.

Monumentaler Museumspalast des späten Historismus: das ehem. Landesgewerbemuseum, heute Haus der Wirtschaft.

Museumspalast, der den damaligen Stolz auf die Erzeugnisse der württembergischen Wirtschaft anschaulich macht. Er umfasste auch eine große Bibliothek und die Verwaltungsräume der „Königlichen Centralstelle für Gewerbe und Handel", aus dem sich das heutige Haus der Wirtschaft entwickelt hat.

Das monumentale Gebäude stellt einen der bedeutendsten Profanbauten des Späthistorismus in Stuttgart dar. Die vier Ecken besetzen eingestellte Rundtürme unter hohen Kuppeln, die Fassaden zeigen eine prachtvolle Architektur im Stil der italienischen Hochrenaissance. Komposite Pilaster und Säulen gliedern die Obergeschosse über dem wuchtigen Unterbau. Medaillons bedeutender württembergischer Ökonomen, Ingenieure und Unternehmer zieren die Fassade ebenso wie Masken, welche Forstwirtschaft, Weinbau, Fischerei und Jagd sowie die vier Elemente personifizieren. Das kostbar und prächtig gestaltete Innere ging 1944 unter, danach wurden einzelne Räume wie die Treppenhalle durch Zwischenwände und Decken verbaut. Erst mit den Umbaumaßnahmen 1986–89 durch das Stuttgarter Architektenteam Carl Fahr, Wolfgang Henning und Hans Martin Röper konnten sie in Teilen wiedergewonnen werden. Das Gebäude dient als Zentrum der Wirtschaftsförderung und umfasst Ausstellungsflächen sowie Kongress- und Tagungsräume.

Mitte, Kunstgebäude

(Schlossplatz 2)

Das Kunstgebäude veranschaulicht heute die Architekturauffassung von drei namhaften Hochschullehren, nämlich Theodor Fischer, Paul Bonatz und Günter Wilhelm. Es entstand auf Anregung des Künstlerbundes, da in Stuttgart eine Ausstellungshalle fehlte. So beauftragte Wilhelm II. schließlich Theodor Fischer mit dem Bau, der 1909–13 an Stelle des 1902 abgebrannten Hoftheaters neben dem Neuen Schloss umgesetzt wurde. Fischer löste die Aufgabe mit Bravour, indem er zum Schlossplatz hin eine luftige Loggienarchitektur entwarf, die zur Barockfassade des Palastes überleitet. Sie erinnert einerseits an das einst hier vorhandene Neue Lusthaus (➲ Kap. 1), ist andererseits aber deutlich von Bauten der italienischen Frührenaissance inspiriert, insbesondere von den Loggien in Florenz als wichtiger Kunststadt. So wurde der Bau zu einer sprechenden Architektur. Hinter der Vorhalle ragt die Kuppel mit dem vergoldeten Hirsch des Bildhauers Ludwig Habich auf.

Mit Ausnahme der Kuppelkonstruktion aus Eisenbeton wurde der Bau 1944 zerstört. Paul Bonatz wurde 1955 mit dem Wiederaufbau betraut und führte diesen in vereinfachten Formen aus. Er wahrte den Gesamteindruck, der von Arkadenhalle und Kuppel bestimmt wird, nahm aber Veränderungen und Vereinfachungen vor. Die Arkadenhalle schloss er mit einer hohen Flachdecke ab anstelle der abgehängten Gewölbekonstruktion und öffnete sie zum Schlossplatz. Nach Bonatz' Tod übernahm Günter Wilhelm die

Gebaute Leichtigkeit: das von Paul Bonatz wiederaufgebaute Kunstgebäude Theodor Fischers.

Fertigstellung, gestaltete das Innere konsequent zu klaren kubischen Ausstellungsräumen um und ergänzte den Komplex bis 1961 um eine Ausstellungshalle, einen mit Nagelfluh-Platten verkleideten Baukörper, der gegen den Schlossgarten vorgeschoben ist. Ein niedriger Trakt in Stahl-Glaskonstruktion verbindet ihn mit dem Vorderbau. Zwischen den beiden Blöcken öffnet sich ein Skulpturenhof. Nach der Eröffnung des Kunstmuseums 2005 steht nun die Umsetzung eines neuen Nutzungskonzepts an.

Nord, GEDOK-Haus

(Hölderlinstr. 17, Seidenstr. 64)

Die Architektin Grit Bauer-Revellio erstellte 1953/54 für die Gemeinschaft Deutscher und Österreichischer Künstlerinnen (GEDOK) in Hanglage einen Wohn- und Atelierbau. Die innere Aufteilung zeigt sich in zwei parallel gesetzten Baukörpern. Der etwas höhere, nördliche zeigt einen betont flächigen Aufbau mit Fensterbändern und Fenstern für die Ateliers. Die großen Glasflächen des Treppenhauses, die eine ganze Achse einnehmen, bringen in den horizontal gerichteten Bau einen vertikalen Zug. Die Anlehnung an das Neue Bauen der Vorkriegszeit ist unverkennbar. Gegen das Tal liegen die Appartements, dementsprechend öffnet sich die Fassade in plastischer Durchgestaltung mit einem Raster aus Loggien zur Stadt, welche die ganze Breite der Wohnungen einnehmen. Möglich wurde dies durch die damals neuartige

Die dem Tal zugewandte Front des GEDOK-Hauses mit farbigen Balkonbrüstungen.

Passend zur Funktion gibt sich das Planetarium mit technisch-konstruktiven Elementen fast futuristisch.

Schottenbauweise, bei der die Querwände das konstruktive Gerüst bilden. Gelb-weiße Brüstungselemente und Markisen setzen einen heiteren Akzent. Im Erdgeschoss fand eine Galerie Platz. 1958 wurde der Komplex noch um das Gartenatelierhaus mit Appartements, Ateliers und einem Ballettsaal ergänzt.

Mitte, Carl-Zeiss-Planetarium

(Willy-Brandt-Str. 25)

Mit dem Planetarium schuf Wilfried Beck-Erlang 1975–77 einen futuristisch anmutenden Bau, der mit seinem technizistischen Äußeren das Thema Raumfahrt aufgreift und Einfluss auf spätere Planetarien haben sollte. Die Kuppel des Projektionsraumes besteht aus Betonfertigteilen und ist an einem Stahlgitterwerk aufgehängt, dessen Arme wie Spinnenbeine über der gestuften Pyramide des Außenbaus aus getöntem, schalldämmendem Glas geführt sind. Sie ruhen auf sechs frei im Foyer stehenden Betonpfeilern, wirken aber äußerlich so, als säßen sie auf breiten Fußstücken. Fast glaubt man sich einer gelandeten Raumsonde gegenüber, eine sicher beabsichtigte Wirkung. Im Foyer steht seit 2001 als technisches Denkmal jener von der Firma Zeiss konstruierte Projektor vom Typ ZEIS-Modell VI A, der ursprünglich im ersten Stuttgarter Planetarium auf dem Dach des Hindenburgbaus gestanden hat. 2013 wurde der Kuppelsaal mit seiner Bestuhlung saniert und behutsam modernisiert.

SPITÄLER UND WAISENHÄUSER –

Bauten für Gesundheit und Wohlfahrt

Die Versorgung der Kranken, der Alten und der Bedürftigen zählt zu den zentralen sozialen Aufgaben der städtischen Gemeinschaft. Mit dem Wachstum der Stadt infolge der Industrialisierung wurden nicht nur moderne Krankenhausbauten nötig, sondern auch Fürsorgeinstitutionen für Wohnungslose und Kinder.

Christliche Fürsorge für die Kranken unter dem Schutz Mariens signalisiert der repräsentative Eingang zum katholischen Marienhospital.

Das erste Stuttgarter „Krankenhaus“ lässt sich um 1350 im Feld- oder Sondersiechenhaus nachweisen, das in der üblichen Weise vor den Mauern im Areal der heutigen unteren Königstraße lag. Es diente vorzugsweise der Aufnahme von Aussätzigen. Das galt noch für das 1560 durch Herzog Christoph errichtete Lazarett vor den Mauern der Leonhardsvorstadt, das vorzugsweise Pestkranke aufnahm und bis 1828 als Krankenhaus genutzt wurde. Hingegen war das durch Katharina von Helfenstein, Gemahlin Graf Ulrichs IV., 1350 gestiftete Spital innerhalb der Mauern kein Krankenhaus im heutigen Sinne. Es diente vielmehr der Armenfürsorge, als Altersheim, Waisenhaus und Herberge. Nach der Reformation fand es 1536 sein Quartier im aufgelösten Dominikanerkloster, dem heutigen Hospitalhof. Aus ihm ging das Bürgerhospital als Krankenhaus hervor, das hier bis zum Neubau 1894 verblieb.

Anfang des 19. Jh. stellte sich die medizinische Situation katastrophal dar. In der rasch wachsenden Stadt standen nur veraltete Gebäude zur Krankenpflege zur Verfügung und die Zahl der Betten war bald zu gering. König Wilhelm I. ließ daher 1820–28 nach dem Entwurf Nikolaus Thourets das klassizistische **Katharinenhospital** (Kriegsbergstr. 60) als erstes allgemeines Krankenhaus errichten, benannt nach seiner jung verstorbenen Gemahlin, die sich auch um die medizinische Versorgung der Untertanen bemüht hatte. Dieser erste moderne Krankenhausbau wurde allerdings 1944 zerstört.

Trotz Erweiterungen reichte das Katharinenhospital für die wachsende Industriestadt nicht aus. So entstand außer dem von katholischer Seite initiierten Bau des Marienhospitals (➲) 1889 das **Karl-Olga-Krankenhaus** (Hackstr. 61). Es wurde 1910 durch die Architekten Eitel & Steigleder um eine chirurgische Abteilung erweitert, die allen Anforderungen der Zeit an ein modernes Krankenhaus entsprach. Sehr typisch sind die großen Terrassen auf

Äskulap, der griechisch-römische Heilgott der Antike, ziert die Fassade des Karl-Olga-Krankenhauses im Stuttgarter Osten.

den Seitenflügeln für die Freilufttherapie. Der Komplex wurde 1929/30 durch Eitel nochmals vergrößert. Die Erweiterung in Formen des Neuen Bauens ist an der südlichen Längsfront terrassenförmig gestuft und vertritt damit einen neuen Krankenhaustyp, den erstmals Richard Döcker 1926 für Waiblingen entworfen hatte und von dem nur wenige Beispiele überliefert sind.

Im Westen wurde 1904–06 nach Entwürfen des Architekturbüros Bihl &Woltz das **Wilhelmshospital** (Rosenbergstr. 38) errichtet, von dem aber weitgehend nur noch die Außenmauern und die Treppenhäuser überliefert sind. Der Bau präsentiert sich in neubarocken Formen, wie sie für Krankenhäuser im frühen 20. Jh. beliebt wurden. Polygonale Seitenrisalite zeigen im Äußeren die Lage der Tagesräume an. Ein Vorgarten trennt den repräsentativ wirkenden Bau vom Straßenraum.

Wie ein Schlossbau in einem Park wirkt das **Rudolph-Sophien-Stift** (Leonberger Str. 220), ein mehrflügeliger Komplex mit Innen- und Gartenhof, 1912–14 von Rudolf Lempp und Hermann Riethmüller errichtet. Die Anlage geht auf eine Stiftung des Unternehmers Rudolph Knosp und seiner Frau Sophie zurück und ist ein typischer Vertreter des Reformstils: Schlichte Putzfassaden und sparsam gesetzte Ornamente bestimmen den Komplex, der als Sanatorium für Rekonvaleszente gedacht war, aber schon nach Ausbruch des I. Weltkriegs 1914 vom Militär als Lazarett beschlagnahmt wurde.

Immer wieder traten württembergische Königinnen als Wohltäterinnen hervor, eine Aufgabe, die das Bild der treusorgenden Landesmutter festigte. Königin Katharina setzte sich sehr für die Bedürftigen im Lande ein. So stiftete sie 1817 den Wohltätigkeitsverein. Er bildete auch den Grundstock zu einem 1819 eingerichtet Fond, aus dem es möglich war, in Plieningen die **Wilhelmspflege** (Bernhauser Str. 20) als Erziehungsanstalt verwahrloster Kinder zu erstellen. Teil des Unterrichts war die Landwirtschaft, die unter König Wilhelm I. besonders geför-

Klassizistische Strenge für ein Erziehungsinstitut: die Wilhelmspflege in Plieningen.

dert wurde. Der längsrechteckige, heute stark veränderte Bau hat einen dorischen Säulenportikus. Er wurde von Oberbaurat Friedrich Bernhard Adam Groß entworfen und 1841 eingeweiht.

Königin Olga stiftete 1856 in Erinnerung an ihren Vater, Zar Nikolaus I., die **Blindenanstalt Nikolauspflege** (Am Kräherwald 271), für die das Architekturbüro Eisenlohr & Weigle 1906 einen großen villenartigen Bau errichtete. Die winkelförmige Anlage zeichnet sich durch eine für den Reformstil typisch malerische Gruppierung der Baukörper unter hohen Mansard- und Walmdächern aus, die Fassaden lehnen sich stilistisch an das 18. Jh. an. Hier, in der Abgeschiedenheit und Stille der Natur, wurden blinde Kinder unterrichtet.

Ein weiteres Zeugnis für das soziale Engagement der Königsfamilie, vor allem aber für die Kindergartengeschichte in Württemberg stellt die **Wera-Pflege** in Botnang dar (Furtwänglerstr. 24). Das 19. Jh. hatte den Kindergarten hervorgebracht. Nötig wurden solche Einrichtungen, da im Zeitalter der Industrialisierung auch viele Frauen außerhäusig in den Fabriken arbeiteten. Nun konnten in entsprechenden Stätten kleine Kinder tagsüber eine Betreuung erhalten. Großzügige Stiftungen König Karls, Königin Olgas und vor allem der Herzogin Wera ermöglichten im Jahr 1874 die Errichtung des Ziegelbaus mit Kniestock in Fachwerk. Große Rundbogenfenster belichten die Räume des in historistischen Formen errichteten, an Landhausarchitektur angelehnten Gebäudes.

Turmreicher Krankenpalast im Stil der Neurenaissance: das Marienhospital.

Die Industrialisierung und die nach Stuttgart zuziehenden Menschenmassen führten zu erheblicher Wohnungsnot. Verschiedene Vereine, allen voran der von dem Bankier Eduard Pfeiffer begründete Verein für das Wohl der arbeitenden Klassen, aber auch die Kirchen engagierten sich im Bau von **Wohnheimen** für alleinstehende Arbeitskräfte. Ein anschauliches Beispiel ist das *Josefsheim* (Haußmannstr. 160), 1905–07 von Emil und Paul Kärn als kath. Arbeiterwohnheim errichtet. An den Putzfassaden kontrastiert reicher Schmuck aus Blütenranken zu den glatten Flächen. Der Eingang sitzt in einer rustizierten Hufeisenblende, über der ein feuerspeiender Löwe und ein Affe den Namenszug rahmen. Hier wird deutlich, wie man bemüht war, auch den Arbeitern ein schönes, freundliches und würdiges Zuhause zu schaffen.

Süd, Marienhospital

(Böheimstr. 37)

Das Marienhospital ist der am besten erhaltene Krankenhausbau des 19. Jh. in Stuttgart. 1984 verhinderten Bürger und Denkmalschützer den geplanten Abriss. Der 1887–90 nach Entwurf von Robert von Reinhardt für den Krankenpflegeorden der Barmherzigen Schwestern errichtete, prachtvolle Bau in Neurenaissanceformen erhebt sich wie ein Landschloss über einer Gartenterrasse vor den modernen Erweiterungen der Nachkriegszeit. Er ist ausgezeichnet durch eine vielgliedrige Architektur aus Schweifgiebeln, Türmen und Pavillons. Weiße Putzflächen kontrastieren zu roten Werksteinelementen.

Das Marienhospital war seinerzeit eines der modernsten Krankenhäuser, es verband die neue Pavillonbauweise mit der bisher üblichen Form lang gestreckter Trakte. Bis heute sind wesentliche Merkmale wie die gut belichteten Krankensäle, die teilweise in den rückwärtigen achteckigen Pavillonbauten untergebracht wurden, und die Patiententerrassen vor dem Erdgeschoss erhalten. Nicht überliefert ist die reich ausgestaltete, 1974 abgebrochene Kapelle, die in Verlängerung des Haupteingangs stand.

West, Städtische Frauenklinik

(Hasenbergstr. 62)

Die Frauenklinik, derzeit durch das Jugendamt und eine Kindertageseinrichtung genutzt, wurde 1925 nach Plänen des Städt. Hochbauamts errichtet. Sie umfasst einen lang gestreckten Haupttrakt und gegen Nordosten angesetzte Seiten-

Unter dem Hof der ehem. Städtischen Frauenklinik liegt ein Krankenhausbunker, dessen Installationen wie z. B. die Gasschleuse in weiten Teilen noch original überliefert sind.

Schmitthenners Umbau des barockzeitlichen Waisenhauses spiegelt sich u. a. in der Bauskulptur über den Eingängen.

flügel, alle vereinigt unter einem hohen Walmdach. Die Putzfassaden sind streng gegliedert, wobei die hochrechteckigen Fenster entsprechend der Räume dahinter in Gruppen zusammengefasst sind. Die westliche Schmalseite ist in Loggien aufgelöst, eine weitere Loggia ist gegen den Garten vorgestellt. Hier und da zeigen sich expressionistische Akzente, so in den Spitzbogen an der Straßenseite, die bewusst an mittelalterliche Spitalbauten erinnern.

1940/41 erhielt die Klinik einen Operationsbunker unter dem Innenhof, der bis heute in Struktur wie auch Details original überliefert ist. So blieben u. a. fluoreszierende Anstriche zur Orientierung bei Stromausfall und Beschriftungen sowie diverse Beleuchtungs- und Belüftungssysteme erhalten, welche ein eindrückliches Bild von den Vorbereitungen für den Luftkrieg vermitteln.

Mitte, Waisenhaus

(Charlottenplatz 17)

Die Einrichtung einer zumindest kleinen stehenden Truppe aus Infanterie und Kavallerie im 17. Jh. ver-

Wohnen in staubfreier, reiner Luft am Stadtrand: Tuberkulosensiedlung Ziegelklinge.

anlasste Herzog Eberhard Ludwig zum Bau einer Kaserne für die Leibgarde zu Pferde. 1705 begannen die Arbeiten nach Plänen von Philipp Joseph Jenisch und Johann Ulrich Heim. Mit der Verlegung der Residenz nach Ludwigsburg erfuhr die Anlage rasch eine Nutzungsänderung: Man funktionierte sie zum Waisenhaus um, das 1712 eröffnet wurde. 1922 zog das Waisenhaus nach Ellwangen um, der Komplex wurde 1924/25 vollständig für das Deutsche Ausland-Institut umgebaut. Erhalten blieben nur die beiden unteren Geschosse, auf die Paul Schmitthenner ein zweites Obergeschoss und das prägende Walmdach aufsetzte, das von Reihen hoher Zwerchhäuser akzentuiert wird. Mit beidem übernahm er aber das gewohnte Bild. Er orientierte sich an der lokalen Bautradition und den Gebäuden der Umgebung. So stehen im Innenhof runde Treppentürme und erinnern wie einige kreisrunde Fenster an das benachbarte Alte Schloss. Nach der Kriegszerstörung stellte Schmitthenner den Bau wieder in der alten Form als Institut für Auslandsbeziehungen her.

Süd, Siedlung Ziegelklinge

(Sandweg 2–18, Sperlingstr. 20–46)

Das speziell für Tuberkulosekranke am Stadtrand im Grünen errichtete Wohnquartier Ziegelklinge stellt quasi die kleine Schwester der Weißenhofsiedlung dar (➲ Kap. 11). Sie umfasst fünf dreigeschossige Reihenhäuser, die 1927 durch das Städt. Hochbauamt unter Baudirektor Franz Cloos und Baubürgermeister Daniel Sigloch geplant wurde. Die genehmigten Entwürfe wurden durch die Architekten Ernst Schleicher und Albert Schieber 1928 überarbeitet. Initiiert wurde die Siedlung von der Württembergischen Landesversicherungsanstalt für ihre Versicherten aus finanziellen Überlegungen heraus. Durch eine geringere Verweildauer im Krankenhaus sollten die Kosten für die Patienten gesenkt werden, eine bessere Genesung im häuslichen Umfeld sollte auch eine Heimarbeit ermöglichen. Die Siedlung ist ein einmaliges Zeugnis für die Krankenfürsorge seitens der Stadt. Die Grundrissstruktur ist auf die Bedürfnisse der Patienten und ihrer Familien zugeschnitten. Für die Kranken wurde im obersten Geschoss jedes Hauses ein großer Tagesraum eingerichtet, der sich zur überdeckten Terrasse nach Süden öffnet, die neben Licht und Luft die Aussicht über die Stadt bietet. Zwischen Küche und Wohnzimmer im Erdgeschoss wurde ein Kachelofen eingebaut, der beide Räume heizt und für die oberen Stockwerke eine Warmluftheizung ermöglicht. Im ersten Obergeschoss befanden sich Bad und Toilette. Die Reihenhäuser zeigen das Interesse des Städt. Hochbauamts mit ihrem Leiter Cloos an den Ideen des Neuen Bauens. Die kubischen Baukörper sind mit ihren Flachdächern charakteristische Vertreter der frühen Moderne und bilden die erste Siedlung der Neuen Sachlichkeit in Stuttgart. Sie werden durch Fensterbänder und in der Vertikalen durch bewusst sichtbar gemachte Fallrohre gegliedert. Klinkerrahmungen der Türen und Gitter an den Nordfassaden lassen noch den Expressionismus nachklingen. 2017–19 wurden die einzelnen Gebäude auf der Grundlage einer bauhistorischen Analyse in mehreren Bauabschnitten instand gesetzt und durch ein Blockheizkraftwerk ergänzt.

Mitte, Eduard-Pfeiffer-Haus

(Heusteigstr. 45)

Mit dem Eduard-Pfeiffer-Haus entstand 1889/90 nach dem Entwurf von Louis Wittmann und Louis Stahl ein wahrer Arbeiterpalast. Über dem hohen, als rustizierte Sockelzone gestalteten Unterbau erheben sich durch Pilaster gegliederte Fassaden. In der Beschränkung auf die dorische Säulenordnung zeigt sich jedoch der bürgerliche Charakter. Die Architekturformen sind an die italienische Renaissance und den französischen Barockklassizismus angelehnt, womit ein im besten Sinne des späten Historismus eklektizistischer Bau entstand.

Auftraggeber war der Verein für das Wohl der arbeitenden Klassen. In Zeiten der Wohnungsnot bot dieser Bau Unterkünfte für rund 240 alleinstehende Männer. Er umfasste überdies eine Bibliothek, Unter-

Ein Palast für die Wohnsitzlosen und Arbeiter: das Eduard-Pfeiffer-Haus.

richtsräume zu Fortbildungen und Wirtschaftsräume wie Volksküche und Wäscherei. Rückwärtig wurde ein Festsaal angebaut, der u. a. dem Arbeiterbildungsverein für Proben und Aufführungen seiner Theatergruppe diente. Der mehrfach überfasste und 1985–87 rekonstruierte Saal mit rechteckiger Bühne wird an drei Seiten von einer Empore mit dekorativen Schmiedeeisengittern und Stucksäulen umlaufen. Die Bemalung der Kassettendecke entspricht wieder dem Befund der zweiten Fassung von 1912. 1947–52 tagte hier nach Zerstörung des alten Ständehauses in der Kronprinzenstraße der württemberg-badische Landtag und anschließend bis zur Fertigstellung des neuen Parlamentsgebäudes bis 1961 der Landtag (➲ Kap. 1) des neuen Bundeslandes Baden-Württemberg. Damit ist das Eduard-Pfeiffer-Haus neben seiner architektur- und sozialgeschichtlichen Bedeutung ein aussagekräftiges landeshistorisches Dokument. Das Wohnheim wurde 2005 modernisiert, das Haus beherbergt heute u. a. eine Kochschule.

15

MINERALWASSER UND GRÜNANLAGEN –

Bauten für Erholung und Freizeit

Baden in Mineralwasser – das kann man in nur wenigen Großstädten. Die warmen Quellen in Bad Cannstatt haben schon die Wildbeuter der Altsteinzeit aufgesucht, als sie ihren Beutetieren folgten. Im 19. Jh. entwickelte sich das Städtchen zum Modebad, doch mit der Industrialisierung stagnierte der Betrieb. Freizeitvergnügen für die Massengesellschaft der modernen Großstadt boten Gasthäuser, Schwimmbäder und seit dem frühen 20. Jh. auch das Kino.

Altsteinzeitliche Geweih- und Knochenfunde im Cannstatter Travertin (Altes Schloss, Landesmuseum Württemberg).

Ob die Wildbeuter bereits die Freuden eines erholsamen Bades genossen, wissen wir nicht. Doch wäre es durchaus möglich, dass sie die warmen Mineralwässer im Gebiet Bad Cannstatts zu schätzen wussten. Jedenfalls suchten in der Altsteinzeit um 250.000 v. Chr. nicht nur zahlreiche Tiere die damals von Mineralwasser überrieselten Travertinterrassen und mineralhaltigen Tümpel in der nahrungsreichen Neckarniederung auf, sondern auch der Homo Erectus. Das belegen jedenfalls Funde von bearbeiteten Tierknochen, Werkzeug und einer hölzernen Lanze, die in den Cannstatter Travertinsteinbrüchen (➲ Kap. 10) zu Tage kamen. Sie verweisen auf Lagerplätze des Frühmenschen, der hier während einer Warmperiode auf die Jagd ging, u. a. auf Waldelefanten. Pfostenlöcher weisen gar auf einen Unterstand oder ähnliches hin.

Die Römer, die großen Wert auf erholsame **Bäder** legten, werden den Wert des Mineralwassers wohl erkannt haben, wenn dies auch nicht gesichert ist. Mit ihnen kam für eine Weile eine hochentwickelte Badekultur ins Land. Das Kastellbad von Bad Cannstatt lag im Bereich des heutigen Steigfriedhofs, ferner existierte als Teil der größeren Talsiedlung am rechten Ufer nachweislich eine Therme, deren Reste 1818 aufgefunden wurden. Badegebäude waren grundsätzlich auch Bestandteil von Gutshöfen, wie das 1843/44 ausgegrabene Privatbad der *villa rustica* in Münster belegt. Beheizt wurden die Bäder, die Warm- und Kalträume mit verschieden temperierten Becken umfassten, über Hypokaustheizungen, welche Böden und Wände erwärmten. Jüngst wurde ein weiteres Bad im S 21-Areal gefunden.

Die Cannstatter Mineralquellen dürften auch im Mittelalter bekannt gewesen und genutzt worden sein. Doch ist die vor den Toren der Stadt, im Areal der heutigen Badstraße gelegene und 1377 erstmals erwähnte Badstube nicht mehr erhalten. Daneben existierten offenbar noch weitere Badehäuser, denn das Mittelalter kannte eine ausgeprägte Badekultur.

Die salzhaltigen Wasser Cannstatts wurden u. a. wirtschaftlich genutzt, weil sie bei konstanter Temperatur von 18,3° auch im Winter den frostfreien Betrieb von Mühlen ermöglichten. 1773 ließ Herzog Carl Eugen eine Mineralquelle erbohren, weil er auf einträgliche Geschäfte mit der Salzgewinnung spekulierte. Seine Hoffnungen zerschlugen sich, das Wasser trieb dann eine Ölmühle an. Doch es war dieser artesische Brunnen, aus dem sich wenig später das Kurbad entwickelte. Bald schon wurde die Quelle gefasst und die Umgebung zu Beginn des 19. Jh. gärtnerisch gestaltet. Der „Verein zur Besserung der Bade- und Kuranstalten" suchte das Kurwesen zu entwickeln, nachhaltig gefördert durch Wilhelm I., der immer wieder Geld zuschoss. Für einige Jahrzehnte blühte Cannstatt als eines jener Modebäder auf, in denen sich Adel und Großbürgertum trafen, denn Kuren war ein Gesellschaftsereignis. In Cannstatt selbst entstand eine Reihe von privaten Kuranstalten und Badehäusern nebst vornehmen Hotels. Doch nach 1870 begann der Niedergang des internationalen Gesellschaftsbads, wozu auch die wachsende Industrialisierung und der Zuzug zahlreicher Arbeiter beitrugen, deren Anblick die feinen Leute vertrieb. Von Cannstatts glorreicher Zeit zeugen heute nur noch Kursaal und Park (➲). Die Mehrzahl der Bäder und Hotels ist hingegen verschwunden, nur die ehem. Heilanstalt *von Heine* steht noch, wenn auch verändert, in der Badstraße 15.

Für die Arbeiter stellten sich ganz andere Probleme: In ihren Wohnungen gab es meist keine Bäder. Die Möglichkeit zum Reinigungsbad und zur Erholung boten öffentliche **Badeanstalten**, die bis um 1920 allerdings privat betrieben wurden. Bereits 1842 eröffnete das Berger Mineralbad am Neckarufer. Das erste Stuttgarter Hallenbad in maurischem Stil an Stelle der heutigen Liederhalle wurde 1889 von Geheimrat Leo Vetter gestiftet, der auch im Osten 1910 ein Bad finanzierte. Doch schließlich wurde auch die Stadt aktiv: Im Arbeiterviertel Heslach entstand ein städtisches Hallenbad mit Reinigungsbädern (➲) und in Untertürkheim gleichzeitig 1927–29 das *Inselbad* (Inselbad 1) als Freibad. Dieses steht für gewandelte Moralvorstellungen, denn die bisher strikte Trennung zwischen Frauen und Männern war nun aufgehoben, wie das Familienbecken zeigt. Als Schönheitsideal galt jetzt nicht mehr vornehme Blässe, sondern der gebräunte Körper. Überall entstanden Sonnen- und Luftbäder, die dem Großstadtmenschen und Industriearbeiter Erholung und Licht verschaffen sollten. Beides ließ sich

Das Inselbad in Untertürkheim, ältestes Freibad Stuttgarts.

mit dem Freibad kombinieren. Das Inselbad wurde von Paul Bonatz und Friedrich Eugen Scholer entworfen. An seinem Rand erstreckt sich ein zweigeschossiger Trakt in langgezogener L-Form, betont durch einen Uhrturm. Er steht mit Flachdächern ganz im Zeichen des Neuen Bauens. Für Invaliden wurden ein eigenständiger Garderobenbau und ein eigenständiges Bad in einem umschlossenen Hof (heute FKK-Bad) erstellt – der I. Weltkrieg lag gerade zehn Jahre zurück. Bis in Details wie die Türen im Obergeschoss des Umkleidebaus und kleine Brunnen ist die Anlage original überliefert. Vervollständigt wird das Ensemble durch den von Walter Betting 1953/54 erstellten Eingangsbau von schwebender Leichtigkeit.

Ein bedeutendes Hallenbad der Nachkriegszeit findet sich in Feuerbach (Wiener Str. 53), das zusammen mit der Louis-Leitz-Schule ein räumlich verbundenes Ensemble bildet. Das 1959–64 erstellte Gebäude mit seinem sphärisch geschwungenen Dach und der an drei Seiten verglasten Schwimmhalle wurde wie

Guter Ausblick: barockzeitlicher Erkervorbau am Gasthof Zum Waldhorn in Rohracker.

die Schule von Manfred Lehmbruck geplant und weist Reinigungsbäder und Duschen auf, die in der Nachkriegszeit durchaus noch benötigt wurden. Beeindruckend sind die in die Fassade eingebauten Scheiben mit der „O Du mein Neckar“ betitelten Kunst am Bau von HAP Grieshaber.

Mit den Bädern war eine neue Freizeiteinrichtung entstanden. Bisher waren es vor allem öffentlich zugängliche Parkanlagen gewesen, welche die Bürger zur Erholung eingeladen hatten. Aber auch zahlreiche **Gasthöfe** und Gartenwirtschaften dienten dem Freizeitvergnügen. In den Vororten sind oftmals noch alte Dorfgasthöfe erhalten, es sind meist stattliche Bauten. Besonders originell ist das *Gasthaus Zum Waldhorn* in Rohracker (Rohrackerstr. 283), in dessen vorgestelltem, von einer Holzsäule getragenen Achteckerker angeblich Schiller einen Teil der „Räuber“ geschrieben haben soll. Im 19. Jh. entstanden neben den Gasthöfen oft eigene

Saalbauten für Feste, so am ehem. *Gasthof Frank* (Schickhardtstr. 5). Der Bierbrauer Emil Frank ließ 1894 durch das Büro Bihl & Woltz einen dreigeschossigen Ziegelbau mit farbig kontrastierenden Werksteinelementen errichten. Die Säle wurden ab dem frühen 20. Jh. oft für Vorführungen des neuen Mediums Film genutzt. Es ist daher kein Wunder, dass im Saalbau des Gasthofs Frank 1946 ein Kino eingerichtet wurde, ein seltener Vertreter dieser Gattung in Stuttgart.

Das **Kino** avancierte sehr schnell zum Liebling der Massenunterhaltung. Dem trugen prachtvolle Lichtspieltheater wie der *UFA-Palast* (➲) oder die 1929 eröffneten, heute nicht mehr erhaltenen *Palast-Lichtspiele* in der Königstraße Rechnung.

Mit dem Wachstum Stuttgarts wurden **Grünflächen** als Erholungsräume immer wichtiger. Mehrfach haben Gartenschauen den Ruf Stuttgarts als grüne Stadt gefestigt und bedeutende Schöpfungen hinterlassen. So wurde schon 1870 im Rahmen einer Gartenbauausstellung der *Stadtgarten* (Keplerstr. 7) angelegt, dessen gründerzeitliche Struktur mit Schmuckbeeten allerdings nach dem Krieg völlig verändert wurde und der heute Bestandteil des Campus der Universität (➲ Kap. 12) ist. Mit der Reichsgartenschau 1939 entstand der Killesbergpark (➲). Vor allem die Bundesgartenschau von 1961 hat mit ihren von Walter Rossow begleiteten Neugestaltungsmaßnahmen zahlreiche bestehende Parkanlagen nachhaltig geprägt und maßgeblich zum heutigen Bild der Schlossgartenanlagen beigetragen. Mit ihr suchte man vor allem die königlichen Anlagen des Schlossgartens (➲) als großen Volkspark mit Spiel- und Freizeitmöglichkeiten für die demokratische Gesellschaft zum Naherholungsraum weiterzuentwickeln. Die Bundesgartenschau 1977 und die Internationale Gartenschau von 1993 haben die Parkanlagen zum „Grünen U" vom Schlossgarten bis zum Killesbergpark zusammengeführt.

Mitte, Rottweiler Hof

(Brennerstr. 21–23)

Ein schönes Beispiel für die Gasthofkultur des späten 19. Jh. findet sich in der Brennerstraße, wo 1899/1900 von Karl Hengerer für den Kaufmann Ernst Kercher ein Mietshauskomplex entstand, in dessen Erdgeschoss die Wirtschaft Rottweiler Hof eingerichtet wurde. Die im Stil der Neurenaissance gestaltete Fassade aus farblich kontrastierenden Ziegeln zeigt auf einem Fass Gambrinus. Der sagenhafte König und angebliche Erfinder des Bieres lädt den Becher hebend die Zecher ins Wirtshaus. Das Innere der Gaststätte hat bis heute die charakteristische bauzeitliche Ausstattung mit Wandvertäfelungen und hölzernem Blendbogen in Neurenaissanceforen am

König Gambrinus begrüßt die Zecher am Rottweiler Hof in der Leonhardsvorstadt.

Durchgang zum Nebenzimmer bewahrt. Statisch bedingte Säulen tragen die zu dekorativen Bögen geformten Unterzüge.

Mitte, Reithalle

(Forststr. 2)

Zur Förderung des schwächelnden Stuttgarter Pferdemarktes wurde 1887/88 von Robert Reinhardt, Professor an der Stuttgarter Hochschule, eine repräsentative Halle für Reit- und Pferdevorführungen errichtet. Tatsächlich wurde diese dann auch für landwirtschaftliche Ausstellungen und sogar Operettenaufführungen genutzt, spielte also für die Freizeitgestaltung der Stuttgarter eine nicht unerhebliche Rolle. Die zweigeschossigen Ziegelfassaden mit Werksteinelementen präsentieren sich zeittypisch im Stil der Neurenaissance. Dahinter ragt die ovale Eisen-Glas-Konstruktion der Halle empor, die im Inneren von einer Eisengalerie für Schau- und Kauflustige umlaufen wird. Die imposante, weitgespannte Konstruk-

Die Alte Reithalle – ein multifunktionaler Veranstaltungsraum des 19. Jahrhunderts.

tion fand schon zu ihrer Zeit große Beachtung. Der nach Kriegszerstörung 1944 vereinfacht wiederhergestellte Bau wäre beinahe dem Abbruch verfallen, wurde aber 1990 wieder als multifunktionaler Veranstaltungsort durch Behnisch & Partner instand gesetzt. Heute ist die Alte Reithalle in einen Hotelkomplex integriert und dient diesem als Bankettsaal.

Feuerbach, Turn- und Festhalle

(Kärntner Str. 48)

Die einst selbständige Stadtgemeinde Feuerbach verwirklichte zu Anfang des 20. Jh. eine Reihe kommunaler Repräsentationsbauten. Dazu zählt auch die anlässlich der Feuerbacher Gewerbe- und Industrieausstellung von Paul Bonatz und Friedrich Scholer 1911/12 errichtete Turn- und Festhalle. Vor ihr wurde ein großer Sportplatz angelegt, dessen Eingang zwei axial auf die Halle bezogene Torhäuser flankieren. Der ausgesprochen klare und beinahe schmucklose Putzbau erhebt sich über einer breiten Freitreppe. Sein Erscheinungsbild wird durch den zurückgesetzten Hauptteil mit der Halle unter Walmdach bestimmt, um den sich flache Seitenbauten

Antikische Reminiszenzen: die Turn- und Festhalle in Feuerbach mit vorgelagertem Fest- und Sportplatz.

und das Foyer mit Terrasse gruppieren. Die eingeschossigen Seitenbauten wurden 1982 in der Formensprache des Altbaus erweitert. Deutlich wird in einzelnen Motiven wie den Brüstungsgittern der Terrasse ein Bezug zur Antike – passend zum vorgelagerten Sportplatz, auf dem die Athleten antreten. Der Festsaal mit seiner Ausstattung ist sehr gut überliefert, an zwei Seiten gliedern ihn Säulen mit ägyptisierenden Blattkapitellen. Seine Holzdecke zieren Dekorationsmalereien von Wilhelm Weigle.

Möhringen, Badstube

(Pezoldstr. 1)

Selten sind mittelalterliche Badehäuser überliefert. Der verputzte zweigeschossige Fachwerkbau, der im Kern ins 15./16. Jh. datiert und dessen Dachstuhl 1607/08 abgezimmert wurde, verrät äußerlich nicht, dass es sich um die 1426 erstmals genannte Badstube handelt. Sie war bis ins 18. Jh. in Betrieb. Im giebel- und traufseitig erschlossenen Keller des Wohnhauses haben sich bis heute acht teilweise in den Fels gehauene Brunnenstuben mit einer konstanten Wassertemperatur von

11 °C erhalten. In einem der steinernen Tröge wurden sogar römische Ziegel gefunden, die auf die Zeit zwischen 100 und 260 n. Chr. datieren. Im Obergeschoss befanden sich Wohn- und Behandlungsraum des Baders, der auch als Arzt fungierte.

Bad Cannstatt, Kurpark mit Kursaal

(Königsplatz 1)

Für den wachsenden Kurbetrieb entstand als Wandelhalle und Festraum der *Kursaal*, der repräsentativ ans Ende einer vom Stadtzentrum zum Mineralbrunnen führenden Allee gesetzt wurde. 1825 wurde der Mittelbau nach dem Entwurf Thourets errichtet, Kostengründe führten dazu, dass die beiden anstoßenden Flügel erst 1834 bzw. 1835 mit königlicher Unterstützung erstellt werden konnten. Thouret schuf mit dem Mittelbau eine monumental wirkende Architektur, öffnet sich doch hinter einer halbrund vortretenden Kolonnade dorischer Säulen in einem großen Bogen der Haupteingang. Der 1906–08 von Albert Eitel angebaute kleine Kursaal nimmt Thourets klassizistische Formen auf und fügt sich so unaufdringlich ins Ensemble. Im Krieg schwer beschädigt, wurde das Innere vereinfacht wieder hergestellt. 1977/78 wurden beide Gebäude durch einen eigenständigen Bauteil verbunden. Vor dem Kursaal steht seit 1881 das Reiter-

Rares Relikt mittelalterlicher Badekultur auf dem Dorf: ehem. Badstube in Möhringen.

Inmitten von Grün gebettet liegen Alter und Neuer Kursaal Bad Cannstatt.

denkmal für den Förderer des Kurbetriebs, Wilhelm I., 1875 von Johann Halbig in Bronze gegossen.

Der umgebende *Park* gliedert sich in die Oberen und Unteren Anlagen. Letztere entwickelten sich aus den auf den Kursaal ausgerichteten Alleen. Anstelle der Mittelallee wurde allerdings 1961 eine Rasenfläche angelegt. Seitlich steht der 1910 von Emil Kiemlen geschaffene Juno-Brunnen.

Die Oberen Anlagen entstanden ab 1816, wurden 1821 durch Oberhofgärtner Johann Wilhelm Bosch als Landschaftsgarten ausgestaltet und bis 1925 mehrfach erweitert. Ihr ursprünglicher Charakter ist trotz leichter Überformungen der Nachkriegszeit anschaulich erlebbar. Eingebettet sind kleine Staffagebauten, deren älteste eine von Wilhelm I. 1861 gestiftete, klassizistische Pfeilerhalle ist, die als Aussichtspunkt auf Stadt und Umgebung dient. Unweit des Kursaals steht der 2018 sanierte hölzerne Musikpavillon von 1901 mit Konzertmuschel für das Orchester, unverzichtbarer Bestandteil jedes Kurgartens. Den Point de Vue einer weiten Rasenfläche bildet ein 1904 aus Gusseisen gefertigter Jugendstilpavillon.

Süd, Stadtbad Heslach

(Mörikestr. 62)

Das Stadtbad Heslach wurde 1927–29 durch Oberbaurat Franz Cloos errichtet und war seinerzeit die größte und modernste Badeanstalt Deutschlands. Es bildet eine dreiteilige Baugruppe aus verschieden gro-

Überwältigend wirkt die große Schwimmhalle des Stadtbads mit ihren weiten Parabelbögen.

ßen Kuben, welche das turmartige Treppenhaus mit Wasserreservoir im obersten Geschoss, die Schwimmhalle und einen viergeschossigen Kopfbau mit Verwaltungs-, Umkleide,- Kur- und Reinigungsbädern umfassen. Letztere sind eine zeittypische Erscheinung, denn in den 1920er-Jahren verfügten noch lange nicht alle Haushalte über ein eigenes Bad. Die schmucklosen Ziegelfassaden und die flachen Dächer machen das Stadtbad zu einem Vertreter des Neuen Bauens. Der an die Ecke geschobene Haupteingang mit weit vorkragender Dachplatte über gestufter Pfeilerarchitektur und die außen sichtbare Reihe der Stahlbetonstreben, auf denen die Bögen der Schwimmhalle ruhen, verleihen dem Bau einen expressionistischen Zug. Dieser kommt auch in den als Parabelbögen ausgeführten Parallel-Betonbindern über dem Schwimmbecken zum Tragen, die eine großartige Raumwirkung entfalten. Im Rahmen einer Generalsanierung 1990–93 wurde das bis dahin erhaltene Schwimmbecken in drei kleinere Becken unterteilt und die Eingangshalle neu gestaltet. Erhalten blieben die bauzeitlichen Umkleidekabinen.

Mitte, UFA-Palast

(Bolzstr. 10)

In den 1920er-Jahren schossen in den Großstädten als neue Bauaufgabe Kinopaläste aus dem Boden. Im Auftrag der Industriehof-AG wurde 1925/26 von den Berliner Architek-

Expressionistische Fassadengestaltung am ehem. Ufa-Palast in der Bolzstraße.

ten Bielenberg und Moser sowie dem Stuttgarter Büro Schmohl & Staehelin an Stelle des alten Hauptbahnhofs (➲ Kap. 7) der UFA-Palast errichtet. Er war das größte Lichtspieltheater Süddeutschlands und wurde schon 1928/29 vom Stumm- auf den modernen Tonfilm umgestellt. Als Vorbild fungierten die großen Broadway-Kinotheater der USA. Trotz Kriegszerstörungen und späteren Umbauten zählt der UFA-Palast immer noch zu den herausragenden Kinobauten der Epoche. Nach Wiederherstellung durch den Architekten Wilhelm F. Schuh 1949 neu eröffnet, bot er unter dem Namen Metropol nicht nur Filmvorführungen an, sondern bildete auch als Konzerthaus, Varieté und Kabarett einen der Mittelpunkte des Gesellschaftslebens.

Die Fassade zeigt mit profilierten Lisenen und abschließender gezackter Kalksteinbrüstung aus Dreiecken und Halbkreisen ein expressionistisches Dekor. Monumentale Wirkung verleihen dem Bau hohe Fenster in der Beletage mit Balkonen auf schmucklosen Konsolen. Als Erinnerung an den Bahnhof wurden in die Vorderfront des abgestuften Flachdachbaus drei Arkaden einbezogen, die den Hauptzugang bilden. Im Inneren vermittelt noch die Eingangshalle mit geschwungen geführten

Mit der Bundesgartenschau 1961 wurde der Schlossgarten zum Volkspark ausgestaltet. Für Unterhaltung sorgte u. a. ein Freiluftschachspiel.

Treppenläufen einen Eindruck von der einstigen Pracht. Im Kern erhalten ist auch der große Kinosaal, wenn auch durch Einbauten in den 1970er-Jahren und 1980 umgestaltet.

Mitte und Ost, Mittlerer und Oberer Schlossgarten, Akademiegarten

Der Schlossgarten ist in seinem Erscheinungsbild trotz älterer Elemente weitgehend ein Produkt der Nachkriegszeit. Angelegt wurde er unter König Friedrich 1807/08 nach Entwürfen von Nicolaus Friedrich von Thouret, der eine geschickte Mischung aus formalen Elementen mit einem Wasserparterre und landschaftlichen Partien mit natürlichen Wasserläufen schuf. 1817/18 entstanden entlang der Platanenallee nach Cannstatt die Unteren Anlagen. Nach und nach wurde der Park mit Skulpturen ausgestattet, so 1848 mit den Rossebändigern von Ludwig von Hofer. Für die Bundesgartenschau 1961 holte Horst Linde als Chef der Staatlichen Hochbauverwaltung Walter Rossow aus Berlin nach Stuttgart, um einen Neubeginn für die Schlossgartenanlagen zu schaffen. In gestalterisch hoher Qualität gelang es Rossow zusammen mit dem Gartenbaudirektor Werner Kaufmann den Oberen Schlossgarten und den Akademiegarten mit dem wiederaufgebauten Schloss und dem neu errichteten Landtag zu verbinden. Insbesondere mit der Gestaltung des Eckensees wurde eine Beziehung zu den Gebäuden Neues Schloss, Kunstgebäude, Oper und Kleines Haus sowie dem Landtag geschaffen. Es entstanden verschiedene neue Brunnen und Wasserspiele wie der Quellgarten und die Rasenbeete im Akademiegarten. Neu modellierte Hügelketten dienen als Sicht- und Lärmschutz, um so den Erholungsraum abzuschirmen. Die Anlage ist bis heute gut erhalten und zählt zu den herausragenden Gestaltungen der Nachkriegszeit. Im Rahmen der Bundesgartenschau 1977 erlebten vor allem Mittlerer und Unterer Schlossgarten gestalterische Eingriffe, wobei Wegenetze neu geschaffen und Spielplätze angelegt wurden. Wenn auch der Umgang mit den Anlagen des 19. Jh. kontrovers diskutiert werden kann, so bildet der Schlossgarten heute ein wichtiges Zeugnis bundesdeutscher Gartenkunst der Nachkriegszeit. Allerdings kam es im Rahmen der Arbeiten zum Projekt S 21 erneut zu tiefen Eingriffen in den Bestand des Mittleren Schlossgartens.

Nord, Höhenpark Killesberg

(Am Kochenhof, Stresemannstr.)

Stuttgarts beliebtester Volkspark wurde 1937–39 in einem ehem. Steinbruchareal für die Reichsgartenschau angelegt. Während die zu Propagandazwecken errichteten Monumentalbauten verschwunden sind, vermittelt der Park bis heute in seinen Grundzügen einen Eindruck von der Gartenkunst der 1930er-Jahre, da nach den Kriegszerstörungen für die Wiederherstellung mit dem Potsdamer Hermann Mattern jener Gartenarchitekt gewonnen wurde, der den Park einst zusammen mit dem Stuttgarter Architekten Gerhard Graubner gestaltet hatte. Die Anlage sucht bewusst den Bezug zur heimischen Landschaft, nicht nur in Sichtachsen nach außen, sondern auch in ihrer inneren Gestaltung. Das wird in der Anlage der Terrassen, die in traditioneller Trockenmauertechnik aufgeschichtet wurden, ebenso deutlich wie in der Einbeziehung vorhandener Streuobstwiesen. Eingebettet finden sich Schaugärten, Gastronomie, eine Freilichtbühne und die Wasserspiele der Seenterrassen. Am Rande stehen die bis heute erhaltenen *Siedlungshäuser*, die mit den durch unterschiedliche Gartenarchitekten geplanten Gärten beispielhaft das Wohnen auf dem Lande vorführen sollten.

1941/42 diente der Park als Sammelort für über 2.000 württembergische Juden, die vom Nordbahnhof

Die Parkanlage auf dem Killesberg bezieht ein altes Steinbruchareal und Streuobstwiesen in ihre Gestaltung ein.

aus ins Konzentrationslager Riga deportiert wurden. 2013 wurde die Gedenkstätte neu gestaltet.

Mit der *Milchbar* schuf Rolf Gutbrod 1950 anlässlich der Deutschen Gartenschau im Killesbergpark einen Bau im Geist der Moderne, verband dabei aber passend zum Bestand das Material Sandstein mit Stahl, Glasflächen und verputzten wie gekachelten Wänden. Hier traf sich bevorzugt die Jugend, um modische Fruchtmilchgetränke zu genießen. Bereits zur Eröffnung ließ sich der Park mit einer *Kleinbahn* erkunden. Die älteste fest installierte Liliputbahn Deutschlands bildet mit Trassenführung, Lokomotiven, Personenwagen und Lokschuppen ein technikgeschichtliches Denkmal, das bis heute nicht nur Kinder begeistert.

UNSERE STADT SOLL SCHÖNER WERDEN –

Bauten und Anlagen zur Stadtverschönerung

Bis heute wird Stuttgart wegen seiner schönen Lage gepriesen. Es war die Zeit der Romantik, welche diese landschaftlichen Reize entdeckte und in Szene setzte, indem Spazierwege und Aussichtspunkte angelegt wurden. Maßgeblich hieran beteiligt war der Verschönerungsverein, der mit Brunnen und Denkmälern Stuttgarts Stadtbild bereicherte.

Der romantische Blick auf die Residenzstadt: Stuttgart vom Bopser aus. Kolorierte Lithographie von Friedrich Keller und Eberhard Emminger, um 1850.

Stadtverschönerung war anfänglich eine landesherrliche Angelegenheit, denn es waren die württembergischen Grafen und Herzöge, die zu ihrem Pläsier seit dem 14. Jh. Lustgärten in der unmittelbaren Nachbarschaft des Alten Schlosses (➲ Kap. 1) anlegen ließen und vor allem im 16. und 17. Jh. mit großen Bauten in Erscheinung traten. Man darf die Anlage des heutigen Schillerplatzes durch Heinrich Schickhardt als eine solche Maßnahme landesherrlicher Stadtverschönerung begreifen, denn damit erhielt der Herrschersitz einen repräsentativen Vorplatz, geziert durch einen kunstvollen Brunnen. Die Verlegung der Residenz nach Ludwigsburg führte hingegen dazu, dass die alte Hauptstadt des Herzogtums keine großartige barocke Stadtplanung erfuhr. Das Neue Schloss (➲ Kap. 1) Carl Eugens stand ohne axiale Bezüge quasi neben der Stadt, vor ihm erstreckte sich lediglich ein seit 1782 von Bäumen gesäumter Paradeplatz. Zur Straße nach Ludwigsburg, der heutigen Königstraße, wurde der Platz durch Häuser begrenzt. Erst unter König Friedrich kam es zu einer Gesamtplanung für die Residenzstadt durch Nicolaus Friedrich von Thouret und erst jetzt wurde der Schlossgarten (➲ Kap. 1, 15) angelegt, der auch den Bürgern als Fläche zum Lustwandeln zugänglich war.

Zu den wenigen Verschönerungsmaßnahmen der Zeit Carl Eugens zählt die Anlage von **Karlsplatz** und **Planie** 1775. Das Bürgertum aber hatte sich mit herzoglicher Unterstützung bereits 1764 eine Anlage geschaffen, wie sie typisch für die Zeit der Aufklärung war: An Stelle der Seewiesen wurde eine Allee zum Spazierengehen gepflanzt, 1787 das Wiesenstück nochmals durch herzogliche Schenkung erweitert. Später sollte genau hier der **Stadtgarten** (Keplerstr. 7) entstehen.

Stuttgart wird bis heute weit gerühmt wegen seiner Lage zwischen Hängen und Reben. Sie war schon im 16. Jh. ein Topos. Aber „entdeckt“ wurde die so abwechslungsreiche

Klassizistischer Brunnentempel über der Bopserquelle.

Landschaft des Talkessels erst im Zeitalter der Aufklärung. Damit begann eine quasi bürgerliche Aneignung Stuttgarts. Man erwanderte die Höhen und genoss den Ausblick auf die in den Talgrund gebettete Stadt und die reiche Rebenflur. Die erste von der Stadt geschaffene Grünanlage entstand 1822 am **Bopser**, einem beliebten Ausflugsziel der Stuttgarter. Die hier 1762 ergrabene Quelle galt eine Zeit lang als heilkräftig, ihr Brunnen wurde 1840 mit einem klassizistischen Pavillon überbaut. Es entstanden 1839 auch einzelne Aussichtsplätze. Gartenwirtshäuser wie die Silberburg luden zum Verweilen und zum Genießen der Aussicht ein. Der Mangel an solchen Plätzen und an Spazierwegen führte 1861 zur Gründung des Stuttgarter Verschönerungsvereins. Dem romantisch gesonnenen Bürgertum war die Stadtverschönerung ein ernsthaftes Anliegen. Man fürchtete in der wachsenden Stadt die Vernachlässigung städtebaulicher Kriterien und eine zunehmende Zersiedelung. Auch gegenüber Auswärtigen wollte man Stuttgart ins beste Licht setzen, um so den Fremdenverkehr zu fördern. Der Verein hatte bereits 1864 an die 1.000 Mitglieder, die aus allen Schichten der Bevölkerung kamen. Er wurde vom König unterstützt und arbeitete eng und fruchtbar mit der Stadtverwaltung zusammen. Der Verein kaufte eigens Land an, um Parkanlagen wie die Karlshöhe (➲), Aussichtsplätze und Spazierwege zu diesen Punkten anzulegen. Die früheste Anlage des Vereins ist die bereits ab 1862 geschaffene **Uhlands-**

höhe (Karl-Donndorf-Weg), die nach dem Dichter Ludwig Uhland (1787–1862) benannt wurde. Und auch die auf Anregung Herzogin Weras durch den Verein 1904 angelegte **Geroksruhe** (Pischekstr.) bezieht sich als Aussichtspunkt bewusst auf einen heimatliche Dichter, Karl von Gerok (1815–90). Diese Anlagen zeigen, welch zentrale Rolle das Panorama und die Aussicht für das Landschaftserleben und insbesondere den Blick auf Stuttgart spielte; um dies noch besser genießen zu können, wurden **Aussichtstürme** errichtet, so 1894/95 nach Entwurf von Carl Weigle der *Kriegsbergturm* (➲). Auch in Bad Cannstatt entstand ein Verschönerungsverein, der ähnliche Maßnahmen ergriff. Er ließ 1891 durch den Oberamtsbaumeister Keppler den *Burgholzhofturm* (Auerbachstr. 200) erstellen. Dieser wurde an einen Platz errichtet, den man mit einer uralten Gerichtsstätte identifizieren wollte, und so erfüllte der Turm gleich zwei Zwecke: Einmal war er Aussichtspunkt, zum anderen ein typisch historistisches Denkmal für einen – vermeintlich – geschichtsträchtigen Ort. Unterstrichen wurde Letzteres durch die Wahl neumittelalterlicher Bauformen, die dem 25 m hohen Aussichtpunkt den An-

Eine Jugendstilschönheit: der Weißenburgbrunnen besetzt in charakteristischer Weise eine Straßengabelung.

strich eines Bergfrieds verliehen. Ähnlich war auch der Kriegsbergturm als zinnengekrönter Bau gestaltet, der Assoziationen an mittelalterliche Warttürme erweckte. Damit wurden die Aussichtspunkte als Teil einer Geschichtslandschaft inszeniert. Das Bürgertum eignete sich diese Geschichte in landes- wie auch nationalpatriotischem Sinne an.

Neben dem Verschönerungsverein trat auch der „Verein zur Förderung der Kunst“ mit Maßnahmen zur Stadtverschönerung in Erscheinung, vorzugsweise mit **Brunnenanlagen**, die durch Werke der Bildhauerei ausgezeichnet wurden. Diese Brunnen wurden an städtebaulich wichtigen Punkten gesetzt, meist dort, wo innerhalb der bewegten Stuttgarter Topografie Straßen zusammenstießen und kleine Platzräume entstanden. Zu diesen Brunnen zählen der *Froschbrunnen* von Emil Kiemlen, der 1900 an der Haußmannstraße aufgestellt wurde, oder der *Weißenburgbrunnen* (s. Abb. S. 277) an der Mündung von der Zimmermann- in die Alexanderstraße, der anlässlich des 60. Geburtstags König Wilhelms II. gestiftet wurde. Seine sinnende Mädchengestalt aus Marmor schuf 1910 Daniel Stocker. Das Wasser ergießt sich aus einer Froschmaske in den Brunnentrog.

Das 19. Jh. war die Epoche des Denkmalkultes, folglich bildeten **Denkmäler** vor allem berühmter Männer ein wesentliches Mittel zur Ausschmückung der Stadt. Das erste Stuttgarter Denkmal ist das für Friedrich Schiller (1759–1805) auf dem seit 1934 so genannten Schillerplatz vor dem Alten Schloss. Es wurde 1839 auf Betreiben des Stuttgarter Liederkranzes aufgestellt, aus dem eigens ein „Verein für das Denkmal Schillers in Stuttgart“ hervorgegangen war. Das zunehmend selbstbewusste Bürgertum hat sich damit einen ursprünglich herrschaftlichen Raum angeeignet. Das Denkmal wurde von dem schon zu Lebzeiten gefeierten Bertel Thorvaldsen entworfen und in München aus osmanischen Bronzekanonen gegossen, welche 1827 in der Seeschlacht von Navarino erbeutet worden waren – ein Sinnbild für den Triumph abendländischer Kultur über den vermeintlich barbarischen Orient.

Seit der zweiten Jahrhunderthälfte wurden immer mehr Denkmäler aufgestellt, vor allem Dichter wie Wilhelm Hauff (1802–27), aber auch Angehörige und Stifter des Verschönerungsvereins, die sich um das Stadtbild verdient gemacht hatten, erhielten Büsten und Denksteine, meist eingebettet in künstlerisch gestaltete Grünflächen, so der Oberbaurat Eberhard von Etzel (1784–1840), der 1826–31 die Neue Weinsteige als Panoramastraße von Degerloch ins Tal angelegt hatte. Hierin spiegelt sich die hohe Identifikation des Bürgertums mit der Stadt und dem Land. Aber auch die Monarchie

Zeugnis bürgerlicher Dichterverehrung: das Denkmal für Friedrich Schiller vor dem Alten Schloss.

war seit dem 19. Jh. in Form von Denkmälern ausgesprochen präsent. Wilhelm I. erscheint in Stuttgart gleich zweimal hoch zu Ross, einmal von Johann von Halbig vor dem Kursaal (➲ Kap. 15), ursprünglich 1875 für den Cannstatter Wilhelmsplatz geschaffen, und zum anderen von Johann Ludwig von Hofer, aufgestellt 1884 vor der Alten Staatsgalerie (➲ Kap. 13). Überdies erinnert die Jubiläumssäule auf dem Schlossplatz mit ihren Reliefs an den König (➲). Daneben wurde auch die Geschichte der Dynastie inszeniert, um Volk und Herrscherhaus mittels der Erinnerung an tatkräftige und gütige Herrscherfiguren des Mittelalters zusammenzuschweißen. So steht seit 1865 im Hof des Alten Schlosses (➲ Kap. 1) in vollem Harnisch hoch zu Ross Graf Eberhard im Bart, entworfen im Auftrag Wilhelms I. von Hofbildhauer Johann Ludwig von Hofer und in Bronze gegossen von Ferdinand Miller in München. Dem durch Schulbuchanekdoten beliebten Grafen hat man auch im Schlossgarten ein Denkmal gesetzt, das auf eine populäre Ge-

Der Schlossplatz mit den neuen Anlagen als royales Zentrum von Stadt und Staat. Lithografie von Zimmermann, um 1863.

schichte anspielte: Der Landesherr ist so beliebt, dass er ganz vertrauensvoll sein Haupt in den Schoß eines getreuen Untertanen betten kann. Besser ließ sich der Wunsch nach der engen Bindung zwischen Monarch und Volk im 19. Jh. kaum propagieren. Das Denkmal wurde 2012 im Rahmen von S 21 vom Mittleren in den Oberen Schlossgarten versetzt. Mit Herzog Christoph wurde auf dem Schlossplatz (➲) jenem protestantischen Landesherrn gedacht, der Württemberg nach einer Zeit der Wirren Stabilität und zahlreiche Reformen gebracht hatte.

An den Bemühungen um die Stadtverschönerung im 19. und frühen 20. Jh. ist die enorme Liebe zu der Landschaft, der Stadt und ihrer Geschichte abzulesen.

Mitte, Schlossplatz

Der Schlossplatz bildete ursprünglich einen Exerzierplatz im Vorfeld des Neuen Schlosses, das durch die weite Fläche zur Geltung gebracht werden sollte. Seine das Stadtbild prägende Gestalt erhielt er mit Vollendung des Königsbaus (➲ Kap. 1) 1860. Die gärtnerische Gestaltung wurde von Christian Friedrich von Leins und Gartendirektor Friedrich Wilhelm Hackländer entworfen. Sie schufen eine symmetrische Anlage mit sternförmigen, sich in einem Mittelpunkt kreuzenden Wegen, welche der *Jubiläumssäule* in der Platzmitte einen würdigen Rahmen schaffen. Den Ausgangspunkt für die Entstehungsgeschichte des Denkmals bildete das am 28. September 1841, einen Tag vor dem Cannstatter

Volksfest, gefeierte Fest zum 25-jährigen Regierungsjubiläum Wilhelms I., das offensichtlich einen großen und tiefen Eindruck in allen Schichten der Bevölkerung hinterließ. Damit wurde der Platz endgültig als Herzstück des württembergischen Staates ausgestaltet. Hier fand das zwischen 1802 und 1806 um diverse inhomogene Gebiete erweiterte Land ein Identifikationszentrum, das die Residenz des Staatsoberhauptes wirkungsvoll in Szene setzte. Auf der Grundlage eines vom Landtag ausgeschriebenen Konkurrenzverfahrens schufen 1842–46 Hofbaumeister Johann Michael Knapp und der Bildhauer Theodor Wagner das Monument. Mit ihm wurde der Herrschaft des Königs ein dauerhaftes Denkmal gesetzt. Am Sockel zeigen Bronzereliefs die Huldigung der Ständekammer 1841 sowie drei Szenen aus den Befreiungskriegen 1814, in denen sich Wilhelm als Kronprinz ausgezeichnet hatte. 1863 wurde die Säule mit der in Bronze gegossenen geflügelten Personifikation der Concordia, der Eintracht, bekrönt, geschaffen von Johann Ludwig von Hofer, ein Sinnbild für die Versöhnung von Monarchie und Volk und ein Aufruf an den inneren Zusammenhalt des Landes. In den Jahren 2010–16 wurde das Monument auf Grundlage einer eingehenden Bestands- und Schadensanalyse umfangreichen Sicherungs- und Konservierungsarbeiten unterzogen.

1863 wurden zum Geburtstag des Königs die beiden prachtvollen *Schalenbrunnen* in Neurenaissanceformen nach Entwurf von Christian Friedrich von Leins aufgestellt, die 2017/18 restauriert wurden. Sie zeigen u. a. Personifikationen der Flüsse Neckar, Kocher, Fils und Enz und repräsentieren damit das Land.

Vervollständigt wird das Ensemble durch den 1871 aufgestellten *Musikpavillon*, eine achtseitige Gusseisenlaube der Königlichen Hüttenwerke Wasseralfingen, entworfen von Leins. Ursprünglich an der Nordseite gelegen, wurde er 1977 im Rahmen der Bundesgartenschau an seinen heutigen Standort versetzt. Auch die heutige Wegeführung geht auf die damalige Umgestaltung durch das Architekturbüro Behnisch und Partner zurück.

Süd, Karlshöhe

(Humboldtstr., Mörikestr., Willy-Reichert-Staffel)

Die Karlshöhe zählt zu jenen Parkanlagen, welche der Verschönerungsverein angelegt hat. Sie entstand 1889 in einem aufgelassenen Steinbruch und wurde zusammen mit der langen Willy-Reichert-Staffel ab der Hohenstaufenstraße zu einer einheitlichen landschaftlichen Parkanlage ausgestaltet. Gekurvte Wege führen auf eine Senke im Zentrum hin. In ihr wurde schon im 19. Jh. ein

Elegant ins Gelände eingefügt: Milchbar auf der Karlshöhe

Spielplatz angelegt. Im Rahmen der Bundesgartenschau von 1961 wurde der Park um die Silberburganlage erweitert und so eine grüne Verbindung zwischen der Stadtmitte und Stuttgart-Süd geschaffen. Es handelt sich um jene Gärten, die einst zum Besitztum der Familie Siegle zählten. So gehörte der *Pallas-Athene-Brunnen* am nördlichen Abhang einst zur Villa Siegle, die in der Nachkriegszeit abgebrochen wurde. Er ist ein schönes Beispiel für die neuklassizistische Bildhauerkunst, geschaffen 1911 von Karl Donndorf. Ein Opfer der Bundesgartenschau 1961 wurde der Sommerpavillon der Julie Siegle, von dem nur noch eine Gruppe dreier Putten erhalten blieb. An seiner Stelle entstand eine *Milchbar* mit elegant geführter Freitreppe zur oberen Aussichtsterrasse. Ein Brunnen von Fritz Nuss erinnert seit 1962 an Elly Heuss-Knapp, die Frau des ersten Bundespräsidenten.

Süd, Mörike-Anlage mit Denkmal

(Mörikestr., Silberburgstr.)

Eine der ältesten öffentlichen Grünanlagen der Stadt ist die Mörike-Grünanlage. Sie ist ein anschauliches Beispiel für die städtebaulichen Bemühungen bei der Erschließung des Stuttgarter Südens und wurde 1880 im spitzen Winkel zwischen Silberburg- und Mörikestraße angelegt. Ein verschlungenes Wegesystem führt ins Zentrum der landschaftlich gestalteten Anlage, in

Büste Mörikes in der Mörike-Anlage unterhalb der Karlshöhe.

dem sich das aus weißem Marmor gearbeitete Denkmal für den Dichter Eduard Mörike (1804–75) erhebt. Die Büste wurde 1879 von Wilhelm Rösch geschaffen, die von dem Architekten Recke gearbeitete Stele zeigt die Muse Erato mit Lyra. Hier setzte das württembergische, landespatriotisch gesonnene Bürgertum einem seiner Nationalpoeten ein für die Zeit charakteristisches Denkmal.

West, Gänsepeter-Brunnen

(Johann-Sebastian-Bach-Platz)

Der Gänsepeter-Brunnen ist einer jener Point de Vues, die in städtebaulich prominenter Lage entstanden, hier an der Kreuzung von Reinsburgstraße und Hasenbergsteige. Er wurde 1901 durch den Verein zur Förderung der Kunst erstellt, die Figuren wurden von Paul Lauser entworfen und von Theodor Bausch modelliert, der Guss von Hugo Pelargus ausgeführt. Die humorige Szenerie ist typisch für Brunnen der Zeit und zeigt einen Gänsehirten beim Einfangen seiner entlaufenen Tiere. Sie bilden in origineller Weise die Wasserspeier. Weiteres Wasser quillt aus dem Kopf eines bärtigen Nickelmannes in den Brunnentrog. Mit dem Gänsepeter-Brunnen wurde an

Der Gänsepeter-Brunnen, ein beispielhaftes Stück städtebaulicher Aufwertung der Gründerzeitviertel im späten 19. Jahrhundert.

den Martini-Tag im November erinnert, als große Gänseherden aus den benachbarten Dörfern zum Verkauf auf den Stuttgarter Markt getrieben wurden.

Mitte, Galatea-Brunnen mit Eugenstaffel

(Eugensplatz)

Stuttgart ist berühmt für seine Stäffele. Ursprünglich verbanden die oft schmalen Treppen die Weinberge an den Hängen, im 19. Jh. wurden sie zu Verbindungswegen zwischen den an den Hängen angelegten Straßen mit ihren prachtvollen Villen. Dementsprechend wurden einzelne Stäffele in besonders repräsentativer Weise ausgestaltet. Zu den großartigsten Schöpfungen gründerzeitlicher Anlagen dieser Art zählt der Galatea-Brunnen auf dem Eugensplatz mit seiner Wassertreppe. Er bildet mit seinen neubarocken Formen den monumentalen Abschluss der Eugenstaffel. Von hier aus bietet sich eine der schönsten Aussichten auf die Stadt. Der Brunnen verdankt sich dem Verein zur Förderung der Kunst und einer Stiftung Königin

War den Stuttgartern zu sexy: die Meeresgöttin Galatea am Eugensplatz.

Olgas 1884. Die von dem Bildhauer Otto Rieth geschaffene Figur der Meernymphe Galatea wurde 1890 auf hohem Sockel aufgestellt. Die freizügige, erotische Darstellung der Tochter des Meergottes Nereus und seiner Meerfrau Doris, für welche die Berliner Schuhmachertochter Anna Sasse Modell stand, erregte Anstoß bei der streng protestantisch geprägten Stuttgarter Bevölkerung. Der Königin hingegen gefiel der Brunnen. 1988 wurde dieser umfassend instand gesetzt.

Nord, Kriegsbergturm

(Am Kriegsbergturm)

Ein ausgesprochen charakteristisches Beispiel der romantischen Begeisterung für die schöne Aussicht und die Besetzung der Landschaft mit Staffagebauten stellt der Kriegsbergturm dar. Er wurde 1894/95 nach einem Entwurf von Carl Weigle im Auftrag des Verschönerungsvereins als Höhepunkt einer Grünanlage errichtet. In historistischer Weise ist er als malerisch wirkende Baugruppe aus einem scheinbar mittelalterlichen Burgturm mit Zin-

Aussichtsplatz im Burgenstil: der Kriegsbergturm

nenkranz und einem angeschlossenen Unterstand in neuromanischen Formen gestaltet, denn der Turm dient nicht nur als Aussichtspunkt, sondern setzt seinerseits wiederum einen pittoresken Akzent in der Stadtlandschaft. 1966 entging der Turm dank des Denkmalschutzes dem Abbruch. Erstmals 1985 grundlegend saniert, wurde er 2017 behutsam instand gesetzt, wobei Schäden aus älteren Erneuerungsarbeiten behoben wurden. Seither ist der Turm im Sommerhalbjahr zu bestimmten Tagen wieder der Öffentlichkeit zugänglich und ermöglicht es, die Aussicht auf die Stadt zu genießen.

Mitte, Altstadtquartier

(Geißstr., Eberhardstr., Töpferstr.)

Das Quartier im Südosten der einstigen Altstadt wurde 1906–09 auf Initiative des Vereins zum Wohl der arbeitenden Klassen unter Oberleitung von Karl Hengerer errichtet und ersetzte eine ziemlich heruntergekommenes Viertel. Es ist ein bemerkenswertes Zeugnis sozialer Stadtplanung, das später in seinem städtebaulichen Wert in Stuttgart kaum mehr übertroffen wurde. Die Stadt unterstützte das Projekt, eine Kommission war für die bauliche Einzelgestaltung verantwortlich. Es entstanden fünf Blöcke mit Zwei- bis Vierzimmerwohnungen um den

Bauen im Bestand: das Altstadtviertel um den Geißplatz mit dem Hans-im-Glück-Brunnen ist ein Beispiel für die Bemühungen um Stadtverschönerung im frühen 20. Jahrhundert.

Geißplatz mit dem 1909 eingeweihten Hans-im-Glück-Brunnen von Joseph Zeitler als Zentrum. In den Erdgeschossen fanden Läden und Gaststätten Platz. Ziel war es, Arbeitern und sozial Schwachen einen menschenwürdigen Wohnort zu schaffen, der in seiner Kleinteiligkeit und mit den engen, gewinkelten Straßenzügen an die vertraute Vorgängerbebauung anknüpfte. Die Bauleitung und künstlerische Ausgestaltung hatte Heinz Mehlin.

Das Quartier stellt ein aussagekräftiges stadtbaugeschichtliches Dokument der Reformarchitektur dar und zeigt sich deutlich beeinflusst von den Ideen Theodor Fischers. Hier wurde eine zeitgemäße Architektur aus der Tradition erschaffen. In der krummen Gassenführung, den abwechslungsreichen Durchblicken und der malerischen Platzbildung wurden dabei städtebauliche Ideen des Theoretikers Camillo Sitte verarbeitet.

ANHANG

GLOSSAR

Arkaden: Bogenreihe auf Säulen oder Pfeilern
Akroter: antiker Giebelaufsatz
Basilika: Kirche, deren Mittelschiff höher ist als die Seitenschiffe und durch eigene Fenster (Obergaden) beleuchtet wird
Beletage: das vornehme Repräsentations- und Wohngeschoss
Béton Brut: der reine Sichtbeton als Gestaltungsmittel
Blide: großes mittelalterliches Schleudergeschütz
Corps de Logis: Haupttrakt des Barockschlosses
Dendrochronologie: wissenschaftliches Verfahren, mit dessen Hilfe sich anhand der Wachstumsringe eines Baumes das Fälldatum ermitteln lässt
Dienste: Wandvorlagen, welche die Gewölbe tragen
Dorische Ordnung ➲ Säulenordnung
Dürnitz: repräsentativer, beheizbarer Saal im Erdgeschoss eines Palas, im 15.–17. Jh. oft als Hofstube bezeichnet; diente multifunktional als Speise-, Fest-, Versammlungs- und Gerichtssaal, seit dem 16. Jh. vermehrt als Speisesaal des Hofgesindes
Epitaph: Wanddenkmal
Faszienbündel: Rutenbündel, einst Ausweis römischer Gerichtsbarkeit
Feston: Hängegirlande aus Blüten, Blättern und Früchten
Fibel: Gewandnadel zum Schließen von Kleidern, Umhängen und Mänteln
Goût grec: antikisierender Dekorationsstil an der Wende vom Spätbarock zum Frühklassizismus
Hallenkirche: mehrschiffige Kirche, die allein durch Fenster in den Umfassungsmauern ihr Licht erhält; Schiffe i. d. R. gleich hoch
Hermenpilaster: tragende Stütze in Form einer Figur aus sich verjüngendem Schaft, Oberkörper und Haupt
Herrschaftsstand: meist erhöhter Sitzplatz gesellschaftlich herausgehobener Personen im Kirchenraum
Ionische Ordnung ➲ Säulenordnung
Kapitell: Kopf einer Säule oder eines Pilasters am Treffpunkt von Stütze und Last
Kartusche: gerahmtes Feld als Bild- oder Inschriftenträger
Karyatide (o. a. Kore): Trägerfigur in Mädchengestalt
Kavaliershaus: Nebengebäude eines Schlosses zur Unterbringung adeligen Gefolges
Komposite Ordnung ➲ Säulenordnung
Korinthische Ordnung ➲ Säulenordnung
Loggia: offene Halle
Mansarddach: nach dem frz. Baumeister Mansart benannte, geknickte Dachform mit steilerer Neigung im unteren Teil
Maßwerk: geometrische Schmuckform der Gotik zur Gliederung und Unterteilung von Fenstern, Wänden und Giebeln
Mensa: Altartisch
Mezzanin: halbhohes Geschoss, das zwischen andere Geschosse eingeschoben oder den obersten Abschluss eines Gebäudes bilden kann
Nymphäum: Urspr. eine den Nymphen, weiblichen Naturgottheiten, geweihte Brunnenanlage in der griechisch-römischen Antike
Okulus: Rundfensterchen
Pilaster: gliedernde Wandvorlage, die den Säulenordnungen unterworfen ist
Portikus: Eingangsvorbau mit Säulen oder Pfeilern
Putten: Figuren in Kleinkindergestalt, oft als Engelchen geflügelt
Risalit: in ganzer Höhe eines Gebäudes vortretender Bauteil
Rustika: Quadermauerwerk, dessen Stirnseiten rau belassen sind
Säulenordnung: Seit der römischen Antike existiert ein streng-hierarchischer Kanon der Säulenarchitektur. Den ursprünglich drei griechischen Ordnungen Dorisch, Ionisch und Korinthisch gesellten sich nun die Toskana als rangniedrigste Ordnung und die Komposita, die Elemente der Ionischen und der Korinthischen Ordnung miteinander verschmilzt, als höchste Ordnung hinzu. Jeder Säule wurden bestimmte Charaktereigenschaften zugesprochen. So galt die Dorica als die männlich-starke Ordnung. Entsprechend fand sie z. B. ihre Anwendung an Festungsportalen oder als Gliederungselement im Erdgeschoss, um die oberen Stockwerke zu „tragen". Von der Renaissance bis zum Klassizismus richtete sich

die Architektur nach den Regeln dieser Ordnungen.
Schildmauer: starke und hohe Mauer an der Angriffsseite einer Burg
Ständerbau: Fachwerkkonstruktion, bei der gebäudehohe, geschossübergreifende Pfosten das Tragsystem bilden
Superposition: hierarchische Übereinanderstellung der ➲ Säulenordnungen
Tombak: spezielle Messinglegierung mit hohem Kupferanteil
Toskanische Ordnung ➲ Säulenordnung
Turmhügelburg: wehrhafter Wohnturm auf einem künstlich aufgeschütteten Hügel
vicus: römische Zivilsiedlung
Viereckschanze: keltischer Gutshof
villa rustica: römischer Gutshof
Welsche Haube: geschwungene Haube eines Turms oder einer Kuppel
Zwinger: der Bereich zwischen der Vor- und Hauptmauer einer Befestigung

EINIGE WICHTIGE DATEN

um 250.000 v. Chr. altsteinzeitliche Jäger siedeln an den Mineralquellen im Neckartal
um 5500 v. Chr. jungsteinzeitliche bandkeramische Siedlungen im Stadtgebiet
um **1000 v. Chr.** Siedlung auf dem Lemberg
um 800 v. Chr. hallstattzeitliche Befestigung des Lembergs
um 600–550 v. Chr. hallstattzeitliche Siedlungen im Stadtgebiet
nach 90 n. Chr. Anlage eines ersten Holz-Erde-Kastells durch die Römer auf der Altenburg
259/60 Landnahme durch die Alamannen, Rückzug der Römer
6./7. Jh. Christianisierung der Alamannen. Alamannische Siedlungen u. a. im Zentrum
um 650 Bau einer ersten Kirche auf der Altenburg
700 erste urkundliche Erwähnung Cannstatts
8. Jh. Cannstatt ist Herzogssitz, auf der Altenburg existiert vielleicht ein Königshof
um 950 angebliche Anlage eines Stutengartens im Nesenbachtal
1083 Weihe der Kapelle auf Burg Wirtemberg (Rotenberg)
Anfang 13. Jh. Ausbau und Erhebung Stuttgarts zur Stadt durch Hermann V. von Baden
1229 erste urkundliche Erwähnung Stuttgarts
1260 Stuttgart in württembergischem Besitz
1286/87 Zerstörung zahlreicher Burgen im Umfeld Stuttgarts durch König Rudolf I. im Kampf mit Graf Eberhard I. von Württemberg
1299 erste Erwähnung der Cannstatter Mineralquellen
um 1300–25 Neubau der Stadtburg Stuttgart (Altes Schloss)
nach 1316 Stuttgart wird Hauptsitz der Grafen von Württemberg
1392 Anlage der Leonhardsvorstadt (Esslinger Vorstadt)
1455 Anlage der Hospitalvorstadt (Reiche oder Obere Vorstadt)
1482 Stuttgart wird Hauptstadt Württembergs
1534/35 Einführung der Reformation
1563–67 Vollendung der Stuttgarter Stadtmauer
um 1550–1634 Stuttgart wird zur prachtvollen Renaissance-Residenz ausgebaut, es entstehen zahlreiche Hofbauten und der Lustgarten mit dem Neuen Lusthaus
1596 Anlage des Schillerplatzes
1718–34 und 1764–75 Verlegung der Residenz nach Ludwigsburg
1746–91 Bau des Neuen Schlosses
1806 Württemberg wird Königreich
1. Hälfte 19. Jh. klassizistischer Ausbau der Residenzstadt. Ausgestaltung des Nesenbach- und des Neckartales in eine Residenzlandschaft; Ausbau Cannstatts zum Kurort
1807 Anlage der Tübinger Vorstadt
1819 Abbruch der Stammburg Wirtemberg für den Bau der Grabkapelle auf dem Rotenberg
1826–31 Bau der Neuen Weinsteige
1845 Eisenbahnanschluss, Errichtung des ersten Bahnhofs
ab 1850 Industrialisierung, Ausdehnung der Stadt nach Westen, Osten und Süden; Aufschwung Cannstatts, der Weinbauorte im Neckartal, Feuerbachs und Zuffenhausens
1871 hat Stuttgart rund 91.000 Einwohner
1900 hat Stuttgart 176.000 Einwohner
1901 Eingemeindung von Gaisburg
1905 Vereinigung Stuttgarts mit Cannstatt, Wangen und Untertürkheim
1908 Eingemeindung von Degerloch

1918 Revolution und Ende der Monarchie. Stuttgart Hauptstadt des Volksstaates Württemberg
1927 Ausstellung des Deutschen Werkbundes Am Weißenhof
1933 Machtergreifung durch die Nationalsozialisten, Eingemeindung Feuerbachs
1939 Reichsgartenschau in Stuttgart
1941/42 Deportation der Stuttgarter Juden
1944 Zerstörung weiter Teile der Stadt durch alliierte Bomberangriffe
1952 Stuttgart wird Hauptstadt des neu geschaffenen Bundeslandes Baden-Württemberg
1961 Bundesgartenschau
1962 Stuttgart hat 664.000 Einwohner
2010 Beginn des Bauprojekts S 21, Abbruch von West- und Ostflügel des Hauptbahnhofs

WEITERFÜHRENDE LITERATUR

Andrä, Hans-Peter/Bögle, Annette/Knippers, Jan/Schlaich, Jörg: Der Fernsehturm Stuttgart (Historische Wahrzeichen der Ingenieursbaukunst in Deutschland 3). Berlin 2009.
Bidlingmaier, Rolf: Das Kronprinzenpalais in Stuttgart. Fürstensitz – Handelshof – Streitobjekt. Ein Palast am Übergang vom Klassizismus zum Historismus (Stuttgarter Schlösser 1). Petersberg 2017.
Ders.: Im Glanz des Rokoko. Funktion und architektonische Gestaltung der Schlossbauten Carl Eugens und sein Einfluss als Bauherr. In: Aufgeklärte Herrschaft im Konflikt. Herzog Carl Eugen von Württemberg 1728–1793, hrsg. v. Wolfgang Mährle (Geschichte Württembergs. Impulse der Forschung. Schriftenreihe des Württembergischen Geschichts- und Altertumsvereins, hrsg. v. Nicole Bickhoff, 1). Stuttgart 2017, S. 134–152.
Bittel, Kurt/Kimmig, Wolfgang/Schiek, Siegwalt: Die Kelten in Baden-Württemberg. Stuttgart 1981.
Blank, Gebhard/Fekete, Julius: Gemeinnütziger Wohnungsbau im Stuttgarter Osten von 1890 bis 1930. Eine Begleitschrift zur Ausstellung im Wilhelmspalais vom 8. September bis 20. November 1988. Stuttgart 1988.
Breig, Christine: Der Villen- und Landhausbau in Stuttgart 1830–1930. Ein Überblick über die unterschiedlichen Umsetzungen und Veränderungen des Bautypus Villa in Stuttgart (Veröffentlichungen des Archivs der Stadt Stuttgart 84). Stuttgart 2004.
Brunold, Andreas/Sterra, Bernhard (Hrsg.): Stuttgart. Von der Residenz zur modernen Großstadt. Architektur und Städtebau im Wandel der Zeiten. Tübingen/Stuttgart 1994.
Drollinger, Kuno: Stuttgarter Brunnen der älteren und neueren Zeit. Eine Begleitschrift zur Ausstellung im Wilhelmspalais vom 15. Juni bis 10. September 1989. Stuttgart 1989.
Drüsedau, Heide/Gohl, Ulrich/Ziehr, Claudius: „Unter Schutz". Denkmalgeschützte Bauten im Stuttgarter Osten, hrsg. v. MUSEO-O, Museumsverein Stuttgart-Ost e. V. Stuttgart 2000.
Evangelische Gesamtkirchengemeinde Stuttgart (Hrsg.): Der neue Hospitalhof. Stuttgart 2014.
Fecker, Herbert: Stuttgart. Die Schlösser und ihre Gärten. Das Werden der Schlösser und Gärten von der gräflichen Residenz bis zur Internationalen Gartenbauausstellung. Stuttgart 1992.
Filtzinger, Philipp/Planck, Dieter/Cämmerer, Bernhard (Hrsg.): Die Römer in Baden-Württemberg. Stuttgart/Aalen 1976.
Finanzministerium Baden-Württemberg (Hrsg.): Neue Staatsgalerie und Kammertheater Stuttgart. Stuttgart 1984.
Finanzministerium Baden-Württemberg (Hrsg.): Neubau für die Staatliche Hochschule für Musik und Darstellende Kunst Stuttgart. 1. Bauabschnitt. Ein Projekt der Staatlichen Hochbauverwaltung. Stuttgart 1996.
Fleck, Walther-Gerd/Talbot, Franz-Josef: Neues Schloß Stuttgart 1744–1964 (Veröffentlichungen der Deutschen Burgenvereinigung, Reihe A: Forschungen 15). Braubach 1997.
Freytag, Matthias: Theodor Fischers Stuttgarter Kunstgebäude am Schloßplatz. Entstehung und architektonische Form (Stuttgarter Studien 1). Stuttgart 1989.
Fülscher, Christian/Schilling, Jörg: Stuttgarter Markthalle 1919–1914 (martin elsaesser bauhefte 4). Hamburg 2014.
Goer, Michael: Das Neue Schloss in Stuttgart – klassischer Wiederaufbau der Nachkriegszeit. In: Fassaden – Historische Gestaltung von Bauten und des öffentli-

chen Raums (Jahrbuch für Hausforschung 65). Petersberg 2018, S. 259–267.
Goer, Michael/Lange-Tiedje, Ilse/Schukraft, Harald/Sterra, Bernd: Prinzenbau Stuttgart (Kulturdenkmale in Baden-Württemberg, H. 8, hrsg. v. Landesamt für Denkmalpflege im Regierungspräsidium Stuttgart). Esslingen a. N./Lindenberg 2008.
Gohl, Ulrich: Gesichter ihrer Zeit. Unbekannte Stuttgarter Bau- und Kulturdenkmale. Tübingen/Stuttgart 1992.
Gohl, Ulrich (Hrsg.): Die Villa Berg und ihr Park. Geschichte und Bilder. Stuttgart [2]2014.
Grimm, Maximilian Friedrich: Die historische Wilhelma. Faszination Orient im 19. Jahrhundert. München 2016.
Haeberle, Karl Erich: Stuttgart und die Elektrizität. Geschichte der Stuttgarter Elektrizitäts- und Fernwärmeversorgung. Stuttgart 1983.
Hagel, Jürgen (Bearb.): Stuttgart im Spiegel alter Karten und Pläne. Ausstellung des Hauptstaatsarchivs Stuttgart. Stuttgart 1984.
Hagel, Jürgen: So soll es seyn. Königliche Randbemerkungen und Befehle zur Stadtgestaltung in Stuttgart und Cannstatt in der ersten Hälfte des 19. Jahrhunderts (Veröffentlichungen des Archivs der Stadt Stuttgart 70). Stuttgart 1996.
Hajdu, Rose/Heißenbüttel, Dietrich: Theodor Fischer. Architektur der Stuttgarter Jahre. Tübingen/Berlin 2018.
Hajdu, Rose/Hirschfell, Marc/Voigt, Wolfgang: Paul Bonatz. Bauten an Rhein und Neckar. Tübingen/Berlin 2014.
Hajdu, Rose/Seeger, Ulrike: Hauptbahnhof Stuttgart. Ein Wahrzeichen in Bildern. Ostfildern 2011.
Heißenbüttel, Dietrich (Hrsg.): Kunst in Stuttgart. Epochen, Persönlichkeiten, Tendenzen. Stuttgart 2013.
Hirschfell, Marc: Der Königin-Olga-Bau von Paul Schmitthenner. Ein Stuttgarter Bankgebäude im Brennpunkt des Wiederaufbaus (Stuttgarter Studien 7). Tübingen/Stuttgart 1994.
John, Timo: Die königlichen Gärten des 19. Jahrhunderts in Stuttgart. Worms 2000.
Kähler, Gert (Hrsg.): Architektour. Bauen in Stuttgart seit 1900. Braunschweig/Wiesbaden 1991.
Kleemann, Gotthilf: Schloß Solitude bei Stuttgart. Aufbau – Glanzzeit – Niedergang (Veröffentlichungen des Archivs der Stadt Stuttgart 19). Stuttgart 1966.
Koltermann, Grit/Meyder, Simone (Red.): Beton, Glas und Büffelleder. Verwalten in Denkmalen der 1960er und 1970er Jahre im Regierungsbezirk Stuttgart (Arbeitsheft 30). Stuttgart 2014.
Kowall, Sophie: Stuttgart baut auf! Architektur und Stadtplanung der Siedlung Rot (Veröffentlichungen des Archivs der Stadt Stuttgart 109). Stuttgart 2012.
Krebber, Kerstin: Die Heusteigschule von Theodor Fischer in Stuttgart 1904–1906 (Veröffentlichungen des Archivs der Stadt Stuttgart 68). Stuttgart 1995.
Kurz, Jörg: Die Gänsheide. Geschichte und Kultur. Stuttgart 2007.
Landesamt für Denkmalpflege im Regierungspräsidium Stuttgart (Hrsg.): Erforschen und Erhalten. Jahresbericht der Bau- und Kunstdenkmalpflege in Baden-Württemberg 1/2018. Ostfildern 2019.
Landesgewerbeamt Baden-Württemberg (Hrsg.): Haus der Wirtschaft. Stuttgart o. J.
Landeshauptstadt Stuttgart, Stadtplanungsamt (Hrsg.): Stuttgart. Denkmalschutz und Denkmalpflege. Merseburg 2000.
Langner, Bernd: Gemeinnütziger Wohnungsbau um 1900. Karl Hengerers Bauten für den Stuttgarter Verein für das Wohl der arbeitenden Klasse (Veröffentlichungen des Archivs der Stadt Stuttgart 65). Stuttgart 1994.
Leonhardt, Hendrik/Plate, Ulrike (Red.): Architektur der Fünfziger Jahre. Denkmale in Baden-Württemberg, hrsg. v. Ministerium für Finanzen und Wirtschaft Baden-Württemberg. Stuttgart 2012.
Lupfer, Gilbert: Architektur der fünfziger Jahre in Stuttgart (Stuttgarter Studien 10). Stuttgart 1997.
Mack, Christa/Neidiger, Bernhard/Schäfer, Hartmut: Heiliger Raum. Stiftskirche, St. Leonhard und Hospitalkirche im Mittelalter. Begleitheft zur Ausstellung, hrsg. v. Stadtarchiv Stuttgart in Verbindung mit dem Landesdenkmalamt Baden-Württemberg und der Stiftskirchengemeinde Stuttgart. Stuttgart 2004.
Markelin, Antero/Müller, Rainer: Stadtbaugeschichte Stuttgart (Stuttgarter Beiträge 15, Schriftenreihe 14 des Städtebaulichen Instituts der Universität Stuttgart). Stuttgart 1985.
Matz, Cornelia/Gerlach, Petra/Kotzurek, Annegret: Stuttgart im Blick – Eine Ausstellung des Stadtarchivs Stuttgart (Veröffentlichungen des Stadtarchivs Stuttgart 94). Stuttgart/Leipzig 2002.

Maurer, Bertram: Stuttgart Dornhalde – vom Schießplatz zum Friedhof. In: Schwäbische Heimat 69, 2018, H. 1, S. 48–55.
Mayer-König, Walter: Stuttgart und das Wasser. Geschichte der Stuttgarter Wasserversorgung. Stuttgart 1983.
Ministerium für Finanzen und Wirtschaft Baden-Württemberg (Hrsg.): 50 Jahre Wiederaufbau Neues Schloss in Stuttgart. Stuttgart 2014.
Nau, Elisabeth: Hohenheim. Schloß und Gärten. Konstanz/Stuttgart 1967.
Niederich, Nikolaus: Stadtentwicklung und Nahverkehr. Stuttgart und seine Straßenbahnen 1868 bis 1918 (Veröffentlichungen des Archivs der Stadt Stuttgart 79). Stuttgart 1998.
Oberfinanzdirektion Stuttgart. Referat Staatliche Schlösser und Gärten (Hrsg.): Giovanni Salucci 1769–1845. Hofbaumeister König Wilhelms I. von Württemberg 1817–1839. Ausstellungskatalog. Stuttgart/Ostfildern 1995.
Ostertag, Roland (Hrsg.): Das Bosch-Areal (Stuttgarter Beiträge). Stuttgart 2004.
Pietrus, Ellen: Die Markuskirche in Stuttgart. München/Berlin 2007.
Pietrus, Ellen: Heinrich Dolmetsch. Die Kirchenrestaurierungen des württembergischen Baumeisters (Forschungen und Berichte der Bau- und Kunstdenkmalpflege in Baden-Württemberg 13). Stuttgart 2008.
Plarre, Stefanie: Die Kochenhofsiedlung. Das Gegenmodell zur Weißenhofsiedlung. Paul Schmitthenners Siedlungsprojekt in Stuttgart 1927 bis 1933 (Veröffentlichungen des Archivs der Stadt Stuttgart 88). Stuttgart 2001.
Renz, Kerstin: Schule als Denkmal. Stuttgarter Porträts. Begleitbroschüre zur Ausstellung, hrsg. v. Landesamt für Denkmalpflege. Esslingen/Stuttgart 2014.
Röder, Annemarie (Hrsg.): Karl Ludwig von Zanth. Der Erbauer der Wilhelma in seiner Zeit. Stuttgart 2012.
Sauer, Paul: Stuttgart. Vom Werden einer Großstadt. Stuttgart zwischen Reichsgründung und Erstem Weltkrieg. 1871 bis 1914. Stuttgart 1988.
Schäfer, Hartmut: Die Anfänge Stuttgarts. Vom Stutengarten bis zur württembergischen Residenz. Stuttgart 2012.
Schilling, Jörg: Die Stadtpfarrkirche in Stuttgart-Gaisburg 1910–1913 (martin elsaesser bauhefte 3). Hamburg 2013.
Schleuning, Hans (Hrsg.): Stuttgart-Handbuch. Stuttgart 1985.
Schmidt, Annette: Ludwig Eisenlohr. Ein architektonischer Weg vom Historismus zur Moderne. Stuttgarter Architektur um 1900 (Veröffentlichungen des Archivs der Stadt Stuttgart 98). Stuttgart/Leipzig 2006.
Schukraft, Harald: Wie Stuttgart wurde, was es ist. Ein kleiner Gang durch die Stadtgeschichte. Tübingen 1999.
Schumann, Hans: Hohenheim. Bilder und Gestalten. Stuttgart 1981.
Seebach, Christian von/Täuber, Rita E.: 50 Jahre Gedok-Haus Stuttgart. Stuttgart 2005.
Seng, Eva-Maria: Urbanistische Projekte in Stuttgart zur Zeit Carl Eugens. In: Aufgeklärte Herrschaft im Konflikt. Herzog Carl Eugen von Württemberg 1728–1793, hrsg. v. Wolfgang Mährle (Geschichte Württembergs. Impulse der Forschung. Schriftenreihe des Württembergischen Geschichts- und Altertumsvereins, hrsg. v. Nicole Bickhoff, 1). Stuttgart 2017, S. 153–182.
Stephan, Regine: Altes und Neues Schloß Stuttgart mit ihrer Umgebung. Heidelberg 1998.
Voigt, Wolfgang/May, Roland (Hrsg.): Paul Bonatz 1877–1956. Tübingen/Berlin ^{2}2011.
Wawra, Christine: Zwischen Repräsentation und Resignation. Um- und Neubaupläne des Württembergischen Hoftheaters in Stuttgart 1750–1912. Stuttgart 1994.
Wein, Gerhard: Die mittelalterlichen Burgen im Gebiet der Stadt Stuttgart (Veröffentlichungen des Archivs der Stadt Stuttgart 20 u. 21). 2 Bde., Stuttgart 1967 u. 1971.
Wenzel, Stefan: Die Funde aus dem Travertin von Stuttgart-Untertürkheim und die Archäologie der letzten Warmzeit in Mitteleuropa (Universitätsforschungen zur prähistorischen Archäologie 52). Bonn 1998.
Wörner, Martin/Lupfer, Gilbert: Stuttgart. Ein Architekturführer. Berlin 1991.
Ziegler, Nicolai: Zwischen Form und Konstruktion. Das Neue Lusthaus zu Stuttgart. Ostfildern 2016.
Zielfleisch, Rolf: Stuttgarter Bunkerwelten. Stuttgart 2006.
Züblin AG (Hrsg.): Züblin-Haus. Stuttgart 1985.

Zürn, Hartwig: Die vor- und frühgeschichtlichen Geländedenkmale und die mittelalterlichen Burgstellen des Stadtkreises Stuttgart und der Kreise Böblingen, Eßlingen und Nürtingen. Stuttgart 1956.

Zahlreiche Einzelbeiträge zu Stuttgarter Themen umfassen die vom Landesamt für Denkmalpflege herausgegebene Zeitschrift „Denkmalpflege in Baden-Württemberg. Nachrichtenblatt der Landesdenkmalpflege" und die Jahrbuchreihe „Archäologische Ausgrabungen in Baden-Württemberg.
Im Netz: www.stadtlexikon-stuttgart.de (letztmals abgerufen 16.07.2021).

ABBILDUNGSNACHWEIS

© Akademie der Künste, Berlin: S. 8 [Hans-Scharoun-Archiv, Nr. 3804 F. 187/147, Fotograf unbekannt]; © Kurt Bittel: S. 62 [Die Kelten in Baden-Württemberg (1981), S. 480]; © Rosemarie Hajdu: S. 134; © Landesarchiv Baden-Württemberg, Staatsarchiv Ludwigsburg: S. 30 [EL 228a/II, N. 685]; © Landesmedienzentrum: S. 14, 15; © Landesmuseum Württemberg, Bildarchiv: S. 56, 72, 74, 75, 94–96, 128 (li.), 160 (li.), 178, 258; © Planetarium Stuttgart, die arge lola: S. 247; © Stephanie Naglschmid: S. 160 (re.); © Regierungspräsidium Stuttgart, Landesamt für Denkmalpflege: S. 25, 37, 60, 129, 271 (Bildarchiv), S. 118 (Katja Ackermann), S. 196, 210 (Karl Fisch), S. 71, 79, 91, 123, 124, 145, 155, 157, 167, 208, 209, 218, 223, 225, 240, 246, 269 (Iris Geiger-Messner), S. 9 (Peter Huber), S. 13, 39, 50, 51, 84, 142, 144, 151, 156, 217, 220–222, 229 (Felix Pilz), S. 194 (Ulrike Plate), S. 38, 186, 201 (Lea Reiff), S. 19, 76 (Th. Schwarz/H. Schäfer), S. 211, 253 (Andrea Steudle), S. 20, 112 (Andreas Thiel), S. 36 (A. von der Trappen), S. 207 (Lisa Sophie Wilm); © Naumann: S. 132; © Stadtarchiv Stuttgart: S. 4, 11, 18, 135, 138, 150, 202, 274, 280; © Verfasser: S. 16, 23, 26–29, 31–33, 35, 40, 42, 44, 46, 48, 49, 52–55, 58, 63–70, 77, 81–83, 85–90, 92, 97, 100–104, 106, 107, 109, 110, 113, 115–117, 119–122, 126, 128 (re.), 131, 133, 136, 137, 141, 146–148, 152, 153, 158, 162–166, 168–176, 180, 181, 183–185, 187, 188, 190, 192, 193, 197–200, 203–205, 212, 214, 219, 224, 226–228, 230, 233–237, 239, 241–245, 248, 250–252, 254, 255, 257, 261, 262, 264–268, 270, 273, 276, 277, 279, 282–287.

OBJEKTREGISTER